本书获得教育部人文社会科学研究项目（15YJA790046，19YJA790045）和辽宁省教育厅人文社会科学项目（LN2017QN003）资助

我国上市公司
盈余管理行为实证研究

李 翔 著

Woguo Shangshi Gongsi
Yingyu Guanli Xingwei
Shizheng Yanjiu

中国社会科学出版社

图书在版编目（CIP）数据

我国上市公司盈余管理行为实证研究/李翔著 . —北京：
中国社会科学出版社，2020.5
ISBN 978 - 7 - 5203 - 2567 - 7

Ⅰ.①我… Ⅱ.①李… Ⅲ.①上市公司—企业利润—
管理行为—研究—中国 Ⅳ.①F279.246

中国版本图书馆 CIP 数据核字（2018）第 100679 号

出 版 人	赵剑英	
责任编辑	卢小生	
责任校对	周晓东	
责任印制	王 超	
出 版	中国社会科学出版社	
社 址	北京鼓楼西大街甲 158 号	
邮 编	100720	
网 址	http：//www.csspw.cn	
发 行 部	010 - 84083685	
门 市 部	010 - 84029450	
经 销	新华书店及其他书店	
印 刷	北京明恒达印务有限公司	
装 订	廊坊市广阳区广增装订厂	
版 次	2020 年 5 月第 1 版	
印 次	2020 年 5 月第 1 次印刷	
开 本	710×1000 1/16	
印 张	20	
插 页	2	
字 数	294 千字	
定 价	98.00 元	

凡购买中国社会科学出版社图书，如有质量问题请与本社营销中心联系调换
电话：010 - 84083683

目　　录

第一章　绪论

第一节　盈余管理的研究背景

　　盈余管理是公司管理当局在遵循会计准则的前提下，调整企业对外发布的会计盈余信息以实现主体利益最大化的行为。20 世纪 80 年代，西方学者开始研究盈余管理问题，近些年来，我国进行了股权分置改革，资本市场不断发展，盈余管理问题逐渐凸显，成为资本市场的普遍现象，盈余管理也日益受到学者的关注，成为经济学和会计学等领域广泛探讨的课题。

　　对于盈余管理的概念，学术界存在诸多不同的意见，大致可以归纳为以下三种观点。第一种观点是斯科特（Scott，1997）提出的。他从狭义经济收益观出发，认为盈余管理是在公认会计准则所允许的范围内，公司管理当局通过会计政策的选择对会计收益进行调整，以寻求自身效用或企业市场价值最大化的一种行为。第二种观点是西珀（Scipper，1989）在信息观的基础上提出来的。西珀认为，盈余管理是企业管理者为获取私人利益，在对外进行披露时，有目的地干预公司对外财务报告的信息披露管理。第三种观点是由希利和瓦伦（Healy and Wahlen，1999）提出的。他们从会计准则制定者的角度出发，指出盈余管理是发生在管理者运用职业判断编制财务报告及通过规划交易来变更财务报告时，旨在误导以公司的经营业绩为基础的利益相关者的决策或影响那些以公司会计报告为基础的经济契约的后果。

　　从以上观点看，学者基本认同盈余管理是企业管理当局在会计准则范围内进行的合法行为。这表明，盈余管理与利润操纵行为有本质上的差别。盈余管理是管理当局在会计准则所允许的范围内，运用职业判断，通过会计政策的选择，寻求更有利于自身的财务结果。它是一种合法的操纵盈余的行为。而利润操纵则是运用违法违规的各种手段对企业会计利润进行人为的操纵，其本质上是违法行为。从一个足够长的时段（最长也就是企业的整个生命期）来看，盈余管理并不增加或减少企业的实际盈利，但会改变企业实际盈利在不同的会计期间的反映和分布。换句话说，盈余管理影响的是会计数据尤其是会计中的报告盈利，而不是企业的实际盈利。会计方法的选择、会计方法的运用和会计估计的变动、会计方法的运用时点、交易事项发生时点的控制都是典型的盈余管理手段。

既然盈余管理是一种合法行为，那就很难在法律制度层面加以制约。如何更好地了解这一行为，准确地识别和认识它，掌握它的动因及影响，最终有效地利用它的优势，规避劣势，这才是投资者及监管者最为理性地对待盈余管理行为的方式。

我国于 1990 年设立上海证券交易所和深圳证券交易所，截至2017 年年初，我国境内上市公司数量已达 3168 家，股票市价总值达420824.61 亿元。经过近三十年的发展，我国股票市场已经由最初的"消息市"逐步趋向理性，公开披露的会计盈余信息成为投资者进行决策的重要信息来源。上市公司的盈余数字不仅具有很强的信息含量（信息含量表示年度会计盈余与年度股票收益之间的关系），进而影响到股票价格；而且还是许多契约和证券市场监管的重要参数，各利益相关者对此指标都很敏感。因此，证券监管部门和会计准则制定机构出台了一系列的会计准则和监管措施对会计盈余信息的及时、有效、充分披露进行规范管理，同时，上市公司管理者出于自身利益考虑，也会采取各种手段影响报告盈余。《证券时报》和联合证券公司曾共同对 100 家中国上市公司经理人进行调查，调查结果显示，盈余管理已成为较普遍的现象。不仅国内，国外上市公司也存在类似的情况。美国证券监督委员会前主席阿瑟·莱维特（Arthur Levitt）曾指出，国外上市公司管理当局常以巨额冲销、收入确认、秘密准备、"购并魔术"和重要性原则的滥用进行盈余管理，并可能造成利润质量和财务报告质量遭到侵蚀、管理被操纵所替代、诚信被虚假所置换等结果。

上市公司盈余管理是一把"双刃剑"，具有正反两方面的作用，适度的盈余管理是上市公司运营管理成熟的标志之一。越来越多的学者通过研究肯定了盈余管理的一些积极作用。其中，比较多的学者认为，盈余管理能够降低企业的契约成本。有效契约理论认为，企业就是由一系列契约组成的，但是，签订契约是需要花费一定成本的，尽量降低契约成本就成为企业经营的一个重要原则。然而，企业的经营总是面临一系列不确定因素，契约也会因此具有一定的刚性和不完全性。如果允许企业进行一定程度的盈余管理，企业的管理者就能够利用盈余管理来处理一些突发性事件，更好地应对企业契约的刚性和不完全性。典型的例子是，如果允许企业进行盈余管理使企业财务报表中的数字符合债务契约的条款，那就可以减少企业与债权人进行谈判的次数，减少谈判成本。

盈余管理被认为可以起到激励管理者的作用。在企业的经营运作中，市场风险和特有风险是企业总会面临的风险，其中市场风险不可分散，特有风险可分散。但是，这两种风险都会影响到企业利润。公司管理者作为企业利润和风险的直接责任人，风险对于企业利润的影响将关系到企业管理者的薪酬，如果允许企业管理者进行一定程度的风险盈余管理，那么管理者因为不可控风险对于利润的影响而引起的惩罚就会减弱，形成变相的激励。

盈余管理还被认为有稳定股价的作用。证券市场并不是完全效率的，因此，股价的波动并不能完全反映出企业的市场价值。我国资本市场的发展还不很完善，效率欠缺就表现得更加明显。如果股价剧烈波动，则不利于投资者的判断和股东的投资决策，因此，稳定股价就成为企业管理者的重要职责，而盈余管理就成为管理者发挥这一作用的一个稳定器。例如，在企业的市场环境较好、企业经营良好的状况下，如果有某个不稳定因素出现，就会使不明真相的投资者做出不利于企业价值的举动，如果管理者利用盈余管理进行调节，就能向投资者传递企业真实信息，稳定投资者情绪和股价波动，避免对于企业价值的不利影响。另外，盈余管理还是企业传递内部信息的途径。从资本市场的角度来看，管理者与投资者之间存在相当程度的信息不对称，管理者往往具有投资者所不了解的关于企业未来营利性以及风险的内部信息，如果管理者认为当前的真实盈余不能反映企业的真实状况，那么进行一定程度的盈余管理来反映内部信息到资本市场上，就能够提高市场对于企业价值判断的准确性。当然，盈余管理还可以帮助企业避免恶意兼并等破坏性行为，这在一定程度上保护了股东和债权人的利益，尤其是利润平滑可以防止不当的股利分配，促进企业平稳发展。

但是，不可否认的是，在各国市场上，盈余管理造成的负面影响都不容忽视。盈余管理与财务欺诈存在一定的界限，过度的盈余管理将变成财务欺诈，然而，这种度不仅在理论上很难界定，在实践中也很难把握。21 世纪初，在全球范围内爆发的财务丑闻多是过度盈余管理的结果。美国证券交易委员会前主席莱维特，在题为"数字游戏"的演讲中指出：会计准则被盗用，经理人采用各种"创造性会计手法"美化财务报表，公司盈余反映了管理者的愿望，而非公司实际的经营业绩，盈余管理游走于合法与非法的灰色地带，严重腐蚀了财务报告的品质，打击了投资者的信心，还严重影响了资源配置的效率。

美国金融证券市场"四大危机"之一的美国安然公司财务造假事件让很多人震惊。安然公司在给美国证监会递交的文件中承认：1997—2001 年总共虚报利润达 5.86 亿美元，并且未将其巨额的债务入账。这一严重后果的背后，是市场对于安然公司初期的正常盈余管理逐步越界为非法盈余操纵的忽视和风险警示缺失。

综观我国近年来曝光的财务丑闻，同样是发展自合规的盈余管理。但是，由于市场监管的缺失，在我国上市公司中，盈余管理在相当程度上演变为会计信息的严重失真，使会计报表上反映的企业业绩同企业经营实际脱节，给投资者、债权人的投资与贷款决策造成误导，也给整个社会资源的配置和宏观调控带来了不利影响。在我国证券市场历史上，红光实业、银广夏、绿大地、万福生等事件都说明企业存在为通过虚构交易、虚构资产、虚增收入等造假手段来操纵盈余、粉饰财务报告的问题。此外，国内上市公司为了避免退市，经常采用"洗大澡"会计手段，实现"上年巨亏，下年微利"，这种利用减值准备操纵盈余的现象在我国上市公司中并不罕见。2010 年年底，汉王科技的存货余额高达 4.6 亿元，其主要产品电纸书的市场价格在第一季度同比下降 32%，而汉王存货减值准备的计提为零，这显然已构成财务欺诈。2011 年 12 月 22 日，汉王科技发布公告称：收到证监会立案调查通知，涉嫌信息披露违规。随着证券市场的发展和监管机制的完善，这些源于盈余管理的会计造假欺诈行为在减少，合规的盈余管理行为会成为主流。

会计盈余作为衡量企业经营业绩的重要指标，一直是投资者、管理者、债权人、政府部门关注的问题。会计盈余代表投资者投入资金获取收益的多少，影响管理者的薪酬水平，是资本市场各种证券的估价基础，政府征税也与企业的收益密切相关。正是由于会计盈余信息如此重要，企业才会想方设法地操纵盈余，致使上市公司盈余管理的现象越来越普遍。2013 年 1 月，商务部研究院发布了《2012 年中国非金融上市公司财务安全分析报告》，报告指出：截至 2012 年第三季度，在 1689 家样本公司中的 823 家上市公司存在不同程度的财务报表粉饰嫌疑。可见，由于面临股价、监管和退市等压力，上市公司操纵盈余粉饰报表的现象越来越严重。研究显示，由于面临股价、监管和退市等压力，财务风险越大的上市公司，其财务报表粉饰的动机和意愿越强烈，出现财务报表粉饰的可能性越高，非金融类上市公司总体财务安全状况快速下降。

盈余管理是公司管理者利用其职业判断和规划交易等多种手段，对公司盈利等项目内容进行的调节，以达到各种目的的机会主义行为。盈余管理行为虽然在短期内满足了公司管理者的需要，带来了短期的市场效应，但长期以来，一方面其改变的结果使部分利益相关者的经济利益受到损失，另一方面损害了公司财务报告的中立性。盈余管理使公司报表上的会计信息失真，这会误导信息的利益相关者，尤其是投资者和债权人。然而，反映真实经济是会计最基本的职能，如果这一功能逐渐丧失，那么会计就失去了最基本的生命力。美国会计学家利特尔顿在《会计理论结构》中认为，盈余是会计信息的重心。企业的盈余信息对于投资者、债权人以及监管者评判企业的经营运作状况具有非常重要的参考意义。如果盈余信息不真实、不可靠，不能帮助会计信息使用者评价企业的风险，就会作出错误决策，给投资者和债权人造成经济损失，也会使监管者的监管政策出现偏差。

盈余管理对投资者造成的损失可以从三个不同的角度进行分析。首先，是一种潜在损失即机会成本。如果投资者没有受到虚假盈余信息的影响，则可以作出正确的投资决策，不购买这个公司的股票，而是购买另一个公司的股票，极有可能获得盈余，最起码可以实现正常的市场回报率，现在却毫无所得。其次，是一种未实现的损失。投资者由于受到虚假盈余信息的影响，以高价买入股票，一旦企业的真实经营情况曝光，股价将会下跌。这时，如果投资者不抛出股票，即在套牢的情况下，就会产生一种未实现的损失。最后，是实现的损失。如果投资者将股票抛出，这时未实现的损失就会转化为已实现的损失。和投资者一样，企业的债权人也关心企业的经营成果。虽然债权人不能像投资者那样享受企业的超额利润，只是获得按固定利率计算的利息，但是，一旦企业给债权人提供的是不实的盈余信息，同样会给债权人造成损失。如在企业经营管理不善或市场情况逆转，企业财务困难，部分甚至全部丧失偿债能力时，由于债权人得到的可能是企业不真实的盈余信息，这时，债权人借出的资金将很难按时全部或部分收回。不真实的盈余信息给供应商带来的潜在风险也是不可低估的。如当公司的利润虚增时，在目前商业信誉很低的情况下，供应商对该企业采用赊销方式销售货物的可能性就会增大，这样，对供应商就会产生一系列问题，比如：应收账款的账龄加长、计提的坏账准备增加以及对现金流量和资金周转的影响等。

不真实的盈余信息同样会给客户带来危害。如在购销业务采用预付款、预收款方式结算的情况下，一旦客户被企业的不实盈余信息所迷惑，就有可能导致预付了货款，却不能得到需要的货物，导致生产经营无法正常进行。企业及其管理者滥用盈余管理的行为若得不到约束和监督，它们的机会主义行为得逞，就会成为一种不良的行为定式，即通过盈余管理的方式而不是通过创新和加强企业管理而获得相应利益，这对企业的长远利益产生影响，也会极大地损害利益相关者的利益。如果这种现象在社会上蔓延开来，成为一种常态，资本市场的发展就会受到阻碍，从而企业的投融资决策也会受到影响。

另外，盈余管理会破坏投资者对收益质量的感觉，导致市场价值的下降，对企业的长远利益也将产生不利影响。会计信息具有许多潜在的经济后果，包括影响个体间财富分配、消费和生产、企业间的资源配置（Beaver，1998），管理当局通过盈余管理向投资者和债权人传递不真实的盈余信息，将误导其决策，产生"不利选择"行为，使社会资源（包括物质资源和企业家资源）得不到有效配置，从而损害了整个社会的效率。在我国，盈余操纵损害社会资源的有效配置这一点已得到证实。如孙铮、王跃堂（1999）通过实证研究发现，上市公司的盈余操纵确实损害了证券市场优化资源配置的功能。从国家宏观调控的角度来看，盈余信息是宏观经济信息特别是会计信息的重要来源渠道和组成部分，其质量高低会直接影响到宏观经济决策。

同时，失真的盈余信息传递给国家计划、统计部门，就会对依此制订的国家长、短期发展计划和宏观经济调控政策起误导作用。产业结构、产品结构、利率、汇率等经济杠杆，积累与消费都需要宏观调控。若市场消费、成本水平、资金流转数据失真，就会导致宏观调控出现失误，造成严重的经济后果。

总之，会计信息是具有经济后果的，盈余管理损害了会计生命力和可靠性，它不仅对投资者等外部信息使用者的利益有危害，对整个社会的资源最佳配置也有不利影响，只有深刻认识盈余管理，才能最大限度地避免盈余管理的负面影响，发挥盈余管理的积极作用，使资本市场更具有效率，本书的研究将在这样的背景下展开。

第二节　盈余管理的研究意义

一　盈余管理的理论研究意义

在过去的 20 年间，有一大批盈余管理的实证研究成果发表。盈余管理的实证研究不仅对会计实务和公认会计原则的制定产生了深远的影响，而且还大大促进了现代会计理论及其研究方法的发展。

首先，加深了人们对应计制会计的认识，对现金流量表的推广应用起到了极大的作用。"现金为王"的观念在工商管理界非常普遍。现金流量表和"现金为王"的观念为什么会在 20 世纪 80 年代末期开始流行开来，自然有其特定的社会经济背景，但也与盈余管理的实证研究密切相关。因为，通过研究发现了大量的人为地操纵盈利的行为，使会计数据成为数字游戏。通过研究还发现了操纵盈利的行为主要是来自企业管理当局对应计制会计局限性的过分利用，钻了很多应计制会计的空子。在这些研究的基础上，人们将现金收付制发展成现金流量基础。

其次，加速了公认会计原则的完善和发展，尤其是表现在增加对外财务报告的透明度方面。沟通摩擦是盈余管理生存的重要条件之一。为什么会有沟通摩擦？原因在于信息不对称，代理人知道的很多信息，委托人可能知之甚少。要改善这个状况，增加对外财务报告的透明度是必不可少的。近年来，各国公认会计原则和国际会计准则的修订、新准则的立项和制定都是朝着这一方向发展的。

最后，促进了现代会计理论及其研究方法的发展。据《会计与经济学杂志》1997 年所做的一项统计，发表在该杂志上有关"契约"话题的论文 1979—1986 年、1987—1991 年和 1992—1996 年总数分别为 28 篇、25 篇和 49 篇，占该杂志同期发表论文总数的 35%、29% 和 48%。在这些有关契约话题的论文中，直接采用实证方法研究管理报酬契约的分别有 11 篇、4 篇和 12 篇。由此可见，盈余管理实证研究本身就在现代会计理论研究中占有重要的地位。盈余管理的实证研究也促进了会计与资本市场、审计、盈利预测、行为会计以及所得税会计等领域的研究。盈余管理的实证研究还对公司治理结构的完善、组织行为与控制、绩效评估与报酬计划、证券市场监管等一系列理论与实务问题的解决提供了重要的依据。

二 盈余管理的实证研究意义

会计学术界对盈余管理的研究已取得了很大的进展，但也存在不少问题。其中最为主要的问题是：各种各样的盈余管理实证研究的结果迄今还有非常大的差别。其主要原因有：盈余管理实证研究中采用了不够严密的方法将盈利划分为操纵过的和没有操纵的部分；对盈余管理的大多数实证研究都只限于某一时期或某一项目；对盈余管理的解释太狭义；代理人隐瞒其操纵盈利的手法，不利于收集盈余管理实证研究所需的数据；委托人自愿让代理人隐瞒信息；盈余管理很可能是由两个或多个因素导致的，目前大多数实证研究只着重于一个因素，研究结果当然不够理想。可以预期，未来的盈余管理研究不仅要进一步解决以上问题，而且还要特别注意研究股价、股利、风险对盈余管理的影响，以及盈余管理的行业特征、个体特征等。因此，本书主要从以上几个方面着手，主要研究意义有以下三个方面。

第一，有助于提高资本市场的资源配置效率。会计信息是投资者进行决策的重要依据之一。会计信息的基本特征是相关性和可靠性，会计信息质量直接影响利益相关者的决策。盈余管理使财务报告丧失其应有的真实性和公允性，影响了报告使用者的决策质量。本书在更深层次进行盈余管理的研究，帮助投资者、监管部门有效识别和监管企业盈余管理行为，加深投资者对盈余管理行为的认识，提高投资者识别盈余管理行为的能力，审慎看待上市公司的财务报告，使资本流向真正绩优的公司，优化证券市场的资源配置。

第二，为优化我国监管模式和完善相关法律法规提供建议。我国资本市场存在较为严重的盈余管理现象，这与我国目前监管体制和相关法律的内在缺陷是分不开的。本书关于审计延迟对盈余管理的影响的研究，对我国现行的监管体制以及资本市场监管所依据的法律制度进行检讨，结合我国实际情况，为相关法律法规的完善提供建议。

第三，为遏制机会主义盈余管理，提高上市公司的财务报告质量提供策略和建议。会计准则无论是以原则为导向还是以规则为导向，都会给盈余管理带来一定的空间。会计准则本身是一种行为准则，是一种规范会计信息加工、传递、披露的制度安排。会计准则的根本目标是"公允反映"企业的经营实质，并非防范盈余管理而设置，防范盈余管理并非准则的题中应有之义。盈余管理的普遍存在有着深刻的经济、道德和制度等背景原因。遏制盈余管理、提高财务报告质量，不应当仅仅盯住会计准则本身，而应当依法加强会计监管，提高上市公司信息披露的质量。为了遏制盈余管理现象，提高财务报告质量，应当采取以下措施：一是从企业内部着手，完善公司内部治理，建立内部会计师的职业道德守则，提高财务报告的质量；二是从外部着手，加强外部审计和会计监管，完善配套法律制度，严厉打击盈余管理和会计造假，提高违规成本，遏制盈余管理。立法机构应当完善现有的会计规范和相应的法律法规，解决监管机构所面临的监管困境，强化法律责任，实现收益和成本的均衡。同时，建立良好的诉讼救济通道，加强对投资者权益的保护。

第三节　研究内容

综观国内外关于盈余管理的研究，大多侧重于研究盈余管理是否存在、为什么存在、手段或方法有哪些？实证研究表明：我国资本市场存在较为严重的盈余管理现象，这几乎已成为学术界和实务界的一种共识。然而，对于盈余管理更深层次的挖掘还较少出现，所以，本书将对盈余管理进行多层面深入的探讨。

一　盈余管理与利益风险

学术界一般认为，企业为了避税、契约（报酬或债务契约）、从资本市场获得额外收益、规避监管等利己原因而进行盈余管理，但是，这些盈余管理的动机背后都是利益驱动，利益与风险是一枚硬币的两面，利益驱动是否是风险的驱动，企业的风险承担与盈余管理呈现什么样的相关关系等，还没有学者研究，这成为本书在众学者基础上研究盈余管理的新的切入点。

二　盈余管理与同群效应

盈余管理在我国资本市场上如此普遍，上市公司盈余管理行为是否受到行业的影响、是否具有同群效应，还没有文献支持，如果存在公司盈余管理的同群效应，这种受同行业群体影响的现象，对于我国金融市场健康发展而言，具有积极还是消极的影响，监管当局如何利用同群效应来防范不合法的盈余操纵，企业该如何合理地模仿同行业其他企业的盈余管理行为，都需要对这种同群效应进行研究。

三　盈余管理与资本结构的偏离

Q. Zhou 等（2016）认为，公司的权益成本与对目标资本结构的偏离呈正相关关系，而且权益成本对偏离的反应越敏感的公司，其向着目标资本结构的调整越快。然而，权益成本的增加，也就是股东的要求收益率会提高，这明显会提高公司的盈余管理水平，但是，对目标资本结构的偏离，也会引起企业债权人的话语权变化，债权人一般更倾向于信息披露方面的诉求，它对公司盈余管理的作用如何？本书都需要就资本结构的偏离与盈余管理的相关关系展开研究才能得出结论。

四　盈余管理与价值偏离程度

有学者研究表明，当公司价值被高估的上市公司下一年度的会计总应计和操纵性应计均比价值低估的上市公司高。这间接地证明了价值低估引起的盈余管理行为虽然弱于价值高估公司，但其存在性是不容忽视的。由此推断公司价值被高估或低估并不是其是否选择盈余管理的分水岭，至多是其盈余管理程度的一个影响因素。而从公司价值高估或低估的视角人为地将公司估值偏差引致的盈余管理行为割裂来分析势必破坏了两者关系的整体性和关系变化的连续性。因此，本书将从公司价值偏离程度这一整体视角入手，来检验其对公司盈余管理行为的引致效果，以期更好地认识公司股价偏离与盈余管理的关系。

五　盈余管理和现金股利管理

盈余管理和现金股利管理作为企业财务管理的两种重要手段，日益受到社会各方关注。学术界对于盈余管理和现金股利管理，也分别进行了深入的研究，但是，学者对于两者之间的关系关注较少，我国证券市场起步较晚，发展的时间不长，导致我国现金股利管理呈现出中国特征："铁公鸡"与"高派现"现象同时存在。有的公司虽然实力雄厚，利润丰厚，但却实行低分红或者不分红政策，而有的公司则恰恰相反，尽管自己实力不济，却维持高的股利支付率，实施高派息政策。这些现象体现了公司盈余与股利分配之间的不匹配，其中暗含着公司盈余管理行为的证据。这显示出盈余管理和现金股利管理可能存在协同效应，这种协同管理是否存在，如果存在，对于健康的金融市场而言，究竟是出于积极还是消极的效应，政府是否应该介入管理，投资者应该对此作出怎样的市场反应，都需要对这种协同关系的触发效应进行研究。本书将在机会主义操纵效应和信号传递效应两个视角下，对盈余管理与现金股利管理的协同效应是否存在，以及不同动机下协同关系的表现形式有何不同进行细致的研究。

六 商业银行盈余管理、债权投资者意愿和银行债务融资成本的关系

对于商业银行来说，由于其经营业务的特殊性与不透明性，银行利益相关者对商业银行的盈余要求比较高，不仅体现在银行盈余的增长性与持续性，还体现在规避风险等（范红梅，2014）。程璐（2010）认为，股权投资者对于商业银行进行盈余管理的意愿比较复杂，包括股利支付水平的支付要求、股票市值的稳定、银行业务规模的扩张等。而相比股权投资者，薄澜（2013）则指出，债务投资者的意愿相对简单，若商业银行通过盈余管理能够满足债务投资者降低投资风险的意愿，则债权人会要求较低的债务融资成本。关于商业银行盈余管理是否能有效地满足相关利益者意愿这一问题，国内外的研究比较少，并且仅是关于债务融资方面，如日本学者 Yukihiro（2004）、Wikil（2009）等对日本国内银行之间的借贷关系对其盈利预测的影响进行了研究。因此，本书将在前人对该问题研究的基础上，进一步探讨商业银行盈余管理是否能有效地满足债权投资者意愿，并降低商业银行债务融资成本这一问题。

七 应计盈余管理和真实盈余管理

近年来，越来越多的文献指出，公司不仅可以通过应计项目操控盈余，也可以通过真实活动操控盈余（Roychowdhury，2006）；而且在操纵利润的时候，公司会替代性地采用应计盈余管理和真实盈余管理两种方式（Chen et al.，2012；Cohen et al.，2008；Zang，2012）。总的来说，应计盈余管理和真实盈余管理都是旨在操控公司利润的行为。真实盈余管理通过改变公司经营、投融资交易的结构或时间来实现，其行为可以遍布于整个会计年度；应计盈余管理通过对某些既有事实下的业务改变企业会计核算方法或政策来实现，其行为更多地发生于会计年度末尾。由于这两种盈余管理方式的产生时间及成本不同，理论上说，管理者有两种策略来操纵利润。一是应计盈余管理和真实盈余管理互为补充、互为替代。管理者在会计年度初始阶段，基于一个确定的总预期盈余管理水平，考虑应计盈余管理和真实盈余管理各自的实施成本，来统一规划两者的使用组合。二是应计盈余管理为真实盈余管理起修正作用。管理者随着时间变化而不断调整应计盈余管理，使其与真实盈余管理的实施效果相匹配。当真实盈余管理与预期效应相比表现得不足或者过度时，管理者通过对应计盈余管理的调整来弥补真实盈余管理的非预期实施结果，以使总盈余管理达到预期水平。在第二种盈余管理策略中，应计对真实的修正可以进一步细分为补充性和校正性。当使用真实盈余管理的结果没有达到预期水平时，管理者可以利用应计盈余管理作为一个补充工具来将利润推高到预期水平。相反，当使用真实盈余管理的结果超出了预期水平时，应计盈余管理作为一个校正工具，可以将利润恢复到预期水平。我们感兴趣的是，应计盈余管理对于真实管理的补充和校正功能是否具有同样的强度，呈现怎样的变化，这一研究可以帮助市场投资者和监管者更深入地了解公司盈余管理策略及手段，有效地识别大幅度管理应计盈余的公司。

八　盈余管理和现金股利管理、盈余管理与时间压力

一般来说，盈余管理会受到时间压力的影响，在财政年度结束后，上市公司会准备财务报表，然后交由审计师进行审计，审计完成后上报 SEC 并进行披露。从财政年度结束日至审计开始日为管理者报表准备时间，该时间越长，管理者就有越多的时间来操纵报表，盈余管理的可能性就越高；从审计开始日至审计报告签署日为审计师审计时间，该时间越长，审计质量会越高，盈余管理的程度就会越低。以财政年度结束日至审计报告签署日来定义的审计延迟天数涵盖了管理者的年报准备时间（可增加盈余管理可能性）和审计时间（可降低

盈余管理的可能性）两个时间段。这两个共同存在的相反效应使我们无法直接得出审计延迟天数与盈余管理之间的关系。而本书要把关注点放在通过观察审计延迟天数变化对这两种效应的影响，即哪一个对时间压力更敏感，来得出审计延迟与盈余管理之间的关系，本部分的研究结论可以为当前一些发展中国家的监管当局制定和实施财务报告加速披露制度提供实践指导和理论支持。

　　本书将在以上几个方面进行盈余管理的深入研究，丰富盈余管理的现存研究，为理论界提供新的切入点，为实务界提供一定的理论指导。在每一部分的研究后，本书将根据研究结果提出相应的政策和建议，提升研究结果的实践意义。

第二章　文献综述

盈余管理是企业管理当局在遵循会计准则的前提下调整企业对外发布的会计盈余信息以实现主体利益最大化的行为。20世纪80年代，西方学者开始研究盈余管理问题，近些年来，我国进行了股权分置改革，资本市场不断发展，盈余管理问题逐渐凸显，成为资本市场的普遍现象，盈余管理也日益受到学者关注，成为经济学和会计学等领域广泛探讨的课题。

对于盈余管理的概念，学术界存在诸多不同的意见，大致可以归纳为以下三种观点。

斯科特（1997）从狭义经济收益观出发，认为盈余管理是在公认会计准则所允许的范围内，公司管理当局通过会计政策的选择对会计收益进行调整，以寻求自身效用或企业市场价值最大化的一种行为。

西珀（1989）在信息观的基础上，认为盈余管理是企业管理者为获取私人利益，在对外进行披露时，有目的地干预公司对外财务报告的信息披露管理。

希利和瓦伦（1999）从会计准则制定者的角度出发，指出盈余管理是发生在管理者运用职业判断编制财务报告及通过规划交易来变更财务报告时，旨在误导以公司的经营业绩为基础的利益相关者的决策或影响那些以公司会计报告为基础的经济契约的后果。

从以上观点看，学者基本认同盈余管理是企业管理当局在会计准则允许的范围内进行的合法行为。这就表明，盈余管理与利润操纵行为有本质上的差别。盈余管理是管理当局在会计准则所允许的范围内，运用职业判断，通过会计政策的选择寻求更有利于自身的财务结果，是一种合法地操纵盈余的行为。而利润操纵则是运用违法违规的各种手段对企业会计利润进行人为的操纵，其本质上是违法行为。

现有文献对盈余管理的研究集中于盈余管理的影响因素、盈余管理对公司的影响以及盈余管理变量的度量等方面，由于本章是对盈余管理整体的概述，因此，从以上三个角度分别做文献综述。

第一节　盈余管理的影响因素

作为企业掩盖其真实盈余信息的手段，盈余管理实际上受到很多因素的影响，包括盈余管理的动机、方式，公司的内部特征以及外部环境等因素，都与盈余管理的实施息息相关。

一　盈余管理的动机

虽然现有文献认为引发企业盈余管理行为的具体动机有许多种，但是，从本质上讲，可以分为机会主义操纵动机和信号传递动机两种。我们知道，公司管理者与投资者之间存在信息不对称，这种信息不对称的格局构成了盈余管理行为的根本前提条件，管理者拥有投资者所不知道的信息。基于机会主义操纵动机的盈余管理，其目的是要继续保持这种便于管理者操纵的信息不对称状况，管理者调整对外公布的会计盈余来误导外部投资者的决策。而基于信号传递动机的盈余管理，是想改变信息不对称状况，管理者调整会计盈余，向市场传递公司价值相关性信息，让投资者了解公司的实际状况和未来前途。总体来看，关于盈余管理动机的分析，大部分文献是在管理者机会主义框架下进行的，只有少数文献认为盈余管理也可以作为管理者传递企业私有信息的工具。

（一）机会主义操纵动机

国内外大量的文献对基于机会主义操纵动机的盈余管理进行了分析，主要可以分为契约（报酬或债务契约）动机、资本市场动机、满足财务预测要求等。

1. 契约动机

（1）债务契约。Defond 和 Jiambalvo（1994）以及斯威尼（Sweeney，

1994）论证了契约是盈余管理的动机之一。Defond 和 Jiambalvo（1994）通过对有债务契约公司的研究，发现公司管理者会为了避免违反债务契约而进行盈余管理。具体来说，那些有可能违反债务契约的公司的管理者会通过盈余管理来虚增企业财务报表的利润，由此避免因违反契约对企业造成的不良影响。斯威尼（1994）也阐述了盈余管理和债务契约之间存在联系。他的研究表明，违约的公司更有可能进行盈余管理。

一方面，债务契约的约束机制可以提高公司治理水平（Jensen and Michacl，1986；Rajan，1992），抑制企业管理者的盈余管理行为（楼继伟等，2012；吴祖光等，2012）；另一方面，管理者会通过盈余管理行为提高业绩以满足债务条款的要求（Watts and Zimmerman，1990；陆正飞等，2008；李增福等，2011）。

（2）报酬契约。Holthausen 等（1995）提出，契约可以被视为盈余管理的动机之一。报酬契约促使企业管理者进行盈余管理。Bergsresser 和 Philippon（2006）也提及 CEO 的报酬是盈余管理的重要影响因素。具体来说，CEO 的工资薪酬和公司的股价相挂钩，股价越高，CEO 的报酬就越高。由此可见，CEO 会为了自己的高收入或者高的声誉度而进行盈余管理，通过盈余管理的手段使企业的股价上升。除此以外，Bowen、Ducharme 和 Shores（1995）以及 Burgstahler 和 Dichev（1997）进一步揭示了企业管理者会为了高收入而进行盈余管理。具体来说，盈余管理有助于提升企业的知名度和声誉度。有着高知名度和好声誉度的企业往往能得到双赢的结果：企业可以通过高知名度获得更多项目，企业管理者则因为帮助公司提升了知名度而取得高收入。因此，报酬是企业盈余管理的动因之一。

另外，Zeng 等（2008）认为，高报酬是企业高管进行盈余管理的主要动机之一。他们通过研究盈余管理和报酬的关系，认为企业的财务报表利润直接影响高管的收入。除此以外，Zeng 等还通过追溯前人的研究成果来证明他们的研究结论。例如，Healy（1985）、Deangelo（1986）、Dechow 和 Sloan（1991）、Holthausen 等（1995）以及 Guidry 等（1999）都提出了企业高管会为了高收入而进行盈余管理。

Rahman 等（2013）也支持报酬是盈余管理的激励因素。企业高管拥有内幕消息，因此，他们可以通过盈余管理来平衡自己现在与未来的收入报酬。

（3）高管薪酬激励。Jensen 和 Meckling（1976）提到，高管薪酬激励能发挥公司治理效用，限制高管的机会主义行为，也就是高管薪酬的有效激励观。Somnath 等（2013）发现，高管通过盈余平滑获得薪酬收益，随着盈余平滑的增加，CEO 薪酬不断增加；现金流变动更大的公司，CEO 薪酬增加的幅度更大。李延喜等（2007）发现，控制公司规模和负债水平后，高管薪酬和盈余管理呈正相关关系，高管薪酬激励成为盈余管理的一大诱因。Cheng（2004）发现，高管接近任期或盈余面临下降或小额亏损时，股权期权价值变动和研发支出变动呈显著正相关关系。张娟和黄志忠（2014）发现，高管货币薪酬激励显著降低了高管的机会主义行为，但股权激励治理效应较差；民营企业高管持股比例较低时，股权激励和盈余管理呈正相关关系。周晖等（2010）基于存在盈余管理正相关的国有样本，研究高管薪酬激励和盈余管理的关系，发现正向盈余管理的程度和高管年度总薪酬及股权激励呈正相关关系。所以，正如 Watts（2003）和 Healy（1985）指出的，高管薪酬激励引致了盈余管理，增加了高管的自利动机及程度，盈余管理随高管货币薪酬的增加而增加，两者存在正相关关系。

2. 资本市场动机

（1）股权激励。Barker 等（2003）通过研究验证了企业管理者会通过调控企业财务利润来帮助自己获得更多的股权。Gaver（2003）也提出支持 Barker 等的观点，并且还指出，股权也属于企业管理者的报酬。类似地，Bartov 和 Mohanram（2004）以及 Kwon 和 Yin（2006）都把股权视为盈余管理的激励因素。Cheng 和 Warfield（2005）更具体地将盈余管理和管理者的股权激励联系起来。他们使用1993—2000年的数据来论证和分析企业管理者会因为股权激励而进行盈余管理。Burns 和 Kedia（2006）以及 Cheng 和 Farber（2008）提出，股权是盈余管理的动机。而且相比其他影响因素，企业管理者更易因股权激励而进行盈余管理。Lee（2007）也提及股权是盈余管理的另一个激励因素。

Goldman 和 Slezak（2006）认为，股权激励是一把"双刃剑"，股权激励既可以促使高管努力经营，提升公司价值，也可能因利益驱动而诱导高管的会计信息操纵行为，从而致使公司价值下降。Hall 和 Murphy（2002）也指出，高管股权激励机制可能成为高管谋取私利的途径。Bergstresser 和 Philippon（2006）通过实证检验发现，当股权激励数量每增加 1% 时，操纵性应计利润增加 11%，股权激励程度与盈余管理呈显著正相关关系。谢振莲和吕聪慧（2011）在利用我国上市公司数据进行实证研究后同样发现，管理者股权激励程度越大，盈余管理程度越大。

Fuller 和 Jensen（2002）的研究发现，CEO 和 CFO 薪酬中股票期权所占的比重越大，CEO 和 CFO 越倾向于获取短期的股票收益，有更强的盈余管理意向。Jiang 等（2010）的研究发现，在《萨班斯法案》出台后，相较于 CEO，CFO 股权激励对盈余管理的作用程度更大。同时，林大庞和苏冬蔚（2012）对中国 CFO 股权激励的治理效应做了研究，也发现实施股权激励会引发 CFO 的盈余管理行为。

周晖等（2010）的研究发现，国有控股企业的管理者通过盈余管理手段实现个人利益，虽然管理者持股与公司业绩的相关性并不显著，但高管持股在一定程度上诱发了其盈余管理行为。宋文阁和荣华旭（2012）的研究也指出，相较于非国有上市公司，国有上市公司的股权激励与其盈余管理程度之间的相关性更加显著，而且国有上市公司在实施高管股权激励后，更易出现盈余管理现象。

（2）市场溢价。市场溢价是另一个广为流传的盈余管理的动机。Kasznik 和 Mchichols（2002）通过调查发现，连续一两年企业利润达到财务分析师预测的企业，他们的企业价值并不会有显著提高。然而，如果企业能够连续两年或三年使企业利润达到或者超过财务分析师的预测，将会使企业的市场价值溢价，使企业的价值明显高于企业的原始价值。另外，Bartov 等（2002）收集了 1983—1997 年的数据，研究得出一个结论：能够使企业利润达到或者超过财务分析师预测数据（MBE）的企业会比那些没达到财务分析师预测数据的企业多获得大约3%的市场增值。

（3）监管动因。有很多证据显示，监管是企业管理者进行盈余管理的动因。Healy 和 Wah len（1999）、Fong（2006）、Zeng 等（2008）、Verbruggen 等（2008）以及 Rahman 等（2013）都提出，监管可以促使企业管理者对企业盈余进行管理。另外，政治成本也被广泛地视为盈余管理的动因。Fong（2006）指出，政治成本类似于监管，政治成本对企业管理者造成压力，使企业管理者进行盈余管理。Verbruggen 等（2008）和 Rahman 等（2013）也都支持将政治成本视为盈余管理的动机。

管理者进行盈余管理的目的可能来自两个方面：①盈余低于预期导致公司估值损失，经理人认为，相对于估值上的损失，盈余管理对公司的损害更小（Dechow et al.，1996；Graham and Harvay，2005）；②实现自身利益的最大化，比如，经理人为了使自己在薪酬激励计划中获得最大效用，倾向于利用盈余管理来选择自身效用最大化的盈余报告方式。无论何种动机，投资者与经理人之间的信息不对称都是进行盈余管理的前提，而分析师由于其自身的财务和行业素养及职责所在，通过对上市公司信息的收集、整理和解读，一定程度上缓解了经理人与股东之间的信息不对称性，使整个公司治理机制得以有效运行（Jensen and Meckling，1976；方军雄，2007）。

3. 满足财务预测要求

Burgstahler 和 Dichev（1997）具体解释了企业管理者通过盈余管理能够使企业的利润达到或者超过财务分析师的预测数据（MBE）。这样，在有助于企业管理者逃避法律纠纷的同时还能提升企业的声誉度。除此以外，Brown（2001）也提到企业管理者有动机采取盈余管理来避免未达到分析师预测对企业造成的不利影响。同样地，Matsunaga 和 Park（2001）提出，没有达到财务分析师的预测会对企业管理者的收入造成不良影响。具体来说，企业管理者为了避免收入受到影响，可以通过改变财务报告的利润来使企业利润达到或者超过财务分析师预测（MBE）。Matsumoto（2002）以及 Baik 和 Jiang（2006）都支持企业管理者会被财务分析师的预测数据影响。具体来说，Matsumoto（2002）论证了进行盈余管理的企业更易于使企业的财务利润达到或者超过财务分析师预测。Baik 和 Jiang（2006）也指出，对负盈利企业来说是个坏消息，没能使企业的利润达到或者超过财务分析师的预测会给企业带来巨额损失。因此，企业管理者有充分的动机进行盈余管理来避免损失。Burgstahler 和 Eames（2006）也确认了企业会通过盈余管理来避免因为没有达到或者超过财务分析师预测而产生的一些不好的影响。

分析师在对经理人进行监督的同时也对其施压，这种压力也会迫使经理人进行盈余管理。一些学者研究发现，未达到分析师预测的盈余目标的公司将面临市场价值的损失（Bartov et al.，2002），经理人被减薪（Matsunaga et al.，2001）和被解雇（Hazarika et al.，2012）。面对这种可预期的私人利益损失，我们有理由相信经理人存在迎合分析师而进行盈余管理的动机。Levitt（1998）认为，经理人为了避免由于未达到盈余目标而造成的股价波动，会努力使公司的财务状况与分析师的盈利预测保持一致，导致出现许多企业报告的每股收益与分析师预测的平均值仅有一美分之差的现象。Graham 和 Harvay（2005）发现，公司决策者在业绩评估时更看重盈余的数量和平稳性，而不是经营现金流。为了迎合投资者和分析师，经理人不惜放弃股东价值最大化的目标。但是，调整应计项目的盈余管理方式受到了分析师监督的制约，为了应对分析师盈利目标的压力，经理人可能会选择隐蔽性更强的真实盈余管理。Graham 和 Harvey（2005）的问卷就证明这些财务总监会迫于监管的压力和出于实现盈利目标的动机，通过改变实际经营活动进行盈余的操控。

（二）信号传递动机

从信号传递动机分析盈余管理的文献比较少。Schipper（1989）首先提出，盈余管理在公司管理者向外界传递其内部信息方面具有重要作用。Holthausen（1990）指出，基于会计信息的估值作用，管理者盈余管理行为的目的是更好地传递公司未来发展的内部信息，缓解信息不对称。Subramanyam（1996）指出，管理者进行盈余管理可以平滑收益，使公司未来盈利更加可预测、可持续，更好地体现公司真实价值。DuCharme 等（2004）和 Dechow 等（1996）提出，当管理者认为公司未来的发展可以达到适量盈余管理的盈利水平时，公司会通过盈余管理来传递私有信息。Louis 和 Robinson（2005）研究证实，在股票拆分之前上市公司会对外发布显著为正的操控性应计利润，他们认为，此时的盈余管理是为了传递企业私有信息。斯科特（2009）指出，如果盈余管理被作为传递有用的内部信息的工具，那么它对公司以及投资者来说都将是有益的。

在国内，也有学者从传递企业私有信息的角度来解读管理者的盈余管理行为。上官鸣、王瑞丽（2011），蒋平（2009）认为，适当的盈余管理有利于提高会计盈余的信息内涵，从而更好地反映企业的实际价值。并且，管理者的盈余管理行为，为管理者提供了一定的利润调整空间，有助于适度抵消不可控风险给企业带来的威胁。总体来看，适度的盈余管理有助于企业灵活地处理突发事件，克服企业的暂时性困难，保障企业原材料和资金供应，维护企业良好形象及股价稳定，因此，更有利于实现企业的经营目标，促进企业长足发展。

二　盈余管理的方式

近年来，盈余管理方式的选择——应计盈余管理或真实盈余管理，逐渐成为学者研究的热点问题。如果不了解公司选择的盈余管理方式，我们或许就不能真正看透公司的财务数据，了解公司的真实业绩。同时，由于不同的盈余管理方式对公司有不同的影响，因此，盈余管理本身对公司的影响也成为影响盈余管理的因素之一。在这方面，顾振伟（2008），李增福、董志强和连玉君（2011），蔡春、朱荣和谢柳芳（2011），和辉（2012），张敏和朱小平（2012），和辉、蔡春和李明（2013），刘行健和刘昭（2014），胥朝阳和刘睿智（2014）等诸多学者都进行了深入的研究。

已有文献发现，公司出于各种动机在进行盈余管理时的确会采用这两类盈余管理方式，并且这两类盈余管理之间存在替代关系。如Cohen和Zarowin（2010）发现，美国再融资企业在进行应计盈余管理之外，还进行真实盈余管理，并且真实盈余管理程度与应计盈余管理成本呈正相关关系；Badertscher（2011）发现，美国公司为了高估市值，先进行应计盈余管理，而后进行真实盈余管理。Zang（2012）发现，美国公司管理者基于盈余管理成本对两类盈余管理方式进行选择，应计盈余管理程度与应计盈余管理成本呈负相关关系，与真实盈余管理成本呈正相关关系；同时，真实盈余管理程度与真实盈余管理成本呈负相关关系，与应计盈余管理成本呈正相关关系。

和辉（2012）、蔡春和李明（2013）等发现，公司在进行 IPO 盈余管理时，会选择同时实施应计盈余管理和真实盈余管理。另外，由于真实盈余管理不仅影响公司的盈余水平，同时也会对其成长性和未来绩效有一定的影响，这使公司在选择盈余管理的方式时必须进行综合性的考虑以选择最适合公司未来发展的盈余管理方式。Gunny（2005，2010），Graham 等（2005），Roychowdhury（2006），Xu 和 Taylor（2010），蔡春、朱荣和谢柳芳（2011），和辉（2012），张敏和朱小平（2012），和辉、蔡春和李明（2013），王福胜、吉姗姗和程富（2014）等进行的研究也都得出了相应的结果。

一方面，公司通过进行真实的盈余管理确实能够使其盈余目标得以达成，这在一定程度上提高了公司的声誉，同时也增强了利益相关者对公司的信心，使彼此之间的联系更加密切（Gunny，2010）。Graham 等（2005）通过调查研究发现，86.3% 的高管相信达到盈余标准会增强资本市场的信心，因为这有助于向投资者传达未来增长的前景。另一方面，Roychowdhury（2006），蔡春、朱荣和谢柳芳（2011），和辉（2012），和辉、蔡春和李明（2013）等通过实证研究得出了不同的结果。他们发现，不同的盈余管理方式对公司未来业绩有不同的影响，应计盈余管理对公司短期的业绩有较大的负面影响，而真实的盈余管理由于其可能更多地损害了公司的成长性，对公司的副作用会在长期内才显现出来。

三 公司的内部特征

作为盈余管理行为的实施主体，公司的内部特征是盈余管理行为的最为直接的影响因素之一。其主要包括如下四个方面。

（一）公司的产权性质

前人研究发现，国有企业和私营企业之间存在不同的盈余管理行为。例如，谢获宝、李伟（2015）利用 2002—2012 年各季度的数据，进一步分析第四季度盈余管理的影响因素，发现处于经济收缩期的、处于周期性行业的、民营上市公司的第四季度盈余管理程度更大。陈威、王晓宁和周静（2017）基于 2012—2014 年我国沪深 A 股数据，分析企业真实盈余管理行为影响因素的结果表明：内部控制质量、高管薪酬、审计费用、产权性质、机构投资者持股会影响企业的真实盈余管理行为，提高内部控制质量、高管薪酬、审计费用、机构投资者持股可以有效地减少企业真实盈余管理行为，相比于非国有企业，国有企业的真实盈余管理较高。

股权激励对于不同产权性质的公司的盈余管理效果也不同，比如，李晓玲和刘中燕（2016）在发现我国上市公司的股权激励制度激发了 CFO 的盈余管理行为、显著提高了上市公司的盈余管理水平时，进一步研究发现，与非国有控股企业相比，国有控股企业 CFO 持股对盈余管理的影响更为显著。另外，李增福等（2011）基于债务契约的研究表明，非国有企业的应计与真实盈余管理都显著高于国有企业。

（二）与董事会相关的因素

前人研究表明，诸如董事会的规模以及独立董事的比例等因素会影响公司的盈余管理行为。如 Jensen（1993）等通过研究发现，董事会规模与盈余管理程度存在正相关关系。他们认为，公司的董事会规模越大越好，因为如果规模太小，会被部分管理者操控，不能达到董事会作为监督机制的有效作用；但也有部分学者认为，董事会规模越小的话，越有利于公司决策的效率进行，这样，也对管理当局的监督力度更为有效，能够更好地抑制盈余操作行为。杨清香、张翼、张亮（2008）基于以上观点对我国上市公司进行了实证研究，发现董事会规模与盈余管理之间存在一种 U 形关系。

同时，冯莉（2015）以 2007—2012 年平衡面板数据为研究对象，在探讨不同所有权结构、公司治理与盈余管理三者之间的关系时发现，从公司治理角度来看，独立董事的比例与盈余管理行为呈现显著的负相关关系，其比例越高，越有助于抑制盈余管理行为。Dechow 等（1995）和 Peasnell 等（2005）的研究也认为，董事会中独立董事所占比例越高，董事会对管理者盈余管理行为的约束就越强。Chtour-ou 等（2000）的研究同样表明，独立董事比例与调增利润的盈余管理之间呈显著负相关关系。Beatriz（2008）的研究表明，企业董事层中独立董事人数越多，所占董事会中的比例越高，企业真实盈余管理的强度就越小。Osma（2008）以无形资产的研发费用为考察对象，探讨公司董事会的独立性对于企业的真实盈余管理行为的影响时发现，公司董事会的独立性越高，其对企业真实盈余管理的约束作用就越明显。

此外，Dechow 等（1996）的研究发现，公司董事会中内部董事的比例越高，或董事长与总经理两职合一，或未设立审计委员会的，就越有可能因违反 GAAP 而受到 SEC 的处罚。Chin - Jung Luan 和 Ming - Je Tang（2007）的研究发现，中国台湾 IPO 公司外部独立董事制度会显著地改善公司业绩，提高公司利润，公司盈余管理程度与独立董事的安排呈显著负相关关系。

独立董事的背景同样对盈余管理有影响，如胡奕明（2008）发现，当独立董事占比较高、有财务、会计专业背景时，上市公司盈余信息质量较好，但没有发现独立董事报酬与公司盈余信息质量之间有显著关系。余峰燕和郝项超（2011）对 2006—2008 年 816 家国有控股非金融上市公司的研究表明，聘请了具有行政背景独立董事的公司的财务信息质量更差。而王兵（2007）采用 2002—2004 年上市公司样本研究发现，独立董事并不能提高公司盈余质量，独立董事报酬越高、兼职家数越多，公司盈余质量越差。蔡吉莆（2007）利用 2004 年数据研究发现，独立董事、管理者持股和大股东治理与公司盈余管理相关性不大。支晓强、童盼（2005）利用 2001—2003 年的上市公司相关数据研究发现，公司的盈余管理程度和独立董事变更概率和变更比例呈显著正相关关系。

公司的内部控制对于盈余管理的影响是很大的。张正勇、谢金曾（2016）利用 2008—2013 年我国 A 股上市公司作为样本，研究公司权力配置结构对内部控制与盈余管理关系产生的影响。将盈余管理分为应计盈余管理和真实盈余管理，最后发现，内部控制质量越高，其对盈余管理的抑制作用越明显；公司权力配置结构会影响内部控制对盈余管理的抑制作用，高管集权削弱了内部控制对盈余管理的抑制作用。Skaife等（2015）发现，内部控制较完善的公司利用应计项目进行操纵的空间较小。Altamuro和Beatty（2013）、Badolato等（2014）也得到了相似的结论。基于中国市场的研究发现，内部控制对盈余管理存在抑制作用，如吴益兵（2012）、刘启亮（2006）、刘行健和刘昭（2014）研究发现，内部控制对可操纵性应计盈余管理存在显著的抑制作用，提高会计信息质量。杨德明和胡婷（2012）研究发现，审计师对盈余管理发表非标准审计意见的概率与公司内部控制质量呈显著负相关关系；雷英等发现，内部控制审计能够显著提高公司会计盈余质量。他们不仅考虑了内部控制对应计盈余管理的抑制作用，还考察了内部控制对真实盈余管理的影响。

公司在利用应计项目进行盈余操纵的同时，不可避免地利用日常活动进行盈余操纵。Roychowdhury（2006）认为，公司管理者进行真实盈余管理操纵的目的是避免向外部投资者报告损失。Cohen等（2008）发现，公司高管有较强烈的动机参与公司的真实盈余操控，高管进行真实盈余管理带来的后果更严重。Goh等（2011）发现，当大小股东利益一致时会减少真实盈余管理行为。

（三）与管理者相关的因素

管理者作为公司进行盈余管理行为的管理当局，对盈余管理行为有最为直接的影响。如根据Hambrick（1984）提出的管理者高阶理论，管理者的人口统计学特征会对企业的经营决策活动产生重大影响，因此，可以基于管理者的特征具体分析其对于企业的盈余管理活动的影响。林芳、冯丽丽（2012）研究了管理者的权力对于企业真实盈余管理的影响，研究发现，管理者的权力越大，其所在企业越容易进行更多的盈余管理行为，且国有上市公司的管理者更倾向进行真实盈余管理。林永坚等（2013）以2005—2010年A股上市公司为样本研究了高管团队的变更对于企业盈余管理行为的影响，研究发现，在管理者变更的当年，企业一般会采用较多的应计盈余管理行为，而在随后年份则会增多使用真实盈余管理活动。

李增福等（2011）基于我国2007年所得税改革的背景检验了分红计划假说的正确性。研究发现，具有较高的薪酬水平会导致较多的应计与真实盈余管理活动，并且此类盈余管理多是向上的盈余管理调节，以满足分红计划的条件，在一定程度上支持了薪酬契约假设。陈威、王晓宁和周静（2017）基于2012—2014年我国沪深A股数据，全面分析企业真实盈余管理行为的影响因素的结果表明：提高高管薪酬可以有效地降低企业真实盈余管理行为。而冯莉（2015）以2007—2012年平衡面板数据为研究对象，探讨不同所有权结构、公司治理与盈余管理三者之间的关系时则发现，管理者持股比例和机构持股比例与盈余管理之间呈现显著的非线性关系（倒"U"形关系）。对于他们而言，出于谋求短期利益时，他们的持股动机与盈余管理呈显著正相关关系，具有强烈的盈余管理动机；而作为长期持股者时，他们的持股动机与盈余管理呈显著负相关关系，即为了企业的长远发展会抑制盈余管理。

另外，机构投资者比例等方面也对盈余管理产生着影响，机构投资者持股能显著降低上市公司真实盈余管理程度。上市公司在同时存在两类机构投资者的情况下，当压力抵制型机构投资者持股比例较多时，上市公司真实盈余管理程度显著降低；当压力敏感型机构投资者持股比例较多时，上市公司真实盈余管理程度显著提高。

谬毅和管悦（2014）研究发现，越来越多的上市公司倾向于选择更具隐蔽性的真实盈余管理而不是应计盈余管理来操纵利润。而通过提高上市机构投资者持股比例能显著降低上市公司真实盈余管理的程度。

李增福、林盛天和连玉君（2013）的研究得出了类似的结论，而且还发现，国有控股公司的真实盈余管理程度显著高于非国有控股公司。相对于国有控股公司，机构持股者对盈余管理的抑制作用在非国有公司中更显著；终极控股股东控制权比例越高，企业的盈余管理幅度越大，机构持股并负向调节了终极控制权对盈余管理的促进作用。进一步研究发现，机构持股对终极控制权的负向调节作用仅体现在市场化程度较低的公司和正向盈余管理组中，这说明机构持股能够有效地弥补外部治理机制的不足，而且机构投资者更倾向于抑制企业的正向盈余管理行为。

公司的分析师跟踪与盈余管理程度相关，Jensen 和 Meckling（1976）、Healy 和 Palepu（2001）等认识到分析师的监督作用，并认为，减少企业的盈余管理和约束经理人的职责，迟早会专业化地落到分析师身上。Chen、Harford 和 Lin（2015），Yu（2008），Hong 和 Kacperczyk（2010），李春涛（2014）等的研究都赞同了这一观点。

Irani 和 Oesch（2015）研究了分析师跟踪对企业盈余管理的影响，发现分析师跟踪会导致企业减少应计盈余管理，但会相应地增加真实盈余管理。He 和 Tian（2013）发现，分析师跟踪导致企业为达到短期盈利目标而缩减创新支出的事实，并将这一现象归纳为分析师跟踪的负面效应，而缩减创新投入是企业真实盈余管理的途径之一。如果分析师的存在导致企业从应计盈余管理转换成真实盈余管理，则分析师的负面效应可能比 He 和 Tian（2013）发现的要大得多。

公司定向增发与非定向增发对盈余管理也将有影响。王晓亮和俞静（2016）发现，与非定向增发公司相比，定向增发公司在增发前一年和当年向上的盈余操纵力度更大；对盈余管理与增发后第一年股票流动性进行回归分析发现，与非定向增发公司相比，定向增发公司股票流动性更好；盈余管理导致股票流动性下降；定向增发加大了盈余管理对股票流动性下降幅度。

（四）与公司财务相关的因素

公司的财务特征是区别和影响公司决策的重要因素。但是，可能是由于这些因素的不可控性，加上是公司长期积累的结果，所以，较少受到人为因素的影响，现有文献中基本上没有专门研究公司的财务特征对于企业盈余管理行为影响的文献。公司财务特征变量大部分是作为盈余管理文献的控制变量来考虑的。Roychowdhury（2006）控制了流动负债比率以及存货水平和应收账款占比对于真实盈余管理的影响，研究发现，相对较高的流动负债比率与企业的过度生产操控呈正相关关系，与任意费用开支呈负相关关系；而存货水平与应收账款占比与真实生产操控行为的关系不是很明显。随后的研究中也都基本控制了企业规模、成长性等几类变量对于企业真实盈余管理因素的影响。Badertscher（2011）则控制了企业市值、市净率、资产总额以及净资产收益率对于企业真实盈余管理的影响，研究结论基本一致，所控制的变量都对公司的真实盈余管理行为产生十分重要的影响。国内的研究也基本类似，分别考虑公司的规模、公司的成长性、公司的收益情况等这几个方面对企业真实盈余管理的影响。张俊瑞等（2008）的研究就采用了资产规模、市净率以及资产收益率作为控制变量，回归结果显示，三种控制变量的影响均十分显著。

四 公司的外部环境

关于公司的外部环境，许多学者通过研究发现，经济周期、行业景气度、行业竞争性以及新会计准则的颁布等因素都会对公司的盈余管理有一定的影响。如陈武朝（2013）以我国 A 股上市公司 2000—2011 年经济周期的收缩期和扩张期数据为样本进行研究，结果表明，公司的盈余管理程度与经济周期呈负相关关系，与行业的景气度关系正相关关系，即公司在经济收缩期或者行业景气度高时的盈余管理程度大于经济扩张期或行业景气度低时。周夏飞和周强龙（2014）同样以我国 A 股上市公司的数据为样本进行实证研究，研究发现，公司所处的行业竞争越激烈，其进行盈余管理的水平也就越高。

政府的干预也是进行盈余管理的一个重要动机。如 Bushman 等（2004）研究表明，政府干预对企业的盈余管理影响方向存在不确定性：基于政治成本假说政府的掠夺动机使上市公司会隐藏真实会计信息；而理性政府会要求上市公司增强会计信息透明度以便于实现掠夺。Makar 和 Alam（1998）则认为，经济扩展期，公司为了避免政治成本造成的风险而进行盈余管理。我国正处于经济转轨时期，由于政府在市场资源配置中有着决定权，这使政府对市场经济的干预较为普遍。Chen 等（2008）发现了中国地方政府帮助上市公司进行盈余管理的证据。李延喜等（2012）通过实证研究指出，政府干预与盈余管理呈正相关关系。

另外，法治水平在约束企业盈余管理中发挥着重要作用。吴育辉和吴世农（2011）发现，投资者保护水平的提高，可以有效地制约大股东的掏空行为。Che 和 Qian（1998）的跨国比较研究发现，法治水平较低的发展中国家企业普遍存在隐瞒利润的现象。Leuz 等（2003）指出，一个国家的法治水平对企业会计报告的质量有着重要的影响，盈余管理程度和投资者保护程度、法律执行水平呈负相关关系。

外部治理环境与上市公司盈余管理均呈负相关关系。在终极控制人性质及行政级别不同的情况下，外部治理环境对盈余管理的影响存在差异。具体而言，相对于非政府控制上市公司，外部治理环境对政府控制上市公司的盈余管理行为约束力更强。相对于地方政府控制上市公司，外部治理环境对中央政府控制上市公司盈余管理行为发挥着更大的约束作用。

吴克平、于富生和黎来芳（2013）认为，新会计准则对公司盈余管理的影响是比较复杂的，且不同的、具体的规定之间对盈余管理的影响也不尽相同，有时候甚至会有相反的作用，因此，管理当局在制定以及颁布会计政策时要慎重考虑其对公司盈余管理的影响。张敏和朱小平（2012）对国内外研究文献进行了系统梳理，他们也提出随着从紧的会计准则的颁布、应计利润会计选择空间的缩小以及管理审查和股东法律诉讼风险的增加，公司越来越倾向于选择操控真实的经济活动进行盈余管理。同时，胥朝阳和刘睿智（2014）通过实证研究也发现，提高会计信息的可比性会抑制应计盈余管理的选择，促使公司选择真实的盈余管理方式。

利用 2007 年中国会计准则委员会实施新的《资产减值准则》的外生事项，实证检验两类盈余管理之间的替代关系。2007 年，我国新准则将已经计提的长期资产减值准备，由原来的允许转回变更为不允许转回，这一外生性变化提高了公司利用资产减值准备转回进行应计盈余管理的成本，但没有影响真实盈余管理的成本。

第二节　盈余管理的经济后果

盈余管理在短期内会为公司带来好处，例如，上市公司收益平稳化可以为股民带来信心，稳定甚至提高公司股价。但这只是暂时的或者表面的正面影响，它的负面影响是不容忽视的，基于任何原因的盈余管理都会潜在地歪曲财务报表和影响资源配置。盈余管理使盈余信息成为数字游戏，丧失其应有的可靠性，不利于投资者作出正确的决策，使会计信息成为无用信息。总结前人的研究文献，本章从盈余管理相对于公司而言的内外部经济后果进行文献综述。

一　盈余管理的内部经济后果

盈余管理的内部经济后果是指盈余管理对公司投资效率、公司绩效、公司其他方面等产生的影响。

（一）对公司投资效率的影响

关于盈余管理对投资效率的影响，大部分学者认为，盈余管理负面影响企业的投资效率。Vicki Wei Tang（2007）借鉴 Kothari、Leone和 Wasley（2005）使用的模型衡量应计盈余管理，实证检验了应计盈余管理是否会对企业实施盈余管理后未来一段时间的投资产生影响。研究发现，应计盈余管理程度高的企业其投资水平显著更高，投资现金流敏感度更低。此外，还发现盈余管理会引发企业未来一段时间产生非效率投资，表明盈余管理对企业未来投资具有重要影响。Mcnichols 和 Stubben（2008）研究了企业操纵财务报告是否会使其作出次佳的固定资产投资决策。研究发现，企业投资过度出现在盈余管理当期，而在盈余管理之后，企业会恢复正常的固定资产投资水平，说明盈余管理会影响企业的内部投资决策。Mary 和 Bing（2012）研究了非四大会计师事务所审计的上市公司其盈余质量对投资决策的影响。研究发现，应计盈余管理会导致上市公司的过度投资行为，从而降低投资效率。

任春艳（2012）以 2005—2009 年沪深两市上市公司为样本，从投资效率角度检验中国现实制度背景下盈余管理的经济后果的研究，发现企业盈余管理程度与未来投资效率呈显著负相关关系，上市公司盈余管理程度越高，其未来投资效率越低。

郑浩阳（2014）以 2008—2013 年来自 A 股上市公司的数据为研究对象，通过建立投资效率计量模型区分上市公司的投资不足和投资过度行为，采用应计盈余和真实活动盈余两种不同的计量方法来计量盈余管理水平，建立盈余管理对投资效率影响的多元回归模型，分别考察不同的盈余管理方式对企业投资效率的影响，并检验不同盈余管理方式与企业投资非效率的相关关系。研究发现，上市公司不仅会采用应计项目盈余管理，而且采用了更为隐蔽的真实活动盈余管理来操纵盈余，盈余管理与投资过度呈正相关关系，但与投资不足缺乏显著的相关关系；同时，研究发现，应计项目盈余管理和真实活动的盈余管理均与企业的投资非效率程度呈正相关关系。也就是说，两种盈余管理方式都会引发企业非效率投资，尽管其经济后果可能在长短期分别表现出来。

黄云超（2015）从我国经济转型的特殊制度背景出发，在国内外学者目前研究成果的基础上，选取了2011—2014年中国A股上市公司的数据作为研究样本，研究发现，我国上市公司采用真实活动盈余管理进行盈余操纵的现象普遍存在，真实活动盈余管理行为会对企业的投资效率产生显著的负面影响，即真实活动盈余管理程度越高，企业投资效率越低。

马炜炜（2017）用中国沪深两市A股制造业上市公司2011—2015年的数据进行实证检验，用Richardson模型、修正Jones模型和Roychowdhury模型分别衡量投资效率、应计盈余管理和真实盈余管理，然后以投资效率为因变量，应计盈余管理和真实盈余管理为自变量，股权性质为调节变量，并对代理成本、盈利能力、债务水平等因素进行控制，建立多元回归模型，实证检验了盈余管理与投资效率之间的关系。研究发现，应计盈余管理和真实盈余管理都会降低企业的投资效率。应计盈余管理与投资效率的相关性在非国有上市公司中更加显著。在进一步区分投资过度与投资不足后，研究结果表明，在非国有上市公司中应计盈余管理与投资过度的正相关性更显著。而真实盈余管理对投资效率的影响在一定程度上在国有上市公司中更加显著。

少数学者认为，适度的盈余管理有积极作用。James、Linck和Jeffry（2013）研究发现，融资约束较严重的企业通过应计盈余管理向外界传递良好的业绩表现，可以帮助企业获得股权和债务融资，从而缓解融资约束，进而能够有资金投资于有价值的项目最终提升企业价值。还有少数学者认为，盈余管理对投资效率的影响并非是线性的。Julio 和 Yook（2016）研究了盈余管理对投资决策的影响，研究发现，投资效率与应计盈余管理程度之间呈现出曲线关系而不是简单的线性关系，适度的应计盈余管理不仅不会损害企业利益，反而有助于企业投资效率的改善，然而，一旦盈余管理程度过高则会降低企业的投资效率。

（二）对公司绩效的影响

Gmmy（2005）从销售长期资产以取得收益、降低单价以增加销售额、减少研发支出和销售管理费用三个方面来衡量真实盈余管理行为，研究未来业绩受真实盈余管理影响，发现企业进行真实盈余管理会导致未来经营现金流的显著下降。Xu 和 Taylor（2007）研究得到的结论与 Gumy（2005）不同。他们发现，企业会对其经营活动进行操控来达到分析师预期的行为，并没有对他们后期的经营业绩产生任何显著的影响。

和辉（2012）以 2006—2008 年的 IPO 企业为研究样本，考察了 IPO 企业在一定约束条件下的盈余管理方式选择及不同盈余管理方式的经济后果。研究发现，IPO 企业在首次公开发行股票前，同时实施了两种盈余管理方式。此外，真实盈余管理与应计盈余管理对 IPO 企业未来绩效的影响具有显著差异性。具体而言，真实盈余管理对 IPO 企业未来绩效的影响更大，其中销售操控活动在 IPO 当年会对企业绩效产生影响并延续至第二年，生产操控活动在 IPO 后第二年会对企业绩效产生影响，而费用操控活动对企业绩效的影响则可能经历更长的时间才会显现。

王阿惠（2013）以 2009—2012 年在创业板上市的 349 家 IPO 公司为研究样本进行实证分析并得出结论：创业板公司存在 IPO 盈余管理行为，并且这种行为对企业和社会产生了不利的经济后果。IPO 盈余管理程度越大，IPO 后的企业经营业绩的下降幅度就会越高。

陶宝山（2013）以 2003—2011 年上海和深圳证券交易所 A 股上市公司为研究样本，立足于中国特有的制度背景，借鉴国内外已有相关研究成果，从未来经营业绩和股东财富两个方面考察真实盈余管理的经济后果。结果发现，真实盈余管理行为对公司未来经营业绩有显著的负面影响，实现避免亏损目标的真实盈余管理同时具有价值损害效应和信号传递效应。

高曼玉（2014）以我国 A 股市场的上市公司为样本，以销售操控的视角，从财务绩效、市场价值和经营风险三个方面对盈余管理的经济后果进行研究。结果表明，上市公司在销售操控下进行盈余管理，从财务绩效、市场价值和经营风险方面都会给企业未来业绩带来负面的影响。

王福胜、吉珊珊和程富（2014）以 2008—2009 年我国沪深两市 A 股上市公司为基期样本，对比分析应计盈余管理与真实盈余管理对公司未来经营业绩影响的差异，研究结果表明，应计与真实盈余管理都会对公司未来经营业绩产生负面影响，且应计盈余管理对公司短期经营业绩的负面影响更大，真实盈余管理对公司长期经营业绩的负面影响更大。

陈筱轩（2014）以 2007—2012 年在 A 股首次公开发行（IPO）的公司为研究样本，结合应计盈余管理与真实盈余管理两个方面研究了我国公司 IPO 过程中的盈余管理行为以及各种盈余管理方式导致的经济后果，包括其对公司未来经营业绩与市场表现的影响。研究结果表明，公司在 IPO 过程中进行了明显的盈余管理行为，不仅实施了应计盈余管理，而且实施了真实盈余管理，真实盈余管理的方式包括销售操控、生产操控、费用操控，并且近年来，IPO 公司更倾向于采用真实活动操纵代替应计盈余管理来提高盈余。同时还发现，公司 IPO 过程中实施的真实盈余管理行为对企业未来经营业绩造成负面影响，而应计盈余管理的负面影响不显著。具体分析表明，企业的生产操控行为对 IPO 后三年的经营业绩产生明显的负面影响，而销售操控与费用操控对未来经营业绩的影响在 IPO 后三年并没有表现出来。

孙雪梅（2017）通过均值检验方法验证定向增发前至股份锁定期终止前这期间的盈余管理行为的存在性与方式问题，并分析定向增发过程中所采取的两种盈余管理方式即应计项目盈余管理与真实活动盈余管理对定向增发后业绩的影响。研究结果表明，定向增发新股公司采用了应计项目盈余管理和真实活动盈余管理这两种盈余管理方式来操控企业盈余。应计项目盈余管理主要是对增发后企业的短期绩效产生负面影响，而相比于应计项目盈余管理，真实活动盈余管理对企业绩效的负面影响更严重，且时间更长。

（三）对公司其他方面的影响

李彬、张俊瑞（2013）通过研究过度投资行为、盈余管理方式与公司价值之间的关系发现，具有过度投资行为的上市公司基于现金流量的需要，明显"做低"了实际活动盈余管理程度，基于会计盈余的需要，显著增加了应计项目盈余管理程度，存在实际活动盈余管理方式与应计项目盈余管理方式的"合谋"现象。同时，上市公司的实际活动盈余管理加剧了过度投资对公司价值的负面影响，具有严重的经济后果。

王跃堂、王亮亮、贡彩萍（2009）以新企业所得税法下税率变动的 A 股上市公司为研究样本，对税率变动下不同公司的市场反应、盈余管理行为及其经济后果进行了实证研究。研究结果发现，对于税率降低的公司，避税动因的盈余管理行为利用盈余管理成功避税得到了市场的正面反应，显著提升了公司价值。

于海林（2011）以 2006—2009 年 1212 家高管增减持上市公司为研究样本，建立了三个计量模型对高管增减持、盈余管理及其经济后果进行了描述性统计分析和实证分析，研究结论表明，高管增持或减持会产生盈余管理行为，即高管增持上市公司股份时会进行向下的盈余操纵，高管减持时会进行向上的盈余操纵。市场对高管增持进行的盈余管理给予正面的反应，而对高管减持进行的盈余管理给予负面的反应。

Healy 和 Wahlen（1999）认为，盈余管理是上市公司采用一定的方法改变财务报表数据，掩盖真实利润，误导外部投资者对公司业绩理解。可见，盈余管理影响上市公司真实盈余和信息披露质量，进而影响股票市场微观结构，使投资者行为最终会在股票交易价格与交易量得到反映。

Ascioglu 和 Shantaram（2012）就纽约股票交易所（NYSE）全部上市公司进行研究，认为盈余管理会降低会计信息披露质量，提高信息不对称程度，导致股票市场流动性降低。

韩国文等（2012）以深圳 A 股市场为研究对象，通过单变量和多变量分析，认为盈余管理会降低股票市场流动性。

二　盈余管理的外部经济后果

盈余管理的外部经济后果主要是指盈余管理对股东以及外部投资者的投资决策、资本市场效率以及资源的配置等产生的影响。

Roychowdhury（2006）、Graham 等（2005）、朱荣（2013）等认为，生产操控会导致资源配置低效率。生产操控主要是利用生产的规模效应来降低边际成本。因为随着产量的增加，单位产品分摊的期间费用和固定成本下降，进而降低边际销售成本，增加边际利润和总利润。但是，过度生产会导致存货增加，进而增加存货持有成本。同时，市场需求的变化也可能导致存货贬值。另外，由于生产操控受企业生产能力的制约，过度生产可能会使生产设备超负荷运转，影响企业的长期生产能力，因此，生产操控会过度占用企业正常生产经营所需的资源，导致资源配置的低效率。

Dechow（1996）、Teoh 等（1998）、Xie（2001）等的研究结果表明，盈余管理可能会导致资本市场不能正确地对公司价值进行定价，从而影响了资本市场的效率。Kedia 和 Philippon（2005）研究了虚假会计信息的经济后果。以实施正向盈余管理而受到处罚的上市公司为研究对象，研究发现，在实施盈余管理期间，上市公司会进行大规模投资，雇用大量员工，造成资源的浪费，降低资源配置效率。国内学者孙铮（2000）发现，盈余管理会增加市场风险，导致资源配置的低效率，严重损害了资本市场资源优化配置的作用。蔡宁和魏明海（2009）研究发现，盈余管理会导致当期投资者高估公司价值，盈余管理程度与公司股票的市场表现呈正相关关系，这可能会损害其他投资者的利益。黄俊、李挺（2016）以 2006—2012 年申请上市的公司为样本的研究发现，拟上市公司的盈余管理降低了资本市场资源配置的效率。

任春艳（2011）以 2005—2009 年沪深两市上市公司为样本，从投资效率角度检验了中国现实制度背景下盈余管理的经济后果。研究发现，盈余管理不仅可能误导外部投资者的判断和决策，也对企业的内部决策产生了不利影响，损害了市场资源的有效配置，因此，必须采取措施抑制企业的盈余管理行为。

王君（2006）认为，在有效资本市场的假设下，盈余管理一般并不会导致企业现金流量的变化，因而盈余管理应不会影响投资者的决策，不会影响资源配置。但是，完全有效的资本市场并不存在，何况我国的资本市场的有效性程度低，因而，盈余管理在未被识别的情况下很可能会对股东的决策产生实际影响。这种影响可能有利，企业管理者可以通过盈余管理传递内部信息，有利于提高投资的决策效果；盈余管理也可能歪曲企业的真实业绩，使投资者决策失误，最终影响资源的有效配置。

陶宝山（2013）以 2003—2011 年上海和深圳证券交易所 A 股上市公司为研究样本，立足于中国特有的制度背景，借鉴国内外已有相关研究成果，从未来经营业绩和股东财富两个方面考察真实盈余管理的经济后果。结果发现，真实盈余管理行为损害了未来股东财富。在控制企业规模、财务杠杆以及账面—市值比等因素后，真实盈余管理活动对未来股票回报具有显著的负面影响，表现出价值损害效应。但没有证据表明，实现避免亏损目标的真实盈余管理对股东财富具有信号传递效应。原因是真实盈余管理行为损害了公司的长远会计业绩，投资者因此而调低了个股的回报率溢价。

第三节　盈余管理的计量

国内外对盈余管理的动机、手段、程度和频率、经济后果以及盈余管理对资源配置和市场效率进行了非常广泛的研究。从现有文献中可以看出，盈余管理的计量方法不同可能会导致研究方法和研究结果的差异。从现有的研究成果来看，盈余管理计量主要有以下五种方法，本章对这五种方法进行简单的文献综述。

一 应计利润总额法

应计利润总额法是早期的应计利润分离法，其基本假定是：在公司财务报告中，只有经营活动净现金流量未被管理，而其他的应计项目都被管理过。因此，总应计利润即为操控性应计利润。其常用的模型有以下两种。

（一）希利模型

希利（Healy，1985）是最先进行盈余管理实证研究的。因为无法获得公司的账簿和会计记录，进而也难以断定公司的管理者具体对哪些项目进行了盈余管理的操纵。因此，希利所构建的计量盈余管理的模型，是通过对比所有样本的应计利润总额的平均值来检测盈余管理的。希利模型总的来说比较简单，模型中假定，非操纵应计利润一直是不会改变的，在整个事件的前后期内，企业各年可进行操纵的应计利润代数和的均值都为零。它没有对非操纵性应计利润和操纵性应计利润进行区分，而是以平均的总应计利润 TA_t 代表非操控性应计利润。其模型如下：

$$NDA_t = \frac{1}{n} \sum \frac{TA_t}{A_{t-1}}$$

式中，NDA_t 表示在时间 t 经过总资产 A_{t-1} 调整的不可操控性应计利润 TA_t，n 表示估计年份的个数，t 表示估计年份。

（二）德安吉洛模型

德安吉洛（DeAngelo，1986）提出，随机游走模型，该模型假设企业历年非操控性应计利润遵循随机抽样规则，并在无盈余管理的零假设下总应计利润的初期差异期望值等于零。同时，当期不可操控性应计利润只与前一期不可操控性应计利润相关，且把上一年的实际利润作为本年度的不可操控性应计利润。为了消除企业规模影响，在模型中的每一项，都除以上一年末的总资产，由此可见，不可操控性应计利润等于经过滞后总资产（A_{t-2}）调整的上一期总应计利润（TA_{t-1}），因此计算不可操控性应计部分的模型应为：

$$NDA_t = \frac{TA_{t-1}}{A_{t-2}}$$

式中，NDA_t 表示经过第 $t-1$ 期末总资产调整后的第 t 期不可操控性应计利润。该模型可以看成是希利（1985）模型的特殊例子，只不过这里的估计期为 $t-1$。

从对盈余管理研究的贡献来看，希利模型和德安吉洛模型在于率先提出总应计利润的分离方法，为后期分离应计利润的方法起到了引导作用。然而，两个模型均存在某些缺陷：对操纵性利润和非操纵性利润的界定是模糊的；两者对正常性应计利润在前后连续期内没有发生变化的假定是值得怀疑的。因此，这两种模型计算的盈余管理水平可能会存在一些偏差。

二　应计利润分离法

由于应计利润总额法的两种模型存在缺陷，国外学者进一步对应计利润进行了分离，并用应计利润分离法来衡量盈余管理。应计利润分离法将应计利润分为操控性应计利润和非操控性应计利润两个部分，从而剔除了非操控性应计利润的影响。国外关于应计利润分离法的模型通常包括以下几种：（1）琼斯（Jones，1991）模型；（2）修正琼斯模型（Dechow，Sloan and Sweeney，1995）；（3）行业琼斯模型（Dechow，Sloan and Sweeney，1995）；（4）截面琼斯模型（DeFond and Jiambalvo，1994）；（5）截面修正琼斯模型（DeFond and Jiambalvo，1994）。但是，这几种模型自身也都存在一些前提假设条件，这些限制条件使这些模型的应用受到了一定的限制，也就是说，这些模型并不一定能够用于对所有问题的研究。

（一）琼斯模型

琼斯（1991）认为，希利模型和德安吉洛模型都犯了一个共同的错误，那就是没有考虑到企业规模的大小，将会对非操纵性应计利润产生影响。如果一个企业的固定资产规模扩大了，那么其应收项目、应付项目和累计折旧额等应计利润科目自然会相应地增加。因此，应该将非操控性应计利润看成是企业固定资产规模和其销售收入增加额两者的函数。基于上述分析，琼斯提出了一个线性回归模型，以此来估计正常性应计利润额。琼斯模型的主要思想可以表述为：

$$NDA_t = \partial_0(1/A_{t-1}) + \partial_1(\Delta REV_t/A_{t-1}) + \partial_2(PPE_t/A_{t-1})$$

式中，NDA_t 表示经过估计期上一期期末资产总额调整后的当期的正常性应计利润；ΔREV_t 表示当期收入与其上期收入的差额；PPE_t 是第 t 期期末固定资产总价值；A_{t-1} 是估计期上一期期末资产总额；∂_0、∂_1、∂_2 是公司特征参数，可以由以下回归模型进行回归取得：

$$TA_t/A_{t-1} = \partial_0(1/A_{t-1}) + \partial_1(\Delta REV_t/A_{t-1}) + \partial_2(PPE_t/A_{t-1}) + \varepsilon_t$$

式中，TA_t 是第 t 期的总的应计利润额；ε_t 为残差项，代表总应计利润中的操纵性应计利润；其他变量意义同上。另外，TA_t 由以下公式计算：$TA_t = NI_t - CFO_t$，其中，NI_t 为净利润，CFO_t 为经营活动产生的净现金流量。

琼斯模型以一个全新的视角，最先运用回归模型的方式，从总应计利润中将操纵性利润和非操纵性利润分离出来，为盈余管理的定量研究提供了实证证据，后期的很多盈余管理计量模型，都是建立在琼斯模型基础上的。

（二）修正琼斯模型

Dechow、Sloan 和 Sweeney（1995）认为，琼斯模型中的主营业务收入变化，仍然没有把公司管理者对收入进行操纵的因素考虑在内。他们认为，公司管理者还可以通过应收账款来对主营业务收入进行操纵，从而达到对报告盈余进行操纵的目的。所以说，琼斯模型会把盈余管理低估。为了避免这种偏差，应该在主营业务收入中把应收账款的变化剔除掉，修正琼斯模型考虑了企业的经营活动和信用政策，把应收账款的增加额从营业收入的增加额中扣除了，以使该模型对基于收入的盈余管理有更强的解释能力，得到修正琼斯模型为：

$$NDA_t/A_{t-1} = \partial_0(1/A_{t-1}) + \partial_1[(\Delta REV_t - \Delta REC_t)/A_{t-1}] + \partial_2(PPE_t/A_{t-1})$$

式中，ΔREC_t 为 t 年与 $t-1$ 年的应收款项之差；PPE_t 是第 t 期期末固定资产总价值；A_{t-1} 是估计期上一期期末资产总额；∂_0、∂_1、∂_2 是公司特征参数，∂_0、∂_1、∂_2 的估计值与琼斯模型计量方法相同。

（三）行业琼斯模型

行业琼斯模型是由 Dechow、Sloan 和 Sweeney 在 1995 年提出的。行业琼斯模型放宽了非操纵性应计利润在时间序列上不变的假设。他们认为，影响正常性应计项目的因素，在同一行业中是没有差别的。由此他们得出样本公司的正常性应计利润与同行业同规模的配对样本公司相比，应计利润之间必然存在某种关系。基于这种假设，他们得到计量盈余管理的行业琼斯模型为：

$$NDA_t = \beta_1 + \beta_2 Medianj(TA_t/A_{t-1})$$

式中，$Medianj(TA_t/A_{t-1})$ 是同行业所有非样本公司，经过上期资产总额调整后的当期应计利润的中位数。行业特征参数 β_1、β_2 用测试期的观测值通过回归估计获得。

（四）截面琼斯模型

截面琼斯模型是由 DeFond 和 Jiambalvo 于 1994 年提出的。与琼斯模型相比，截面琼斯模型中用的参数是截面数据，而琼斯模型用的是时间序列数据估计。除了这一点，两者差别不大。截面琼斯模型估计正常性应计利润的模型为：

$$NDA_t = \partial_0(1/A_{t-1}) + \partial_1(\Delta REV_t/A_{t-1}) + \partial_2(PPE_t/A_{t-1})$$

式中，NDA_t 是经过第 $t-1$ 期期末总资产调整后的第 t 期的非操纵性应计利润；ΔREV_t 是第 t 期收入和第 $t-1$ 期收入的差额；PPE_t 是第 t 期期末固定资产价值；A_{t-1} 是第 $t-1$ 期期末总资产；∂_0、∂_1、∂_2 是公司特征参数，其估计值由不同年份数据通过分行业进行回归取得。回归模型为：

$$TA_t/A_{t-1} = \partial_0(1/A_{t-1}) + \partial_1(\Delta REV_t/A_{t-1}) + \partial_2(PPE_t/A_{t-1}) + \varepsilon_t$$

式中，TA_t 是第 t 期的总的应计利润额；ε_t 为残差项，表示各个公司总应计利润中的操纵性应计利润。其他变量意义同上。

（五）扩展琼斯模型

陆建桥（1999）认为，修正琼斯模型和琼斯模型仍存在缺陷，都忽视了无形资产和其他长期资产对非操纵性应计利润的影响，因为无形资产和其他长期资产摊销额是非操纵性应计利润的重要组成部分，如果忽视了这一因素，会使琼斯模型和修正琼斯模型低估非操纵性应计利润额，高估盈余管理行为。为此，陆建桥（1999）提出了扩展琼斯模型，该模型在修正琼斯模型基础之上，在自变量中增加了无形资产和其他长期资产变量，其表达式为：

$$NDA_t/A_{t-1} = \partial_0(1/A_{t-1}) + \partial_1\left[\left(\Delta REV_t - \Delta REC_t\right)/A_{t-1}\right] + \partial_2(PPE_t/A_{t-1}) + \partial_3(IA_t/A_{t-1})$$

式中，ΔREC_t 为 t 年与 $t-1$ 年的应收款项之差；PPE_t 是第 t 期期末固定资产总价值；A_{t-1} 是估计期上一期期末资产总额；IA_t 为本期的无形资产和其他长期资产；∂_0、∂_1、∂_2、∂_3 是公司特征参数，∂_0、∂_1、∂_2、∂_3 的估计值与琼斯模型计量方法相同。

相关学者对上述几种应计利润分离模型进行了比较，如卡普兰（1985）对几个模型进行了比较，他认为，权责发生制会导致应计利润受到经济环境因素的影响，因此，在衡量预期非操控性应计利润时，必须将经济环境所产生的影响考虑在内。在以上几个模型中，只有琼斯模型和修正琼斯模型（Dechow，Sloan and Sweeney，1995）考虑了经济环境所带来的影响，并将这种影响计入非操控性应计利润中。Guay、Kothari 和 Watts（1996）通过比较也得出了与卡普兰（1985）相同的结论。Dechow 等（1995）利用美国资本市场数据对盈余管理计量的几种模型进行了检验，检验发现：截面修正琼斯模型能够较好地揭示操控性应计利润，其他模型都不能很好地揭示盈余管理的程度。陆建桥（1999）、章永奎和刘峰（2002）在模型中增加了无形资产和其他长期资产这两个变量，并利用我国上市公司数据进行了实证检验。夏立军（2003）通过对应计利润分离模型在中国资本市场的比较发现，分行业的截面修正琼斯模型能够更好地揭示上市公司的盈余管理。

通过以上文献可以发现，应计利润分离法的几个模型由于自身假设的限制，使这些模型不具有普遍适用性，在一定程度上影响了这些模型的适用范围。

三　盈余分布法

盈余分布法也叫分布检测法，是一种最简单的盈余管理行为识别的方法。该方法首先绘制出盈余的分布密度图，在通过观察特定的阈值点周围的分布情况来计量盈余管理，通常的阈值点有零点、上年盈余临界值、分析师预测盈余等。

分布检测法兴起于20世纪90年代，是一种很实用的盈余管理识别方法，它可以直观地反映出特定动机的盈余管理行为，一度受到学术研究者的青睐。国外学者 Burgstahler 和 Dichev（1997）的研究检测了盈余及盈余变动的密度分布图的规律，发现该分布有明显的阈值点，零点周围的分布不平滑，左侧相邻区间（微亏或微减）的分布频率明显低于预测值，而右侧相邻区间（微盈或微增）的频率则比预期值高，这意味着存在为避免亏损或避免利润的下滑而进行的盈余管理，并主张至少 30%—44% 的微亏企业调高利润以报告正利润。

Myer 和 Skinner（1999）通过盈余分布法发现，上市公司会对连续季度盈余增长进行盈余管理，从分布图上可以看出是一条不光滑的曲线。Beatty（1999）用盈余分布法对所有权性质不同的银行盈余管理程度进行了研究，发现在盈利水平零附近，公有制银行比私有制银行进行盈余管理的频率高，这是因为，公有制银行有更大的动机进行盈余管理。Beaver 和 Ryan（2000）实证研究发现，对于盈利水平较低的保险公司，将会进行向上的盈余管理，达到调高盈利水平的目的；而对于盈利水平较好的保险公司，将会进行向下的盈余管理，达到调低盈利水平的目的。我国的许多学者通过盈余分布法对资本市场进行了检验，研究发现，上市公司在 0、6% 和 10% 水平下有盈余管理的行为，上市公司有动机通过盈余管理避免 ST、PT 或者通过盈余管理取得再融资资格（蒋义宏和魏刚，1998；孙铮和王跃堂，2000；陆建宇，2003；俞乔等，2004；吴联生、薄仙惠和王亚平，2007）。国内学者张然（2007）通过分布检测法对现金流量进行了研究，结果发现，现金流量的分布不是平滑的，分别有零点、上年的经营现金流量点和分析师预测现金流量三个显著的不平滑阈值点，得出结论认为，16.41% 的报告现金流为微正的企业是通过现金流操纵来达到目的的，16.64% 和 9.81% 的企业是通过现金流操纵行为来实现现金流的增长或者达到分析师预测的水平。

盈余频率分布模型与特定应计利润（具体分布模型）的研究相似，能够较准确地在短期内识别为了某一目标而进行盈余操纵的行为。然而不同的是，频率分布模型没有针对单个公司盈余管理的程度进行衡量，而是通过使用大量样本数据来考察相同经济背景下的公司的总体表现，用以检验盈余的分布特征。盈余频率分布模型在研究盈余管理行为的方法中占有重要地位，而且可以检验多种原因造成的盈余管理现象。

盈余频率分布模型的优点表现在：研究者不需要特意估计充满"噪声"的操纵性应计利润来验证是否存在盈余管理的现象，而是通过检测报告盈余在某些阈值点的分布特征来推断是否存在盈余管理；同时，这种方法既能估算阈值处盈余管理现象的普遍性，也可以捕捉到由非应计项目引起的盈余管理现象。

盈余分布法确实是一种很实用的检测盈余管理的方法，其计量过程简单易行，结果直观并且较为准确，但是同时也应该考虑以下几方面的问题：一是关注点是人为确定的，这就需要考虑不同行业、不同性质企业的差异性，因而很难准确而全面地确定合理的关注点。二是当检测出了存在盈余管理后，也仅仅是鉴别出了哪些企业有盈余管理的行为，而对具体盈余管理手段、程度等信息却不能获得这个结果，不足以作为提出政策性建议的依据，即其应用价值不高。三是把本年度分析师预测盈余点作为关注点之一在我国很难施行，这是因为，国外具有成熟健全的市场监管，分析师预测是企业外部联系的必要组成部分，而在国内市场上目前并不能提供这种服务；由于分布检测法本身的局限性，只能应用于针对监管政策的盈余管理，而不能应用于研究盈余管理与管理人员报酬计划、债务契约、公司治理的关系等领域。由此可知，这种方法对于国内的适用性不强。

当前，关于用此方法研究盈余管理主要集中在研究 IPO 前后、配股还有特别决策，例如重组、并购等事项相关的研究成果在此不一一列述。由于我国市场经济发展较为迅速，且考虑我国国情，政府对企业的影响不容忽视，在研究企业内部事项的同时也应关注外部政策对盈余管理的影响，例如，国家出台股改政策，是否可以把此过程作为关注点来检测。国外学者琼斯研究了美国"进口救济"期间的盈余管理情况，得出的结论是：企业存在通过盈余管理来提高获得进口救济的可能性或者增加救济津贴金额。与此类似，我们也可以扩展关注点的范围，增加对政府出台经济政策时企业状况的关注。

四　具体应计项目法

盈余管理计量的另一种方法是具体应计项目法。它是通过一组或者一个特定的应计项目来建立计算模型，并以此来度量公司是否存在盈余管理行为。该方法一般用于研究某些或某个特定行业的盈余管理行为，如金融行业中的贷款损失准备、意外险保险公司的索赔准备和财产险等。因此，能够做到在目标盈余数字狭小的范围内较好地描述可操纵性应计盈余和非可操纵性应计盈余的行为特征。具体分布模型是集中研究特定产业环境下应计利润的总体特征，研究前提是研究人员事先能够知道盈余管理会在哪些特定应计项目或哪一系列应计项目中反映出来。与应计利润分离模型相似，特定应计利润模型的核心问题也是使用模型将特定的应计利润分为可操纵性应计利润和非可操纵性应计利润两部分。由于具体应计项目法是针对具体行业中的某一具体应计项目来设计的，因此，区分可操纵性利润部分与非可操控性部分所依据的假设，与包含不同行业和不同应计项目的应计利润分离模型所依据的假设相比更加切合实际。另外，具体应计项目法的一个重要优点是非操纵性应计利润部分相对比较容易得到。因为研究人员一般依赖 GAAP 来判断在没有盈余管理的情况下哪些应计项目能够得到最基本的反映。

这种方法的好处是直观，能针对一些具体问题进行具体分析，盈余管理的程度衡量上噪声较小。但该方法的缺点也很明显，它只适用于适用于单一盈余管理模式的公司，同时研究结果也很难推广。例如，国外学者 McNichols 和 Wlison（1988）、Beave 和 MoNiohols（1998）应用具体应计项目法分别对坏账准备、保险公司的贷款损失准备进行了检验，衡量具体项目的盈余管理水平。

五　真实盈余管理计量方法

自"安然事件"发生以来，国际国内加强了审计风险防范和市场监管力度。《萨班斯法案》实施后，应计项目的操纵程度受到了限制，使很多企业被迫转向更为隐蔽的盈余管理手段。企业通过操纵实际经营活动和交易，误导利益相关者相信财务报告目标通过正常且真实的经营活动予以实现的行为，即为真实盈余管理行为。Healy 和 Wahlen

（1999）、Dechow 和 Skinner（2000）的研究指出，除通过会计估计和会计处理方法对盈余进行管理外，管理者还可以通过干预正常业务得到期望的盈余数字。Roychowdhury（2006）认为，公司通过降低研发支出、放宽信用政策等真实活动的操作进行利润操控，在 Dechow（1998）研究的基础上建立了与企业经济业务相关的利润操纵活动模型，并得出以下结论：企业会牺牲长远利润，通过真实的经济活动来进行盈余管理以达到短期目标。Cohen（2008）做了事件研究，分析了《萨班斯法案》颁布前后企业所倾向的盈余管理手段发生变化，研究结果表明，《萨班斯法案》颁布之前，企业倾向于利用应计项目操纵利润，《萨班斯法案》颁布之后，利用真实活动的盈余管理手段占总体比重有所上升。张俊瑞等（2008）对企业的盈余管理行为进行了研究，利用销售操控、费用操控和生产操控三大模型来检验，发现企业为了实现盈利目标会进行这三个方面真实活动的盈余管理。

真实盈余管理是一种新的盈余管理方法，它不仅会影响应计项，还会影响企业的经营现金流。而针对真实盈余管理的研究相对零散和滞后，目前尚无统一标准。类似于总体应计利润法将总的应计利润分离为操纵性应计利润与非操纵性应计利润，真实盈余管理计量法的关键是从实际盈余中分离出非操控性真实盈余与操控性盈余。但真实盈余管理的方式多种多样，十分隐蔽，难以预测。因此，未来真实盈余管理计量的研究任重道远。首先，应尽力拓宽研究范围，全面了解各种真实盈余管理手段，形成职业嗅觉，从企业看似正常的经营业务中识别出真实盈余管理的痕迹。其次，未来的实证研究可针对企业各项业务，各个击破，深入识别日常业务的本质，发掘其中的一些关键操纵点。最后，最为重要的一点是，由于应计盈余管理与真实盈余管理相互影响，在未来的计量中，应考虑如何排除两者之间的内生性相互影响，这样会大大提高盈余管理和真实盈余管理计量的准确性。

第三章　公司风险承担对盈余管理的影响研究

第一节　绪论

一　研究背景

风险承担，即公司所承受的收益和现金流的不确定性历来都是学者进行公司研究的重点。对于一家公司而言，无论处于哪一个行业，具有多大规模，都存在诸如股东及债权人等众多的利益相关者，由于对风险和收益的不同追求，他们之间的相互作用使公司的风险承担水平存在一个适宜的区间，而涉及筹资、投资以及经营等任何一方面的决策失误都有可能导致公司承担超出其正常承受能力的风险。

高风险固然可能带来高收益，但是，为了获得更大的收益，不考虑公司内外部具体情况而激进地去承担更高的风险，其结果往往不尽如人意。作为被曾任美国证监会主席哈维·皮特称作的美国金融证券市场"四大危机"之一，美国安然公司财务造假事件让很多人震惊。纵观安然公司的成长历程，从天然气的现货交易到动力和发电领域，到各种衍生品交易，再到电子商务领域，安然公司迅速发展壮大，1985—2000年仅仅15年，就与通用、埃克森、美孚、壳牌等百年企业平起平坐。安然公司在给美国证监会递交的文件中承认：1997—2001年总共虚报利润达5.86亿美元，并且未将其巨额的债务入账。由此可知，其快速发展的步伐并不是一帆风顺的，创新性的进步固然难能可贵，但是，脚踏实地的发展也尤为重要，一味地"开疆拓土"所带来的巨大利益之下掩盖的是不断增加的风险。高收益并不是高风险的必然结果，与风险相伴的经常是巨大的损失。而一旦公司的经营结果不乐观，为了满足众多的利益相关者对公司的预期，管理者往往会在财务上下手，掩盖公司真实的经营状况。这种情况实际上暗示着，如果一家公司承担的风险较高，公司或管理者就会有很大的动机进行盈余管理，两者之间存在一定的关系。

盈余管理是企业管理当局在遵循会计准则的情况下，为了实现主体利益最大化，对企业对外公布的会计收益信息进行调整的行为，是中国资本市场存在的一种普遍现象（于忠泊、田高良等，2011；黄梅、夏新平，2009；陈小悦、肖星等，2000）。风险承担和盈余管理，一直以来都备受学术界关注。不言而喻，这是两个对公司来说非常重要的问题。然而，针对风险承担和盈余管理之间相关性的研究却不是很多，且大部分都是在研究公司治理问题时得出的间接结论（Daniel and Thomas，2006；David，2013）。同时，仅有的直接研究风险承担对盈余管理影响的文献也基本上局限于使用线性模型，检验以公司财务数据为基础的风险承担对应计盈余管理的影响（王永海、徐琴，2014）。

激进的管理者通常都会使公司承担较高的风险，但是，如上所述高风险所带来的却不仅仅是高收益，收益的波动性也会随之增大。波动性意味着不确定性，意味着损失的可能性，过高的波动性是股东所不愿意接受的。因此，为了抑制收益的波动性，进而避免被股东惩罚，随着风险承担水平的不断增加，管理者进行盈余管理的程度也会越来越大。随着公司风险承担水平的上升，公司所面临的外部监管以及内部公司治理环境的变化，管理者进行盈余管理的成本也在不断增加，进而对由盈余波动性带来的盈余管理程度的增大起到了一定的抑制作用。

上述分析表明，风险承担对盈余管理的影响可能不是线性的，随着公司风险承担水平的上升，盈余管理程度的变化存在一定的不确定性。同时，一方面，现有的研究文献表明，公司风险承担水平的因素不仅包括公司自身的因素，也有外部环境因素；不仅应当反映过去以及当期的因素，也应当涵盖预期的未来因素。即风险承担水平的计算不应局限于对公司财务数据的衡量，上市公司市场交易数据也是衡量公司风险承担水平必不可少的一部分。另一方面，随着我国企业会计准则及投资者保护制度的不断完善，经理人员通过会计手段进行盈余操纵的空间不断变小，操纵真实经济业务的盈余管理方式出现得越来越频繁。即在研究盈余管理问题时，应兼顾应计盈余管理和真实盈余管理。

因此，本章在前人研究的基础上进行了拓展，分别检验在中国市场，以会计为基础和以市场为基础的风险承担衡量指标对两种不同的盈余管理的影响作用，通过分析风险承担和盈余管理之间的关系，不仅可以为解决股东与管理者之间的代理问题提供帮助，还能够使公司的其他利益相关者更好地了解公司，市场投资者做出更加正确的判断。

二　研究意义

（一）理论意义

盈余管理是企业管理当局在遵循会计准则的情况下，为了实现主体利益最大化，对企业对外公布的会计收益信息进行调整的行为，是中国资本市场存在的一种普遍现象。通过对盈余管理的动机进行研究可以发现，无论公司是基于契约（报酬或债务契约）、从资本市场获得额外收益、规避监管或者避税等哪一种动机而进行盈余管理，其本质都是对于收益的压力最终引致盈余管理行为。因此，在考虑到风险和收益在某种程度上的一致性的同时，我们认为，公司的风险承担与盈余管理之间存在必然的联系。

虽然现有文献在对公司治理问题进行研究时，间接地发现了风险承担与盈余管理之间的关系，仅有的直接对风险承担与盈余管理进行研究的文献也分别对此得出了肯定的结论。但是，由于前人在研究两者之间的关系时，所使用的风险承担衡量指标局限于对财务数据的利用，对盈余管理的研究大多只是应计盈余管理，对模型的选择也止步于线性模型，还不能帮助我们全面了解两者之间的具体关系。基于此，本章在前人研究的基础上进行了拓展，在研究两者之间的具体关系时，首先，同时使用以会计和市场为基础的衡量指标，使对风险承担水平的衡量不仅反映公司的即期状况，也包括对未来的预期。其次，随着我国企业会计准则及投资者保护制度的不断完善，经理人员通过会计手段进行盈余操纵的空间不断变小，真实盈余管理方式越来越频繁地被管理者青睐，本章同时研究风险承担水平对应计和真实两种不同盈余管理的影响作用。最后，由于考虑到随着风险承担水平的上升，管理者为了减小盈余的波动性来增大盈余管理程度的同时，外部监管以及内部公司治理变化所带来的成本上升也对盈余管理程度起到了一定的抑制作用。本章使用非线性模型研究两者之间的具体关系。

实证检验上市公司的风险承担对盈余管理的具体影响效果，得出的数理证据表明，风险承担与应计盈余管理之间存在一定的非线性关系，与真实盈余管理之间存在显著的线性关系。从而明确了我国上市公司的风险承担对盈余管理的具体引致作用，对提高我国证券市场的运作效率有着一定的理论意义。

（二）实际意义

公司的风险承担水平可以影响盈余管理程度，这种影响作用对于公司内部治理以及外部市场而言存在怎样的影响，政府是否应该介入管理，投资者应该对此做出怎样的市场反应，都需要对这种影响作用的具体表现形式进行研究。

激进的公司为了获得快速发展的利益，在公司的经营、融资以及投资等各方面往往都会倾向于选择承担较高的风险，但是，风险在可能带来收益的同时也会带来损失，任何一家公司都不能保证其作出的所有决策都能带来绝对的收益，当损失出现，或者仅仅是公司业绩没有达到利益相关者的目标要求时，公司的管理者都有很强烈的动机进行盈余管理，以避免自身受到惩罚。尽管近年来由于新会计准则颁布以及政府监管力度的加强，使我国盈余管理的程度有所降低，但是，由于公司内外部信息的不对称问题以及真实盈余管理不同于应计盈余管理的操作方式，盈余管理仍然不可避免。

Daniel 和 Thomas（2006）、John、Litov 和 Yeung（2008）、Julia、Garen 和 Antonia（2009）以及 Amira、Ben 和 Christophe（2011）等通

过研究公司治理问题发现，公司的风险承担水平影响其盈余管理程度，这为我们发现公司的盈余管理行为提供了一个很好的切入点。本章通过研究公司的风险承担对盈余管理的具体影响效果，既有助于公司的利益相关者通过了解公司的风险承担水平来判断管理者是否可能进行盈余管理，以进一步了解公司的真实经营业绩；也有助于政府监管者通过了解公司的风险承担水平，警惕其可能的盈余管理行为。

同时，对公司的风险承担和盈余管理的关系研究，有利于投资者作出合理的投资决策。对上市公司风险承担与盈余管理的具体关系研究，有利于增强投资者对企业管理手段的警觉意识，帮助投资者分辨上市公司的风险承担水平是否能够引起管理者的盈余管理行为，为投资者提高决策质量，作出合理决策提供一定的理论指导。只有投资者的正确决策，才能更好地发现经济要素的价格，引导资源合理配置到有发展前景的企业，提高证券市场的效率。

第二节　文献综述及研究假设

由于直接研究风险承担对盈余管理的影响文献非常少，因此，本章首先从风险承担角度进行文献综述，其次针对在风险承担对盈余管理影响方面得出间接结论的相关研究进行文献综述。

一　风险承担的文献综述

本章研究的风险承担水平，是指公司所承受的收益和现金流的不确定性程度。由于存在诸如股东及债权人等众多的利益相关者以及公司内外部结构和环境的复杂性，风险承担水平对公司的股价变动、成长性及未来业绩等方面都有很大的影响。

现有文献对风险承担的研究集中在对公司的风险承担水平的影响因素以及风险承担水平对公司的影响两大方面。由于本章研究风险承担水平对公司盈余管理程度的影响，且认为公司风险承担水平的高低，会影响其绩效进而影响盈余管理的程度，因此，本书中对风险承担的文献综述主要是风险承担水平对公司各方面的影响，重点是其对公司绩效的影响。

（一）风险承担水平对公司的影响

现有研究文献表明，由于存在诸如股东及债权人等众多的利益相关者以及公司内外部结构和环境的复杂性，因此，风险承担水平对公司的股价变动、成长性、资本结构以及资本配置效率等方面都有很大的影响。

如王阳、郑春艳（2012）以 2007—2010 年我国 A 股上市公司4264 个数据为样本进行的实证研究发现，上市公司的风险承担水平对其股价波动存在一定的正向影响。

苏坤（2015）在对国内外相关研究进行梳理的基础上，以1999—2012 年中国沪深股市非金融上市公司为研究对象，分析管理者股权激励、公司风险承担以及资本配置效率之间的关系，研究结果表明，公司风险承担水平的提高有利于公司对投资机会的充分利用，进而提高资本配置效率。

李海霞（2015）以我国深圳股票交易所 2011 年 12 月 31 日前上市的 1079 家公司为研究对象，探究 CEO 权力、风险承担与公司成长性之间的相互关系时发现，公司面临的风险承担水平越高，公司成长性越差。公司风险承担对公司成长性呈现出显著的拖累效应，即公司面临的风险承担水平越高，公司成长性表现得越差。

王丽婷（2017）选取 2010—2014 年中国沪深两市 A 股制造业上市公司为样本，探讨和分析管理者风险承担对资本结构的影响研究结果表明，管理者风险承担与资本结构的关系是正向的，较高的管理者风险承担则会促使公司采用较高的财务杠杆率。

叶蓁（2017）以 2002—2016 年沪深两市的上市公司数据为样本，研究管理者过度自信对企业的风险承担水平以及企业价值的影响。结果表明，越是过度自信的管理者，其所在企业风险承担水平越高，企业价值也越高，即公司风险承担水平的上升有益于促进公司价值的提高。

（二）风险承担水平对公司绩效的影响

如上文所述，由于公司内外部结构以及环境的复杂性，公司的风险承担水平对公司的各个方面都有直接影响。而作为公司的利益相关者最为关注的重点，公司绩效也是其中之一。

根据美国学者夏普（William Sharpe）、林特尔（John Lintner）、特里诺（Jack Treynor）和莫辛（Jan Mossin）等1964年在资产组合理论的基础上发展起来的资本资产定价模型可知，如果想获得超额的回报，就必须承担相应的风险，资产的预期收益与其风险之间呈正相关关系。而对于公司来说，由于其自身结构和外部环境的复杂性，其风险承担水平与公司绩效之间的关系则更为复杂。

在这一方面，阿克和雅各布森（Aaker and Jacobson，1987）、约翰·利托夫和扬（John，Litov and Yeung，2008）、孙璐（2014）、王雨芹（2014）、郭优（2016）、梁冠球（2016）以及董保宝（2014）等分别对风险承担与以资产收益率（ROA）、净资产收益率（ROE）、每股收益、托宾Q值以及账面市值比等指标衡量的公司绩效之间的关系进行了深入的研究，得出了不同的结论。

阿克和雅各布森（1987）通过研究发现，以财务数据衡量的系统风险和非系统风险均与公司绩效呈正相关关系；阿克和雅各布森（2008）认为，公司风险与公司增长率（总资产、销售额增长率）也总是呈显著正相关关系。盛明泉、伍岳（2017）以2011—2014年沪深两市上市公司的A股数据为样本，通过对高管年龄、风险承担与企业绩效之间的关系进行研究发现，企业的风险承担水平对提高企业绩效具有显著的促进作用。

孙璐（2014）、王雨芹（2014）、郭优（2016）等在对高管薪酬或者管理者持股、风险承担以及公司绩效的相关实证研究中得出结论，在一定的可接受的风险范围内，企业主动承担风险可以提高公司绩效，证明了在一定的风险承担水平内，其与公司绩效呈正相关关系。

梁冠球（2016）以2007—2014年沪深A股农业上市公司数据为样本进行研究发现，农业上市公司经营绩效与公司风险承担水平呈显著负相关关系。

更进一步地，董保宝（2014）基于新企业样本，在新企业风险承担、创业能力与绩效的关系的研究中发现，新企业风险承担与绩效具有倒"U"形关系，说明新企业冒适度的风险会有较佳的绩效，规避风险和过度承担风险都会导致绩效的降低，即风险平衡将是新企业的最佳选择。

二　风险承担对盈余管理影响的文献综述

如上所述，公司的风险承担与盈余管理历来都是学者所关注的热点，但是，直接研究两者之间关系的文献却很少，且现有的研究得出的结论之间也不能形成共论。

首先，对于管理者的风险偏好和盈余管理，Abdel Khalik（2007）、格兰特（Grant，2009）等、郑春艳（2011）、徐进（2012）、汤玉琼（2013）等所做的一系列相关研究发现，具有冒险动机的管理者会通过盈余管理来平滑公司利润，管理者的风险偏好水平对上市公司的盈余管理会产生显著的正向影响。同时，傅琳琳（2011）利用我国上市公司 2007—2009 年的数据，通过建立多元回归模型对公司的成长性、经营风险和盈余管理之间的关系进行研究的结果表明，公司的经营风险与盈余管理之间存在显著的正相关关系。王永海和徐琴（2014）以我国上市公司 2007—2011 年的数据为样本，对以盈余波动性和资产专用性为指标衡量的风险承受水平与公司盈余管理之间的关系进行研究的结果表明，风险承受水平越高，公司的盈余管理程度越强，即风险承受水平与盈余管理之间呈显著正相关关系。

有学者却得到了不一样的结论。约翰（2008）等在研究公司治理和风险承受关系时，将盈余平滑指标与公司风险指标进行实证回归，结果显示，两者为不显著的负向关系。而花冯涛（2016）则是根据 2005—2014 年我国深圳证券交易所 A 股上市公司的数据对公司的特质波动与盈余管理之间的关系进行了研究，结果表明，在负向管理中，公司的特质波动与应计管理和真实管理均呈显著正相关关系；而在正向管理中，这种显著相关性却消失了。

综上所述，学术界关于公司的风险承担对盈余管理的影响方向存在争议。考虑到本章认为随着风险承担水平的上升，管理者为了减小盈余的波动性增大盈余管理程度的同时，外部监管以及内部公司治理变化所带来的成本上升也对盈余管理程度起到一定的抑制作用。同时，现有的研究文献表明，公司风险承担水平的因素不仅包括公司自身的因素，也有外部环境因素；不仅应当反映过去以及当期的因素，也应当涵盖预期的未来的因素。即风险承担水平的计算不应局限于对公司财务数据的衡量，上市公司市场交易数据也是衡量公司风险承担水平必不可少的一部分。另外，随着我国企业会计准则及投资者保护制度的不断完善，经理人员通过会计手段进行盈余操纵的空间不断变小，操纵真实经济业务的盈余管理方式出现得越来越频繁。即在研究盈余管理问题时，应兼顾应计盈余管理和真实盈余管理。

因此，我们在前人研究的基础上进行了拓展，以会计和市场为基础的两种不同的风险承担衡量指标为基础，使用非线性模型，研究风险承担对应计和真实两种盈余管理方式的影响，进而找出两者之间的具体关系，使公司的管理当局可以更好地进行公司治理，利益相关者可以更好地了解公司，市场投资者可以做出更加正确的决策。

三　理论分析

现有对公司治理问题进行研究的文献，以及仅有的直接对风险承担与盈余管理进行研究的文献也分别对此得出了肯定的结论。如 Abdel Khalik（2007）、格兰特等（2009）、郑春艳（2011）、徐进（2012）、汤玉琼（2013）等所做的一系列相关研究发现，具有冒险动机的管理者会通过盈余管理来平滑公司利润，管理者的风险偏好水平对上市公司的盈余管理会产生显著的正向影响。傅琳琳（2011）利用我国上市公司 2007—2009 年的数据，通过建立多元回归模型对公司的成长性、经营风险和盈余管理之间的关系进行研究的结果表明，公司的经营风险与盈余管理之间存在显著的正相关关系。王永海和徐琴（2014）以我国上市公司 2007—2011 年的数据为样本，对以盈余波动性和资产专用性为指标衡量的风险承受水平与公司盈余管理之间的关系进行研究的结果表明，风险承受水平越高，公司的盈余管理程度越强，即风险承受水平与盈余管理之间有显著的正相关关系。

激进的管理者通常都会使公司承担较高的风险，但高风险所带来的却不仅仅是高收益，收益的波动性也会随之增大。波动性意味着不确定性，意味着损失的可能性，过高的波动性是股东所不愿意接受的。因此，为了抑制收益的波动性，进而避免被股东惩罚，随着风险承担水平的不断增加，管理者进行盈余管理的程度也会越来越大。

然而，在对风险承担和盈余管理的相关研究中，有学者却得到了与上文不一样的结论。约翰（2008）等在研究公司治理和风险承受关系时，将盈余平滑指标与公司风险指标进行实证回归，结果显示，两者为不显著的负向关系。花冯涛（2016）根据2005—2014年我国深圳证券交易所A股上市公司的数据对公司的特质波动与盈余管理之间的关系进行了研究，结果表明，在负向管理中，公司的特质波动与应计管理和真实管理均呈显著正相关关系，而在正向管理中，这种显著相关性却消失了。

同时，本章认为，随着公司风险承担水平的上升，在管理者为了减小盈余的波动性而不断增大进行的盈余管理程度的同时，公司所面临的外部监管以及内部公司治理环境也会发生变化，使管理者进行盈余管理的成本也在不断增加，进而对由盈余波动性带来的盈余管理程度的增大也会起到一定的抑制作用。

四 研究假设

经过上文的理论分析，可以看出，为了抑制收益的波动性，进而避免被股东惩罚，随着风险承担水平的不断增加，管理者进行盈余管理的程度会越来越大。Abdel Khalik（2007）、格兰特等（2009）、郑春艳（2011）、徐进（2012）、汤玉琼（2013）等学者的研究都证明了这一点。从约翰（2008）以及花冯涛（2016）等通过研究得出与上文学者不一致的结论也可以看出，随着公司风险承担水平的上升，由于公司所面临的外部监管以及内部公司治理环境也随之发生变化，使管理者进行盈余管理的成本在不断增加，进而对由盈余波动性带来的盈余管理程度的增大也可能产生一定的抑制作用。因此，本章提出如下假设：

H3-1：公司的风险承担会促进其进行盈余管理的程度。

H3-2：公司的风险承担水平与盈余管理程度之间存在非线性的相关关系。

第三节　研究设计

一　变量的选取与度量

（一）盈余管理变量的选取与度量

盈余管理的方式主要有应计盈余管理和真实盈余管理两种（Cohen and Zarowin，2008；Gunny，2005）。以往国内外学者主要是从应计盈余管理角度对盈余管理进行分析和研究，而随着各国法律制度以及会计准则的不断完善，越来越多的学者通过研究发现，公司可能会通过操纵包括投资活动、筹资活动以及经营活动在内的交易活动来达到其盈余阈值，从而实现某些目标（Gunny，2005；Graham et al.，2005；Roychowdhury，2006）。

应计盈余管理是在公认会计准则所允许的范围内，运用职业判断对会计政策和会计估计进行选择，调整公司盈余信息，以达到掩盖或粉饰公司实际经营业绩的行为，通常是在会计年度终了时，针对既有业务进行的调整，因而并不改变企业的实际经济活动和现金流，对企业未来业绩的影响也主要在于将公司实际盈余在不同期间进行平滑。而真实盈余管理的行为则可以发生在整个会计年度内，通过生产操控、费用操控以及销售操控等手段实现会计盈余的增加（Roychowdhury，2006；Cohen et al.，2010；Gunny，2010），对企业的现金流以及企业的未来经营业绩和企业价值都会产生影响。

1. 真实盈余管理

本章借鉴 Dechow 等（1998）、Roychowdhury（2006）、Cohen 等（2008）、Zang（2012）、Chen 等（2012）的相关研究，从生产操控和费用操控两个方面来度量真实盈余管理（RM）。生产操控主要是指企业利用大量生产产生的规模效应来降低单位产品成本，可以用异常生产来计量；费用操控主要是指企业缩减广告费用、研发开支及维修开支等酌量性费用，可以用异常费用来计量。

首先，借鉴 Roychowdhury（2006）、Zang（2012）的方法，利用

模型（3-1）可以估算出异常生产。

$$\frac{PROD_{it}}{A_{it-1}} = \alpha_0 + \alpha_1\left(\frac{1}{A_{it-1}}\right) + \alpha_2\left(\frac{S_{it}}{A_{it-1}}\right) + \alpha_3\left(\frac{\Delta S_{it}}{A_{it-1}}\right) + \alpha_4\left(\frac{\Delta S_{it-1}}{A_{it-1}}\right) + \varepsilon_{it}$$

（3-1）

将模型（3.1）分年份分行业进行回归，为了消除行业影响，剔除了少于15个观测值的行业——年份横截面数据。$PROD_{it}$表示企业的生产成本，等于当期销售成本总额和存货变动额之和；A_{it-1}表示上期的资产总额，S_{it}表示当期销售额，ΔS_{it}为当期销售额的变动额。残差ε_{it}是我们要得到的异常生产。ε_{it}越大，代表存货生产量越大，单位成本被摊薄就越多，对外公布的会计利润就会越高。

然后，根据 Roychowdhury（2006）提出的模型，通过模型（3-2）估算出异常酌量性费用。

$$\frac{DISX_{it}}{A_{it-1}} = \alpha_0 + \alpha_1\left(\frac{1}{A_{it-1}}\right) + \alpha_2\left(\frac{S_{it-1}}{A_{it-1}}\right) + \varepsilon_{it} \qquad (3-2)$$

同样，也对模型（3-2）分年份分行业进行回归，剔除少于15个观测值的行业——年份横截面数据。$DISX_{it}$为当期酌量性费用，包括广告费用、研发开支、维修开支及行政管理费用等。残差 ε_{it} 是我们要得到的异常费用。ε_{it}越大，异常酌量性费用就越高，对外公布的会计利润就会越低。由于异常生产与异常费用对于利润的影响是相反的，因此，我们将异常费用乘以（-1）后与异常生产相加，然后取绝对值，来指代真实盈余管理程度（RM）。

2. 应计盈余管理

本章借鉴 DeFond 和 Jiambalvo（1994）的修正琼斯模型和 Dechow 等（1995）的方法来计算应计盈余管理。

首先，先计算出经营性应计利润总额。其计算模型如下：

$$\frac{TAC_{it}}{A_{it-1}} = \alpha_1\left(\frac{1}{A_{it-1}}\right) + \alpha_2\left(\frac{\Delta S_{it}}{A_{it-1}}\right) + \alpha_3\left(\frac{PPE_{it}}{A_{it-1}}\right) + \varepsilon_{it} \qquad (3-3)$$

式中，TAC_{it}为当期经营性应计利润总额，PPE_{it}为当期固定资产原值，A_{it-1}为上期的资产总额，ΔS_{it}为当期销售额的变动额。分年度分行业对模型（3-3）进行截面回归，得到具体的回归系数值，分别

表示为 α_1、α_2、α_3。将 α_1、α_2、α_3 代入模型（3−4），计算得到正常的经营性应计利润额 $\dfrac{NDA_{it}}{A_{it-1}}$。

$$\frac{NDA_{it}}{A_{it-1}} = \alpha_1 \left(\frac{1}{A_{it-1}} \right) + \alpha_2 \left(\frac{\Delta S_{it} - \Delta REC_{it}}{A_{it-1}} \right) + \alpha_3 \left(\frac{PPE_{it}}{A_{it-1}} \right) \tag{3-4}$$

式中，ΔREC_{it} 是第 t 年的应收账款变动额。

操控性应计利润 AM_{it} 可以表示为：

$$AM_{it} = \frac{TAC_{it}}{A_{it-1}} - \frac{NDA_{it}}{A_{it-1}} \tag{3-5}$$

然后，将 AM_{it} 取绝对值，表示应计盈余管理程度，它的值越大，说明公司进行应计盈余管理的程度就越严重。

（二）风险承担变量的选取与度量

对于风险承担变量，由于现有研究文献表明，公司风险承担水平的因素不仅包括公司自身的因素，也包括外部环境因素；不仅应当反映过去以及当期的因素，也应当涵盖预期的未来因素。即风险承担水平的计算不应局限于对公司财务数据的衡量，上市公司市场交易数据也是衡量公司风险承担水平必不可少的一部分。因此，本章同时使用了会计为基础的风险衡量指标和以市场为基础的风险衡量指标，两种不同的风险承担衡量指标形成互补。即以会计为基础的风险衡量指标是资产收益率的标准差以及 Z−score。以市场为基础的风险承担衡量指标是个股收益率相对于市场收益率的敏感性，也称为系统风险。同时，为了避免风险承担指标的选取对实证结果的影响，我们在稳健性检验中分别使用了其他两种以会计和市场为基础的风险承担替换指标进行实证检验。

资产收益率的标准差（SDR）是考虑每三年资产收益率（ROA）的波动性，滚动计算其标准差，以此来衡量公司的风险承担水平，资产收益率的波动性越大，公司的风险承担水平就越高。

Z−score 是一个与企业破产有关的风险承担指标。本章借鉴 Sana Mohsni 和 Isaac Otchere（2014）的相关研究，通过式（3−6）来计算 Z−score。

$$Z_{it} = (ROA_{it} + CAR_{it})/\sigma(ROA)_{it} \qquad (3-6)$$

式中，Z_{it} 为 i 公司在 t 年的 z‑score，ROA_{it} 为 i 公司在 t 年的资产收益率，CAR_{it} 为 i 公司在 t 年的所有者权益比率，$\sigma(ROA)_{it}$ 为 i 公司在 t 年的资产收益率的标准差。根据 Laeven 和 Levine（2009），我们将破产定义为损失大于股东权益的一种状态（$E < -\pi$）（E 为股东权益，π 为收益），A 为总资产，ROA（π/A）为资产收益率，$\sigma(ROA)$ 为资产收益率的标准差，CAR（E/A）为所有者权益比率，则破产的概率等于 $P(-ROA > CAR)$。如果收益是正态分布的，则由公式（3‑6）可知，Z‑score 衡量的是破产前的期限，Z‑score 越高，公司越稳定，风险承担水平也就越低。

对于以市场为基础的风险承担衡量指标，即个股收益率相对于市场收益率的敏感性，本章根据以资本资产定价模型（CAPM）为基础的单一指数模型来计算。单一指数模型以经验分析为基础，将任一证券的收益与市场指数的收益相联系，通过市场指数这个共同因素的变化，了解个别证券可能发生的变化。即单一指数模型假设某资产的收益率与市场收益率之间存在线性关系，若有误差，则用误差项修正，用函数表示为：

$$R_{itk} = \alpha + \beta_{it}R_{mtk} + u_{itk} \qquad (3-7)$$

式中，R_{itk} 为 i 公司在 t 年的每个交易日的个股收益率；R_{mtk} 为 t 年的每个交易日的综合市场收益率；u_{itk} 为随机误差项，通过以 t 年所有交易日综合市场的日收益率对 t 年所有交易日 i 公司的日收益率；根据以上模型进行回归，得出的 β_{it} 在剔除了行业影响后，则是我们所需要的 i 公司在 t 年的系统风险，它是每个公司每年的系统风险值，β_{it} 的值越大，公司所承担的系统风险就越高。

（三）控制变量

首先，Efendi 等（2007）、Cohen 等（2008）的研究表明，一些关于 CEO 的变量可能会驱使公司进行盈余管理，如 CEO 的基本薪酬水平、CEO 的奖金与总报酬的比例以及 CEO 是否为公司董事长等。对于中国市场，公司行为相对于 CEO 特征来说会更多地受到股权结构的影响。因此，我们选择第一大股东持股比例（FSS）作为公司股权结构的控制变量。

其次，McNichols（2000）的研究表明，公司业绩会影响盈余管理，因此，我们采用资产收益率（ROA）和营业收入增长率（Growth）作为增长控制变量。先前的研究表明，采取激进会计政策的公司更倾向于盈余管理（Barton and Simko，2002；Baber et al.，2011），因此，我们使用资产负债率（DTA）来代表运营稳定性控制变量。

最后，Becker 等（1998）和 Roychowdhury（2006）的研究表明，盈余管理与公司规模相关，因此，我们使用产业调整后的总资产对数（TA）作为行业中相对公司规模的控制变量。具体的变量定义及表述见表 3 - 1。

表 3 - 1　　　　　　　　　　　**变量定义及描述**

变量类型		变量名称	变量内容
被解释变量		AM	应计盈余管理绝对值
		RM	真实盈余管理绝对值
解释变量		SDR	资产收益率标准差
		Z	Z - score
		β	系统风险
控制变量	股权结构	FSS	第一大股东持股比例
	业绩增长	ROA	资产收益率
		Growth	营业收入增长率
	运营情况	DTA	资产负债率
	公司规模	TA	总资产

二　样本选择与数据来源

本章选取 2004—2016 年沪深两市 A 股上市公司为样本。在此基础上，根据本章的研究目的，遵循如下原则进行数据的筛选：（1）剔除了含 B 股和 H 股的上市公司。（2）剔除了风险承担数据缺失的样本。本章计算公司的风险承担水平时，需要上市公司的资产收益率以及所有者权益比率数据，但部分公司存在数据缺失，因此剔除了这些样本。另外，在计算风险承担变量时，需要分年份分行业求标准差，因此，剔除了少于 15 个观测值的样本。（3）剔除相关财务数据缺失的上市公司。因为本章的研究需要用到利润总额、应收账款净值、固定资产原值、存货、销售成本、费用支出等财务数据。部分公司财务数据缺失，导致无法计算出盈余管理的数值，予以剔除。另外，在计算应计盈余管理和真实盈余管理时，分行业进行回归，剔除了少于 15 个观测值的样本。（4）剔除回归模型中相关变量观测值缺失的样本。最终获得总计 15906 个数据。数据来源于国泰安 CSMAR 数据库。实证检验基于 Stata12.0 完成。此外，为了避免极端值的影响，本章对所有变量前后 1% 的数据进行了 Winsorize 处理。

三　模型设立

（一）面板平滑转换回归模型简介

冈萨雷斯等（González et al.，2005）在面板数据的门限回归模型（PTR）和时间序列中平滑转换自回归模型（STAR）的基础上，提出了面板平滑转换回归（Panel Smooth Transition Regression，PSTR）模型，PSTR 模型是一个具有外生解释变量的固定效应模型，是对 PTR 和 STAR 模型的发展与延伸（劳敬礼，2014）。

在 PSTR 模型机制转换分析框架下，模型的相关参数设定更为灵活，它不仅能对面板数据特有的截面异质性进行更好的表示和刻画。而且，转换变量的不同取值可以实现转换函数的连续变动，使其在高低机制间的变化产生连续性，从而能够更好地捕捉面板数据的非线性特征。另外，Fouquau 等（2008）通过仿真研究指出，PSTR 模型还可以很好地解决基于模型内生性所产生的参数估计量有偏的问题。

该非线性分析方法近年来得到了学术界的广泛关注，应用于经济研究相关领域中，取得了丰硕的成果，具有代表性的文献包括：在国外，冈萨雷斯等（2005）采用面板平滑转换回归（PSTR）模型来研究在信贷限制不完善条件下企业在资本市场的投资决策问题；Fouquau 等（2008）基于面板平滑转换回归（PSTR）模型对 24 个 OECD 国家的国内投资与储蓄率之间的相互关系进行了研究；Bereau 等（2010）采用面板转换误差修正模型研究实际汇率的价值均衡问题。在国内，彭方平和王少平（2007）首次利用面板平滑转换回归（PSTR）模型和阈值面板数据模型（Threshold Panel Model，TPM），基于我国上市公司财务数据，从公司层面分析和揭示了我国货币政策的微观效应。

PSTR 模型的一般形式设定如下：

$$y_{it} = u_i + x_{it}\varphi + (x_{it}\theta)g(q_{it}; \lambda, c) + \varepsilon_{it} \tag{3-8}$$

式中，φ 和 θ 为参数向量，y_{it} 为被解释变量，x_{it} 为解释变量组成的向量，u_i 为面板模型的个体效应，ε_{it} 为随机变量，i 和 t 分别为样本个体的横截面单元和时间序列。$g(q_{it}; \lambda, c)$ 为转换函数，它是可观测状态变量 q_{it} 的一个连续函数；参数 λ 决定了转换速度；c 为转换发生的位置参数。

冈萨雷斯等（2005）对于面板数据模型给出了以下逻辑函数设定形式，即：

$$g(q_{it}; \lambda, c) = \left\{ 1 + \exp\left[-\lambda \prod_{j=1}^{m} (q_{it} - c_j)/\delta_z \right] \right\}^{-1}, c_1 \leqslant c_2 \cdots \leqslant c_m,$$
$$\lambda > 0 \tag{3-9}$$

式中，δ_z 为 q_{it} 的标准差。由于参数 λ 不是一个自由标量，其取值取决于状态变量 q_{it} 的数量级，所以，为了更方便地解释参数 λ，利用格兰杰等（1993）的做法，通过除以 q_{it} 的标准差的方式来实现状态变量 q_{it} 对位置参数的偏离标准化。当 $m = 1$ 时，如果状态变量过小或过大，此时解释变量与被解释变量之间具有非一致性；当状态变量过小时，转换函数值等于 0，此时两者关系处于低机制；当状态变量过大时，转换函数值等于 1，此时两者关系处于高机制；转换函数的取值在 0—1 连续变动，以使研究变量可以在高低机制之间实现平滑转换。对于 $m = 2$，当状态变量过小或过大时，转换函数值等于 1，解释变量与被解释变量之间的关系具有一致性，这种状态被称为外机制；当状态变量为 $q_{it} = (c_1 + c_2)/2$ 时，转换函数达到最小值，此时解释变量与被解释变量的关系处于中间机制。

（二）PSTR 模型设立

我们建立以下基本模型来检验上文提出的假设：

$$EM_{it} = a_1 Risk_{it} + a_2 FSS_{it} + a_3 DTA_{it-1} + a_4 ROA_{it} + a_5 TA_{it-1} +$$

$$a_6 Growth_{it} + (b_1 Risk_{it} + b_2 FSS_{it} + b_3 DTA_{it-1} + b_4 ROA_{it} +$$
$$b_5 TA_{it-1} + b_6 Growth_{it}) \times G(Risk_{it}; \lambda, c) + \varepsilon_{it} \qquad (3-10)$$

式中，EM_{it} 为 i 公司在 t 年的盈余管理水平，$Risk_{it}$ 为 i 公司在 t 年的风险承担水平。其他的控制变量分别为：FSS_{it} 为公司当年第一大股东占比；DTA_{it-1} 为公司滞后一年的资产负债率；ROA_{it} 为公司当年资产收益率；TA_{it-1} 为公司滞后一年的总资产对数；$Growth_{it}$ 为公司当年营业收入增长率。

我们将分别用应计盈余管理（AM_{it}）和真实盈余管理（RM_{it}）指代 EM_{it}；资产收益率的波动性（SDR_{it}）、公司破产前的期限（Z_{it}）以及公司的系统风险（β_{it}）指代 $Risk_{it}$。具体的检验模型如式（3-10）至式（3-15）所示，模型分别设定以 SDR_{it}、SDR_{it}、Z_{it}、Z_{it}、β_{it}、β_{it} 为转换变量。

$$AM_{it} = a_1 SDR_{it} + a_2 FSS_{it} + a_3 ROA_{it} + a_4 Growth_{it} + a_5 DTA_{it-1} +$$
$$a_6 TA_{it-1} + (b_1 SDR_{it} + b_2 FSS_{it} + b_3 ROA_{it} + b_4 Growth_{it} +$$
$$b_5 DTA_{it-1} + b_6 TA_{it-1}) \times G(SDR_{it}; \lambda, c) + \varepsilon_{it} \qquad (3-11)$$

$$RM_{it} = a_1 SDR_{it} + a_2 FSS_{it} + a_3 ROA_{it} + a_4 Growth_{it} + a_5 DTA_{it-1} +$$
$$a_6 TA_{it-1} + (b_1 SDR_{it} + b_2 FSS_{it} + b_3 ROA_{it} + b_4 Growth_{it} +$$
$$b_5 DTA_{it-1} + b_6 TA_{it-1}) \times G(SDR_{it}; \lambda, c) + \varepsilon_{it} \qquad (3-12)$$

$$AM_{it} = a_1 Z_{it} + a_2 FSS_{it} + a_3 ROA_{it} + a_4 Growth_{it} + a_5 DTA_{it-1} + a_6 TA_{it-1} +$$
$$(b_1 Z_{it} + b_2 FSS_{it} + b_3 ROA_{it} + b_4 Growth_{it} + b_5 DTA_{it-1} + b_6 TA_{it-1}) \times$$
$$G(Z_{it}; \lambda, c) + \varepsilon_{it} \qquad (3-13)$$

$$RM_{it} = a_1 Z_{it} + a_2 FSS_{it} + a_3 ROA_{it} + a_4 Growth_{it} + a_5 DTA_{it-1} + a_6 TA_{it-1} +$$
$$(b_1 Z_{it} + b_2 FSS_{it} + b_3 ROA_{it} + b_4 Growth_{it} + b_5 DTA_{it-1} + b_6 TA_{it-1}) \times$$
$$G(Z_{it}; \lambda, c) + \varepsilon_{it} \qquad (3-14)$$

$$AM_{it} = a_1 \beta_{it} + a_2 FSS_{it} + a_3 ROA_{it} + a_4 Growth_{it} + a_5 DTA_{it-1} + a_6 TA_{it-1} +$$
$$(b_1 \beta_{it} + b_2 FSS_{it} + b_3 ROA_{it} + b_4 Growth_{it} + b_5 DTA_{it-1} + b_6 TA_{it-1}) \times$$
$$G(\beta_{it}; \lambda, c) + \varepsilon_{it} \qquad (3-15)$$

$$RM_{it} = a_1 \beta_{it} + a_2 FSS_{it} + a_3 ROA_{it} + a_4 Growth_{it} + a_5 DTA_{it-1} + a_6 TA_{it-1} +$$
$$(b_1 \beta_{it} + b_2 FSS_{it} + b_3 ROA_{it} + b_4 Growth_{it} + b_5 DTA_{it-1} +$$
$$b_6 TA_{it-1}) \times G(\beta_{it}; \lambda, c) + \varepsilon_{it} \qquad (3-16)$$

根据 Granger 和 Terasvirta（1993）、Terasvirta（1994），我们设转换函数为逻辑型：

$$G(Risk_{it};\lambda,c) = \left\{ 1 + \exp\left[-\lambda \prod_{j=1}^{m} (Risk_{it} - c_j)/\delta \right] \right\} - 1$$

式中，$Risk_{it}$ 作为转换变量，$c = (c_1, \cdots, c_m)'$ 是一个临界参数的 m 维矩阵，斜率参数 $\lambda > 0$ 是决定机制转换的平滑度。转换函数 $G(Risk_{it};\lambda,c)$ 在 0 和 1 之间取值。当 λ 和 c_j 确定时，$Risk_{it}$ 的值就决定了 $G(Risk_{it};\lambda,c)$ 的值。$Risk_{it}$ 系数 $a_1 + b_1 \times G(Risk_{it};\lambda,c)$ 的显著性决定了 $Risk_{it}$ 与 EM_{it} 之间的关系。如果 b_1 是显著的，那么 $Risk_{it}$ 非线性驱动着 EM_{it}；如果 b_1 不显著，a_1 显著，那么 $Risk_{it}$ 线性驱动着 EM_{it}；如果 a_1 和 b_1 都不显著，则 $Risk_{it}$ 对 EM_{it} 并不存在明显的驱动。

第四节　实证结果

一　描述性统计

本章选取 2162 家沪深两市 A 股上市公司 2004—2016 年的相关数据，共计 15539 个样本，为非平衡面板数据。在分析以会计为基础的风险承担变量对盈余管理的影响时，使用 SDR、Z 代表公司的风险承担，此时风险承担变量有 15539 个数据，因此，样本数为 15539；在分析以市场为基础的风险承担变量对盈余管理的影响时，使用系统风险 β 代表公司的风险承担，此时风险承担变量有 15906 个，因此样本数为 15906。各变量的描述性统计如表 3－2 所示。

表 3－2　　　　　　　　　　　　描述性统计

变量	均值	标准差	最小值	25 分位	中位数	75 分位	最大值
Panel A（n = 15539）							
AM	0.0561	0.0747	0.0000	0.0142	0.0331	0.0664	0.4305
RM	0.2021	0.2232	0.0000	0.0553	0.1298	0.2667	1.2718
FSS	0.3548	0.1532	0.0880	0.2320	0.3334	0.4655	0.7500
ROA	0.0324	0.0625	− 0.2525	0.0105	0.0308	0.0586	0.2191

续表

变量	均值	标准差	最小值	25 分位	中位数	75 分位	最大值
Panel A（n = 15539）							
Growth	0. 2025	0. 5970	− 0. 6976	− 0. 0403	0. 1055	0. 2768	4. 3304
DTA	0. 4984	0. 2272	0. 0615	0. 3310	0. 4976	0. 6528	1. 2988
TA	21. 9418	1. 2944	18. 9195	21. 0558	21. 8072	22. 6968	25. 7062
SDR	0. 0351	0. 0685	0. 0007	0. 0072	0. 0154	0. 0336	0. 5262
Z	67. 2284	101. 9315	− 2. 0175	14. 9441	35. 3805	74. 7478	676. 8307
Panel B（n = 15906）							
AM	0. 0554	0. 0710	0. 0000	0. 0141	0. 0332	0. 0674	0. 4158
RM	0. 2005	0. 2183	0. 0000	0. 0556	0. 1301	0. 2667	1. 2352
FSS	0. 3595	0. 1550	0. 0903	0. 2351	0. 3367	0. 4721	0. 7500
ROA	0. 0296	0. 0672	− 0. 3080	0. 0010	0. 0300	0. 0573	0. 2101
Growth	0. 2030	0. 5704	− 0. 7064	− 0. 0366	0. 1113	0. 2863	1. 3694
DTA	0. 5003	0. 2294	0. 0616	0. 3348	0. 4997	0. 6503	1. 4672
TA	21. 8478	1. 2452	18. 9503	20. 9890	21. 7294	22. 5881	25. 4014
β	0. 0031	0. 2331	− 0. 6792	− 0. 1286	0. 0264	0. 1522	0. 5614

从表 3 - 2 我们可以发现：真实盈余管理（RM）的值要略大于应计盈余管理（AM）。这与我国企业会计准则及投资者保护制度不断完善的大环境相一致。Roychowdhury（2006）、Cohen 等（2008）、Zang（2012）等的研究也显示，伴随着会计制度的严格，经理人员通过会计手段进行盈余操纵的空间变小，因此会更频繁地采用真实经济业务操纵的方式进行盈余管理。

表 3 - 3、表 3 - 4 和表 3 - 5 列出了两组样本主要变量之间的 Pearson 相关系数。数据显示，风险承担（SDR、Z、β）与盈余管理（AM、RM）之间呈显著正相关关系。这表明，风险承担水平较高的公司其盈余管理的程度也较大。在控制变量方面，应计盈余管理（AM）和资产负债率（DTA）以及营业收入增长率（Growth）呈显著正相关关系，与资产收益率（ROA）以及总资产（TA）呈显著负相关关系。而真实盈余管理（RM）与第一大股东持股比例（FSS）、资产

收益率（ROA）以及营业收入增长率（Growth）呈显著正相关关系，与资产负债率（DTA）以及总资产（TA）呈显著负相关关系。最后，各个解释变量与控制变量的相关系数中，最大的取值（绝对值）为 0.3986，这表明变量之间不存在严重的多重共线性。

表 3 − 3　　　　　　　　**Pearson 相关系数矩阵（SDR）**

	AM	RM	SDR	FSS	DTA	ROA	TA	Growth
AM	1.0000							
RM	0.1386 ***	1.0000						
SDR	0.2251 ***	0.1207 ***	1.0000					
FSS	− 0.0130	0.0258 ***	− 0.1088 ***	1.0000				
DTA	0.0908 ***	− 0.0471 ***	0.2689 ***	0.0406 ***	1.0000			
ROA	− 0.0235 ***	0.3256 ***	− 0.1860 ***	0.0986 ***	− 0.3680 ***	1.0000		
TA	− 0.1255 ***	− 0.0632 ***	− 0.3049 ***	0.2871 ***	0.2468 ***	0.1031 ***	1.0000	
Growth	0.1953 ***	0.3184 ***	0.0309 ***	0.0481 ***	0.0284 ***	0.1972 ***	0.0450 ***	1.0000

注：*、**、***分别表示在 10%、5% 和 1% 的显著性水平下显著。下同。

表 3 − 4　　　　　　　　**Pearson 相关系数矩阵（Z）**

	AM	RM	Z	FSS	DTA	ROA	TA	Growth
AM	1.0000							
RM	0.1386 ***	1.0000						
Z	− 0.0632 ***	− 0.0633 ***	1.0000					
FSS	− 0.0130	0.0258 ***	− 0.0064	1.0000				
DTA	0.0908 ***	− 0.0471 ***	− 0.1802 ***	0.0406 ***	1.0000			
ROA	− 0.0235 ***	0.3256 ***	0.0867 ***	0.0986 ***	− 0.3680 ***	1.0000		
TA	− 0.1255 ***	− 0.0632 ***	0.0291 ***	0.2871 ***	0.2468 ***	0.1031 ***	1.0000	
Growth	0.1953 ***	0.3184 ***	− 0.0402 ***	0.0481 ***	0.0284 ***	0.1972 ***	0.0450 ***	1.0000

表 3 − 5　　　　　　　　**Pearson 相关系数矩阵（β）**

	AM	RM	β	FSS	DTA	ROA	TA	Growth
AM	1.0000							
RM	0.1359 ***	1.0000						
β	0.0113 **	0.0013 *	1.0000					

续表

	AM	RM	β	FSS	DTA	ROA	TA	Growth
FSS	− 0. 0075	0. 0295 ***	0. 0045	1. 0000				
DTA	0. 0857 ***	− 0. 0434 ***	− 0. 0087	0. 0213 ***	1. 0000			
ROA	− 0. 0297 ***	0. 2988 ***	0. 0029	0. 1065 ***	− 0. 3986 ***	1. 0000		
TA	− 0. 1285 ***	− 0. 0449 ***	− 0. 0345 ***	0. 2571 ***	0. 2111 ***	0. 1491 ***	1. 0000	
Growth	0. 1752 ***	0. 3041 ***	0. 0106	0. 0546 ***	0. 0160 **	0. 2068 ***	0. 0573 ***	1. 0000

二 单变量分析

表 3 – 6、表 3 – 7 和表 3 – 8 列出了对盈余管理的单变量分析结果。根据公司风险承担水平的高低，我们将每组样本分为低风险组和高风险组进行对比检验。首先，独立样本 T 检验显示，在 1% 或 10% 的显著性水平下，高风险组的盈余管理均值均显著大于低风险组的盈余管理均值。其次，从中位数来看，Wilcoxon 秩和检验的结果显示，在 1% 或 10% 的显著性水平下，高风险组的取值均显著大于低风险组。以上研究结果表明，公司的风险承担水平显著影响其盈余管理程度，即风险承担水平较高的公司，其盈余管理的程度也较大。

表 3 – 6   单变量分析 （SDR）

	低风险		高风险		差异检验	
	均值	中位数	均值	中位数	均值 （t）	中位数 （z）
AM	0. 0475	0. 0289	0. 0747	0. 0418	− 14. 4730 ***	− 15. 2700 ***
RM	0. 1690	0. 1152	0. 2254	0. 1278	− 10. 6601 ***	− 6. 4340 ***
样本量	3923		3540			

表 3 – 7   单变量分析 （Z）

	低风险		高风险		差异检验	
	均值	中位数	均值	中位数	均值 （t）	中位数
AM	0. 0485	0. 0289	0. 0747	0. 0421	− 13. 7939 ***	− 14. 7020 ***
RM	0. 1817	0. 1210	0. 2099	0. 1427	− 5. 5376 ***	− 6. 1870 ***
样本量	3885		3885			

表 3 – 8   单变量分析（β）

	低风险		高风险		差异检验	
	均值	中位数	均值	中位数	均值（t）	中位数
AM	0.0555	0.0326	0.0578	0.0346	− 1.9333 *	− 1.9470 *
RM	0.2017	0.1312	0.2044	0.1333	− 2.0397 *	− 1.9510 *
样本量	3978		3980			

三 线性回归分析

表 3 – 9 和表 3 – 10 是对样本采用线性回归模型进行检验的结果。尽管单变量分析表明，公司的盈余管理程度会随着其风险承担水平的上升而增大，但是，由于没有考虑其他因素对盈余管理的影响，因此，我们通过加入控制变量和行业、年度虚拟变量的方式进行检验，以观察结果的稳健性。

表 3 – 9   线性回归结果（AM）

	（1）	（2）	（3）	（4）	（5）	（6）
	AM	AM	AM	AM	AM	AM
SDR	0.1360 ***	0.1120 ***				
	(11.51)	(9.00)				
Z			− 0.0001 ***	− 0.0001 **		
			(− 3.43)	(− 2.43)		
β					0.0004 *	0.0015 *
					(− 2.04)	(− 1.99)
FSS		− 0.0006		− 0.0073		− 0.0011
		(− 0.07)		(− 0.80)		(− 0.15)
Growth		0.0215 ***		0.0218 ***		0.0200 ***
		(21.29)		(21.60)		(19.96)
ROA		0.0482 ***		0.0485 ***		0.0403 ***
		(3.96)		(3.98)		(3.79)
TA		− 0.0056 ***		− 0.0081 ***		− 0.0068 ***
		(− 5.57)		(− 8.29)		(− 7.89)

续表

	（1）	（2）	（3）	（4）	（5）	（6）
	AM	AM	AM	AM	AM	AM
DTA		0. 0148 ***		0. 0242 ***		0. 0235 ***
		（2. 76）		（4. 62）		（4. 98）
Intercept	0. 0514 ***	0. 1620 ***	0. 0576 ***	0. 2180 ***	0. 0554 ***	0. 1860 ***
	（74. 84）	（7. 37）	（82. 01）	（10. 31）	（106. 40）	（9. 96）
行业效应	是	是	否	是	否	是
年份效应	否	是	否	是	否	是
样本量	15539	15539	15539	15539	15906	15906
调整的 R^2	0. 104	0. 150	0. 110	0. 161	0. 112	0. 154

表 3 – 10　　　　　　　　　　线性回归结果（RM）

	（1）	（2）	（3）	（4）	（5）	（6）
	RM	RM	RM	RM	RM	RM
SDR	0. 0000 ***	0. 3400 ***				
	（12. 30）	（13. 29）				
Z			－ 0. 0001 ***	－ 0. 0001 ***		
			（ － 6. 47）	（ － 6. 30）		
β					0. 0010 *	0. 0060 *
					（ － 2. 15）	（ － 2. 13）
FSS		0. 1130 ***		0. 0910 ***		0. 0494 ***
		（6. 03）		（4. 84）		（3. 06）
Growth		0. 0975 ***		0. 0984 ***		0. 0965 ***
		（46. 85）		（47. 09）		（44. 68）
ROA		0. 5590 ***		0. 5620 ***		0. 5180 ***
		（22. 28）		（22. 27）		（22. 59）
TA		－ 0. 0059 ***		－ 0. 0130 ***		－ 0. 0117 ***
		（ － 2. 82）		（ － 6. 48）		（ － 6. 32）
DTA		0. 0310 ***		0. 0577 ***		0. 0742 ***
		（2. 81）		（5. 32）		（7. 29）

续表

	（1）	（2）	（3）	（4）	（5）	（6）
	RM	RM	RM	RM	RM	RM
Intercept	0.1910***	0.2250***	0.2090**	0.3940***	0.2010***	0.3660***
	（121.78）	（4.95）	（130.26）	（9.00）	（163.48）	（9.06）
行业效应	否	是	否	是	否	是
年份效应	否	是	否	是	否	是
样本量	15539	15539	15539	15539	15906	15906
调整的 R^2	0.096	0.149	0.087	0.158	0.068	0.154

在表 3 – 9 和表 3 – 10 中，以 SDR 对 AM 的回归结果为例，第（1）列中，检验时没有加入任何控制变量，SDR 的系数在 1% 的显著性水平下显著为正，估计值为 0.136。然后，在第（2）列中加入影响盈余管理程度的相关控制变量以及行业、年度效应，SDR 的估计值变为 0.112，但是仍然在 1% 的显著性水平下显著，与单变量分析结果一致，且其他的线性回归结果也同样如此。这说明公司的风险承担水平显著影响了其盈余管理的程度，即盈余管理程度会随着公司风险承担水平的上升而增大。

四　非线性模型参数估计

我们采用两个步骤来估计模型（3 – 11）：第一步是估计转换变量的阈值和转换速度，得到转换函数；第二步估计模型（3 – 11）的线性和非线性项的回归系数。首先，根据 Van Dijk 等（2002）的做法，需要对模型（3 – 11）进行线性对非线性的检验，即检验虚拟假设 $H_0^1: \beta = 0$。由于在模型中存在未识别的参数 c，因此，不能够直接对模型（3 – 11）进行检验。基于 Luukkonen 等（1988），模型（3 – 11）可以扩展为围绕 $\gamma = 0$ 的一阶泰勒形式，如下：

$$y_t = \beta_0 x_t' + \beta_1 x_t' s_t + \beta_2 x_t' s_t^2 + \beta_3 x_t' s_t^3 + \mu_t$$

$$AM_{it} = \mu_{it} + \beta_0 (Z_{it} + FSS_{it} + ROA_{it} + Growth_{it} + DTA_{it-1} + TA_{it-1}) +$$

$$\beta_1 (Z_{it} + FSS_{it} + ROA_{it} + Growth_{it} + DTA_{it-1} + TA_{it-1}) \times Z_{it} +$$

$$\beta_2 \left(Z_{it} + FSS_{it} + ROA_{it} + Growth_{it} + DTA_{it-1} + TA_{it-1} \right) \times Z_{it}^2 +$$

$$\beta_3 \left(Z_{it} + FSS_{it} + ROA_{it} + Growth_{it} + DTA_{it-1} + TA_{it-1} \right) \times Z_{it}^3 + \varepsilon_{it}$$

式中，β_0、β_1、β_2、β_3 为参数向量。

计算 LM 值，完成下列序贯检验，$LM = \dfrac{TN(SSR_0 - SSR_1)}{SSR_0}$，其中，$T$ 为时间序列的长度，N 为横截面的单元个数，SSR_0 为受假设条件约束的回归残差平方和，SSR_1 为不受假设条件约束的回归残差平方和。

$H_0^1: \beta_1 = \beta_2 = \beta_3 = 0$

$H_0^2: \beta_3 = 0$

$H_0^3: \beta_2 = 0 / \beta_3 = 0$

$H_0^4: \beta_1 = 0 / \beta_2 = \beta_3 = 0$

如果 H_0^1 被拒绝，则接受模型（3 - 11）为非线性模型。继续测试 H_0^2—H_0^4，如果拒绝 H_0^3 最强，也就是对应的 P 值最小，则选取 m = 2，否则选取 m = 1。

表 3 - 11 显示了模型（3 - 11）至模型（3 - 16）H_0^1—H_0^4 的测试结果。

表 3 - 11　　　　　　　　　　H_0^1—H_0^4 的测试结果

LM 值	H_0^1	H_0^2	H_0^3	H_0^4
模型（3 - 11）	172. 9916 ***	16. 0880 ***	51. 1654 ***	319. 6216 ***
模型（3 - 12）	613. 1825 ***	56. 1997 ***	244. 4103 ***	319. 6216 ***
模型（3 - 13）	54. 5340 ***	14. 8813 ***	14. 1391 ***	25. 5749 ***
模型（3 - 14）	488. 2251 ***	196. 3432 ***	178. 9978 ***	117. 9784 ***
模型（3 - 15）	22. 8213 ***	11. 9394 ***	2. 6905 ***	8. 2010 ***
模型（3 - 16）	70. 7132 ***	14. 9327 ***	18. 7892 ***	37. 0875 ***

根据结果，我们确定所有模型的模型形式均为 m = 1。

接下来，我们估计非线性面板平滑转换模型（3 - 11）、模型（3 -

12)、模型（3 – 13）、模型（3 – 14）、模型（3 – 15）和模型（3 –
16），我们采用模拟退火算法来估计转换速度参数 λ 及转换位置参数
c。模拟退火算法可以通过模拟热物理学有关金属缓慢退火以使能量
达到最低的原理来解决大规模的优化问题，相比于传统算法，模拟退
火算法可以更有效地避免出现局部极点问题，而且能实现更细密的搜
寻。具体来说，首先，我们确定待估计参数 λ 和 c 的初始值（λ 的初
始值都取 10，c 的初始值分别取转换变量 SDR、Z、β 的最小值
0.0007、– 2.0175和 – 0.6792），将其对应代入对应模型。其次，对
所有变量进行组内去均值变换，来消除个体效应的影响。最后，对完
成组内变换的模型进行普通最小二乘（OLS）估计，获得其残差平方
和（RRS）。重复上述操作，最终求出残差平方和最小时所对应的参
数 λ 和 c，这就是所需的参数估计值。上述过程通过 Stata12.0 软件编
程来实现，得到的转换函数如表 3 – 12 所示。

表 3 – 12　　　　　　　　　　　转移函数

模型（3 – 11）	$G = \{1 + \exp[-1.8033 \times (x - 0.5262)/0.0685]\}^{-1}$
模型（3 – 12）	$G = \{1 + \exp[-1.5801 \times (x - 0.0007)/0.0685]\}^{-1}$
模型（3 – 13）	$G = \{1 + \exp[-23.8417 \times (x + 2.0175)/101.9315]\}^{-1}$
模型（3 – 14）	$G = \{1 + \exp[-13.0819 \times (x + 1.9082)/101.9315]\}^{-1}$
模型（3 – 15）	$G = \{1 + \exp[-15.7971 \times (x + 0.0354)/0.2331]\}^{-1}$
模型（3 – 16）	$G = \{1 + \exp[-14.8127 \times (x + 0.0115)/0.2331]\}^{-1}$

我们采用 OLS 回归估计 PSTR 模型的参数。模型（3 – 11）、模型
（3 –12）、模型（3 – 13）、模型（3 – 14）、模型（3 – 15）和模型（3 –
16）的线性回归（不包含转换函数及其乘项）和非线性回归（包含转
换函数及其乘项）结果见表 3 – 13。表 3 – 13 分别报告了模型（3 –
11）、模型（3 – 12）、模型（3 – 13）、模型（3 – 14）、模型（3 –
15）和模型（3 – 16）的模型的估计参数。

表3-13 模型参数估计（非线性模型）

变量	模型(3-11)	模型(3-12)	模型(3-13)	模型(3-14)	模型(3-15)	模型(3-16)
	AM	RM	AM	RM	AM	RM
SDR	0.1030***	-0.0586				
	(5.84)	(-0.10)				
Z			0.0080**	-0.0765		
			(2.16)	(-1.42)		
β					-0.0075	0.0002
					(-1.24)	(0.02)
FSS	0.0004	-0.0878	0.0713	0.2370***	-0.0037	0.0153
	(0.05)	(-1.63)	(1.39)	(3.15)	(-0.40)	(0.79)
Growth	0.0215***	0.07080***	0.0231***	0.0737***	0.0187***	0.1080***
	(20.75)	(7.59)	(3.17)	(6.49)	(11.07)	(31.05)
ROA	0.0115	3.4220***	0.2470***	-1.5820***	0.0883***	0.5930***
	(0.86)	(24.02)	(4.25)	(-14.83)	(5.25)	(17.13)
TA	-0.0045***	-0.0108***	-0.0095***	0.0112***	-0.0069***	-0.0113***
	(-4.43)	(-4.26)	(-5.02)	(3.76)	(-7.99)	(-6.07)
DTA	0.0041	0.2410***	0.1240***	-0.2790***	0.0315***	0.0728***
	(0.74)	(6.47)	(4.04)	(-6.22)	(5.12)	(5.66)
SDR×G	3.30900***	0.2260				
	(5.95)	(0.39)				
Z×G			-0.0080**	0.0034		
			(-2.16)	(1.12)		
β×G					0.0161**	0.0050
					(2.03)	(0.29)
FSS×G	0.3380***	0.2400***	-0.0765	-0.1960**	0.0041	0.0612***
	(3.28)	(3.19)	(-1.42)	(-2.38)	(0.47)	(3.32)
Growth×G	0.0314***	0.0300**	-0.0014	0.0229*	0.0020	-0.0193***
	(3.22)	(2.45)	(-0.17)	(1.70)	(0.92)	(-4.21)
ROA×G	0.4010***	-3.2360***	-0.2400***	3.2570***	-0.0768***	-0.1320***
	(5.89)	(-20.11)	(-3.30)	(22.03)	(-3.69)	(-2.98)

续表

变量	模型(3-11)	模型(3-12)	模型(3-13)	模型(3-14)	模型(3-15)	模型(3-16)
	AM	RM	AM	RM	AM	RM
TA×G	-0.0968***	0.0129***	0.0033**	-0.0193***	0.0003	-0.0010*
	(-6.60)	(6.48)	(1.98)	(-8.20)	(1.15)	(-1.95)
DTA×G	0.1260***	-0.2500***	-0.1250***	0.3670***	-0.0126**	0.0026
	(3.32)	(-5.35)	(-3.69)	(6.90)	(-1.98)	(0.20)
Intercept	0.1440***	0.1260***	0.1870***	0.2310***	0.1850***	0.3690***
	(6.50)	(2.72)	(8.36)	(5.15)	(9.87)	(9.15)
行业效应	是	是	是	是	是	是
年份效应	是	是	是	是	是	是
样本量	15539	15539	15539	15539	15906	15906
调整的 R^2	0.159	0.249	0.148	0.254	0.138	0.196

注：括号内为 t 检验值。

五 非线性模型的影响系数分析

定义解释变量的影响系数：

$$y = a_1 + b_1 \times G(Risk_{it}; \lambda, c)。$$

式中，a_1 为线性部分，如果 a_1 不显著，将其视为 0；$b_1 \times G(Risk_{it}; \lambda, c)$ 为非线性部分，如果 b_1 不显著，将其视为 0。

（一）以会计为基础的风险指标对盈余管理的影响分析

模型（3-11）、模型（3-12）、模型（3-13）和模型（3-14）分别检验了两种以会计为基础的风险承担衡量指标对应计盈余管理程度（AM_{it}）和真实盈余管理程度（RM_{it}）的影响效果。模型（3-11）中 SDR 对 AM_{it} 的回归结果显著，且体现为非线性。模型（3-12）显示 SDR 对 RM_{it} 的线性和非线性影响效果均不显著。模型（3-13）显示 Z 对 AM_{it} 的回归结果显著，且体现为非线性。模型（3-14）显示 Z 对 RM_{it} 的线性和非线性影响效果均不显著。

图 3-1 显示，在模型（3-11）中，当转移变量 SDR 约小于 0.4 时，SDR 对 AM_{it} 的影响系数 $0.1029007 + 3.309197 \times G$ 接近于 0；当转移变量 SDR 约大于 0.4 时，SDR 对 AM_{it} 的影响系数逐渐增大，最

后趋于平缓，处于 3.5 左右的影响水平。

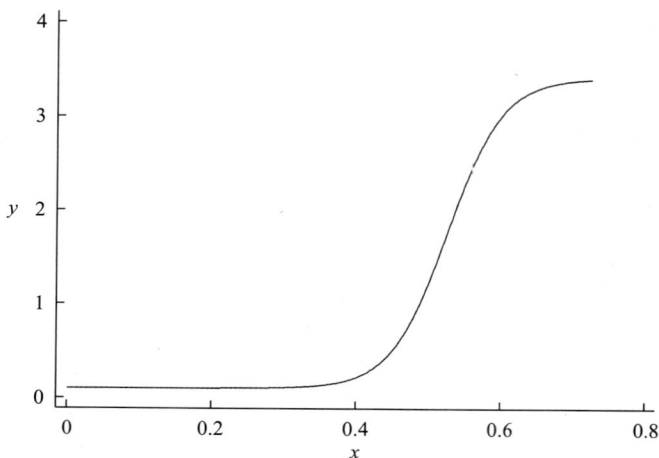

图 3 – 1　模型（3 – 11）风险承担变量 SDR 对应计盈余管理的影响系数的变化

实证结果显示，当一家公司的资产收益波动率较小时，由于公司的收益稳定，风险承担水平较低（SDR 约小于 0.4），处于公司的股东及其他利益相关者的可接受范围内，他们就不会给公司施加太大压力，因此，在存在公司外部监管以及应计盈余管理成本前提下，管理者不会冒险进行应计盈余管理。而随着公司资产收益波动率的增大，风险承担水平的增加（SDR 约大于 0.4），公司的盈余管理程度也在不断增加，最后趋于一定的较高水平。表明随着公司风险承担水平的不断增加，尽管存在来自外部监管以及应计盈余管理成本，但是，由于面对来自资本市场的利润压力，或者为了迎合股东等利益相关者的预期利益要求，避免自己受到惩罚，管理者进行的应计盈余管理程度会不断增加，最后在监管及成本的约束下趋于一个稳定的较高水平。

图 3 – 2 显示，在模型（3 – 13）中，当转移变量 Z 约小于 20 时，Z 对 AM_{it} 的影响系数 $0.0080061 - 0.0080155 \times G$ 随着 Z 的增加而不断减小，直至转移变量 Z 接近于 20 时，Z 对 AM_{it} 的影响系数趋近于 0。之后，随着 Z 的不断增加，其对 AM_{it} 的影响一直处于趋近于 0 的状

态，不再变化。

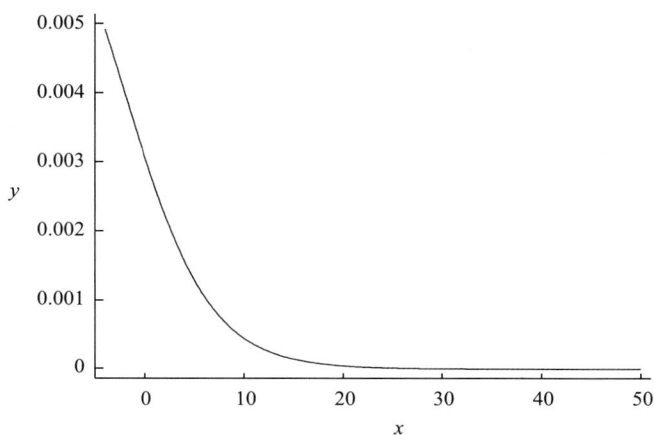

图 3 - 2　模型（3 - 13）风险承担变量 Z 对应计盈余管理的影响系数的变化

　　实证结果显示，当一家公司不受破产威胁，风险承担处于较低水平（Z 约大于 20）时，公司进行应计盈余管理的程度接近于 0，表明风险承担水平较低时，由于公司经营稳定，公司的股东及其他利益相关者可以接受一定范围内的风险承担水平，此时，考虑到应计盈余管理的成本以及政府的监管，管理者不会选择进行应计盈余管理。而随着公司破产威胁的增加，风险承担水平不断上升（Z 约小于 20），尽管存在来自外部监管，盈余管理的成本也不断增加，但是，由于面对资本市场的利润压力，或者为了迎合股东等利益相关者的利益要求，避免受到惩罚，管理者进行应计盈余管理的程度也会随着风险承担水平的上升而不断增加，最后趋于平缓。

　　总体来说，以会计为基础的风险承担衡量指标对应计盈余管理的影响效果表明，风险承担水平与应计盈余管理程度之间存在非线性的正相关关系。当风险承担水平较高时，尽管面临较大的监管压力以及承担较大的成本，但是，由于可能面对来自资本市场的利润压力，或者股东等利益相关者有限的风险承受能力，管理者进行应计盈余管理的动机比较强烈；当风险承担水平逐渐降低，处于相对正常的水平时，在利益稳定的前提下，股东等利益相关者可以接受一定程度的风险承担水平，同时由于来自公司外部的一定程度的监管以及盈余管理的成本，管理者只会进行接近于零水平的极小幅度的应计盈余管理。

（二）以市场为基础的风险指标对盈余管理的影响分析

模型（3-15）和模型（3-16）分别检验了以市场为基础的风险承担衡量指标对应计盈余管理程度（AM_{it}）和真实盈余管理程度（RM_{it}）的影响效果。模型（3-14）显示，β 对 AM_{it} 的回归效果显著效果显著，且体现为非线性；模型（3-15）显示，β 对 RM_{it} 的线性或非线性影响效果均不显著。

图 3-3 显示，在模型（3-15）中，当转移变量 β 约小于 0 时，β 对 AM_{it} 的影响系数 $0.0160828 \times G$ 接近于 0；当转移变量 β 约大于 0 时，β 对 AM_{it} 的影响系数迅速增加，最后接近于 0.015。

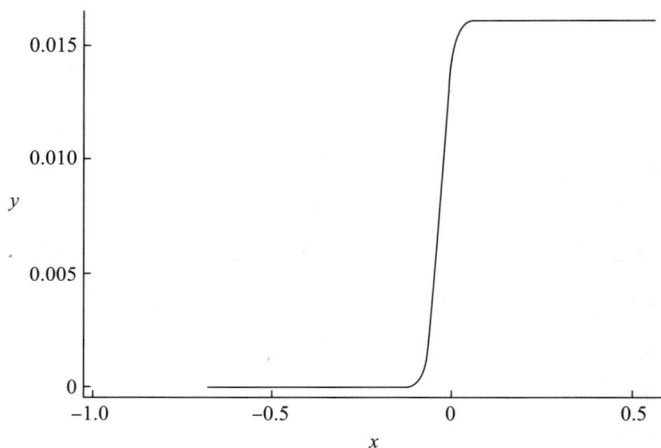

图 3-3　模型（3-15）风险承担变量 β 对应计盈余管理的影响系数的变化

实证结果显示，当一家公司相对于其外部环境变化较稳定即系统风险较低时，公司进行应计盈余管理的程度接近于零，表明风险承担水平较低时，由于经营稳定，管理者基本上不会进行应计盈余管理。而随着公司相对于外界变化敏感性的增加，风险承担水平的逐渐增大，公司的应计盈余管理程度迅速增大，最后在监管及成本的压力下趋近于一个固定水平，表明尽管公司会受到外部监管，实施盈余管理的成本也会不断增加，但是，为了满足资本市场等的利润压力，或者迎合股东等利益相关者的预期要求，营造出公司经营稳定的假象，避免自己受到股东等人惩罚，管理者进行应计盈余管理的动机非常强烈，因此应计盈余管理的程度也会迅速变大。

在模型（3－12）、模型（3－14）和模型（3－16）中，风险承担水平对真实盈余管理非线性影响效果均不显著，结合前面的线性回归模型结果可知，与风险承担对应计盈余管理的影响效果不同，风险承担对真实盈余管理的影响效果表现为线性，即公司的盈余管理程度会随着其风险承担水平的上升而增大，但风险承担对真实盈余管理的影响系数却不会随着风险承担水平的变化而变化。

六　模型稳健性检验

为了保证实证结果的可靠性，本章对模型进行了如下稳健性检验。

（一）风险承担变量的替代变量

根据前人的研究文献可知，资产专用性和公司股票回报收益率的波动性能够很好地衡量公司的风险承担水平，资产专用性的值越大，公司的风险承担水平也越高，公司股票回报收益率的波动性越大，公司的风险承担水平越高。

因此，在对 PSTR 模型的稳健性检验中，本章以资产专用性（ZZ）以及上市公司股票交易个股回报率的标准差（SDG）分别作为会计和市场风险承担变量的替换，检验公司的风险承担水平对盈余管理的影响。

总的来说，公司的风险承担水平对应计盈余管理的非线性影响是比较稳定的，当风险承担处于较高水平时，管理者进行应计盈余管理的动机较为强烈；而随着风险水平的逐渐降低，公司进行应计盈余管理的程度也会降低，甚至选择不进行应计盈余管理。具体回归结果见表 3－14。

表 3 − 14 模型参数估计 （替换变量）

变量	AM	AM
ZZ	− 0. 1050 ***	
	（ − 12. 35）	
SDG		0. 0413
		（1. 04）
FSS	0. 0113	0. 0197 **
	（1. 14）	（2. 37）
Growth	0. 0159 ***	0. 0134 ***
	（11. 85）	（7. 44）
ROA	0. 1610 ***	0. 0048
	（11. 41）	（0. 28）
TA	− 0. 0011	− 0. 0030 ***
	（ − 1. 00）	（ − 3. 35）
DTA	0. 0103 *	0. 0145 **
	（1. 69）	（2. 34）
ZZ × G	49. 5000 ***	
	（3. 86）	
SDG × G		0. 0933 **
		（ − 2. 21）
FSS × G	12. 7400 *	− 0. 0039
	（1. 89）	（ − 0. 43）
Growth × G	− 6. 8270 ***	0. 0061 **
	（ − 5. 18）	（2. 05）
ROA × G	10. 9800 ***	− 0. 0031
	（5. 50）	（ − 0. 12）
TA × G	− 1. 3100 ***	0. 0001
	（ − 4. 12）	（0. 36）
DTA × G	− 9. 7550 ***	− 0. 0015
	（ − 3. 33）	（ − 0. 20）
Intercept	− 0. 0110	0. 1010 ***
	（ − 0. 46）	（5. 29）

续表

变量	AM	AM
行业效应	是	是
年份效应	是	是
样本量	17605	15906
调整的 R^2	0.163	0.147

（二）采用倾向评分匹配筛选样本

在分析公司的风险承担水平对其盈余管理程度的影响时，一个潜在的问题是，控制变量是否会对两者之间的非线性结果产生影响，即我们在得出公司的风险承担在不同水平上会对盈余管理产生不同的影响的结论时，不能排除作为控制变量的因素的影响，因此，本章采用倾向评分匹配法来检验这一问题。

首先，基于 Probit 回归模型，以公司的风险承担水平是否是高水平为被解释变量，以非线性模型中的控制变量作为匹配标准，估计每个公司的风险承担水平是高水平的概率得分。

其次，基于以最接近的概率得分进行匹配的原则，本章从风险承担水平为低风险的公司中挑选样本，与高风险承担水平的公司进行配对，最终得到匹配后的样本，重新对公司的风险承担对盈余管理的影响效果进行检验，表 3 - 15 列出了回归结果。回归结果显示，风险承担与应计盈余管理之间的非线性关系依然显著，且风险承担对盈余管理的影响效果基本没有变化，表明前述研究结论是稳健的。

表 3 - 15　　　　　　　模型参数估计（样本匹配）

变量	AM	AM	AM
SDR	0.0827 (1.25)		
Z		0.0541 *** (3.62)	
β			- 0.0090 * (- 1.80)

续表

变量	AM	AM	AM
FSS	0. 0587	0. 1790 **	0. 0050
	(0. 73)	(2. 17)	(0. 57)
Growth	0. 0156 ***	0. 0036	0. 0183 ***
	(3. 18)	(0. 25)	(12. 57)
ROA	0. 0946 *	0. 1920 **	0. 0793 ***
	(1. 91)	(2. 53)	(5. 36)
TA	− 0. 0157 *	− 0. 0136 ***	− 0. 0071 ***
	(− 1. 66)	(− 4. 30)	(− 7. 75)
DTA	− 0. 0143	0. 2500 ***	0. 0310 ***
	(− 0. 49)	(4. 13)	(5. 34)
SDR × G	1. 8150 **		
	(2. 28)		
Z × G		− 0. 0541 ***	
		(− 3. 62)	
β × G			0. 0171 *
			(1. 86)
FSS × G	0. 0567	− 0. 1900 **	− 0. 0061
	(0. 39)	(− 2. 25)	(− 0. 67)
Growth × G	0. 0291 **	0. 0211	0. 0049 **
	(2. 54)	(1. 44)	(2. 11)
ROA × G	0. 1180	− 0. 1420 *	− 0. 0948 ***
	(1. 39)	(− 1. 66)	(− 4. 27)
TA × G	− 0. 0537 **	0. 0082 ***	0. 0005 **
	(− 2. 56)	(2. 69)	(2. 01)
DTA × G	0. 0810	− 0. 2490 ***	− 0. 0129 *
	(1. 51)	(− 3. 89)	(− 1. 90)
Intercept	0. 2240 **	− 0. 2900 **	0. 1410 ***
	(6. 50)	(− 2. 35)	(3. 90)
行业效应	是	是	是
年份效应	是	是	是
样本量	15539	15539	15906
调整的 R^2	0. 157	0. 169	0. 139

（三）内生性检验

为了检验是否存在遗漏变量影响风险承担对盈余管理的影响效果，本章选用每年每个行业风险承担平均值作为工具变量，采用二阶段回归方法对此做进一步研究。由于行业风险承担均值与行业中每个公司的盈余管理程度不存在相关性，而与其风险承担水平则高度相关，因此，行业风险承担均值能够很好地解决公司的风险承担与盈余管理之间由于遗漏变量产生的内生性问题。

表 3-16 列出了回归结果，第 1、第 3、第 5 列分别列出了二阶段回归中考虑内生性时的第一阶段的回归结果，回归结果显示，当期的风险承担的行业均值与本期的风险承担水平均呈显著正相关关系，说明本章选择的工具变量是有效的。第 2、第 4、第 6 列分别列出了考虑了内生性之后风险承担对盈余管理的影响，回归结果显示，风险承担与应计盈余管理之间的非线性关系依然显著，且风险承担对盈余管理的影响效果基本没有变化，表明前述研究结论是稳健的。

表 3-16　　　　　　　　　　模型参数估计（内生性检验）

| 变量 | AM | | | | | |
| | SDR | | Z | | β | |
	第一阶段	第二阶段	第一阶段	第二阶段	第一阶段	第二阶段
Risk		1.0480***		5.5020***		0.2520***
		(8.75)		(5.10)		(1.19)
IV	0.4390***		0.9640***		1.0100***	
	(12.38)		(23.56)		(27.29)	
FSS	-0.0587***	0.0544***	-22.5500*	-169.3000*	0.0457**	0.1720
	(-9.31)	(4.84)	(-1.87)	(-1.85)	(1.99)	(1.48)
Growth	0.0035	0.0222***	-4.1550***	-7.7870**	0.0001	-0.0197
	(1.04)	(18.09)	(-3.12)	(-2.00)	(0.00)	(-0.67)
ROA	-0.0029	-0.0174	61.8300	554.9000**	0.0190	0.2360**
	(-0.34)	(-1.14)	(0.84)	(1.98)	(0.58)	(2.51)
TA	-0.0191	0.0184***	-0.1930	-8.8470***	-0.0074***	0.0008***
	(-0.79)	(6.43)	(-0.15)	(-4.49)	(-2.80)	(4.26)

变量	AM					
	SDR		Z		β	
	第一阶段	第二阶段	第一阶段	第二阶段	第一阶段	第二阶段
DTA	0.0907***	-0.0940***	-50.7200***	431.4000***	-0.0353**	0.0322
	(25.00)	(-7.32)	(-7.33)	(3.75)	(-2.44)	(0.78)
Risk×G		1.1920***		-5.5020***		0.2440**
		(7.61)		(-5.10)		(2.11)
FSS×G		0.0908**		169.3000*		-0.1720
		(2.43)		(1.85)		(-1.49)
Growth×G		-0.0227***		7.8080**		0.0399**
		(-7.52)		(2.00)		(3.36)
ROA×G		0.1910***		-554.9000**		-0.2040
		(7.20)		(-1.98)		(-1.30)
TA×G		-0.0047***		8.8400***		-0.0070**
		(-5.82)		(4.49)		(-2.19)
DTA×G		-0.0561***		-431.4000***		-0.0115
		(-2.74)		(-3.75)		(-0.28)
Intercept	0.4130***	-0.3620***	38.7700	0.2050***	0.1610***	0.1750***
	(24.92)	(-5.70)	(1.38)	(9.66)	(2.81)	(9.26)
行业效应	是	是	是	是	是	是
年份效应	是	是	是	是	是	是
样本量	15539	15539	15539	15539	15906	15906
调整的 R^2	0.085	0.089	0.102	0.105	0.093	0.100

注：括号内为 t 检验值。

第五节　结论及政策建议

一　结论

现有文献表明，公司的风险承担水平可以影响其盈余管理的程度。当公司的风险承担水平处于各利益相关者都可以接受的范围内，管理者基本不会进行盈余管理。而当公司的风险承担水平过高时，由于收益的波动性较大进而面临巨大损失的威胁，在满足资本市场利润要求以及利益相关者收益要求的前提下，公司或其管理者有很强烈的动机进行盈余管理。

本章基于我国 2162 家上市公司 2004—2016 年的非平衡面板数据，使用面板平滑转移自回归（PSTR）模型，分析公司的风险承担对盈余管理的影响效果，得到的主要结论如下：

（一）公司的风险承担水平影响其应计盈余管理，两者之间存在显著的非线性正相关关系

当公司的风险承担处于一个较高的水平，超出了利益相关者的接受范围时，由于面对资本市场目标利润的压力，或者为了避免受到以股东为代表的利益相关者的惩罚，管理者有很强烈的动机进行应计盈余管理；而一旦公司的风险承担降低到处于正常的可接受的水平之下，由于经营稳定，在监管及成本的压力下，管理者基本上不会选择再进行应计盈余管理。

（二）公司的风险承担水平影响其真实盈余管理，两者之间存在显著的线性正相关关系

当公司的风险承担处于较低的水平时，管理者进行真实盈余管理的程度也较低，随着公司的风险承担水平的不断增加，管理者进行真实盈余管理的程度也在不断增加，风险承担对真实盈余管理的影响效果不会变化。

（三）与风险承担对应计盈余管理的影响效果不同，风险承担对真实盈余管理的影响是不变的

这可能是因为应计盈余管理通常是发生在会计年度终了，通过改变会计核算政策或方法来实现对既有业务的调整，而真实盈余管理的行为则一般发生在整个会计年度内，通过构造公司投资活动、筹资活动及经营活动的时间或结构来干预会计信息，需要机会、成本以及时间的支持。两种盈余管理操作方式的不同，使管理者在面对公司风险承担的变化时，所选择的两种盈余管理程度也不尽相同。

二　政策建议

基于本章的研究假设和实证结果，我们主要从加强政府对于企业盈余管理的监管以及改善信息不对称，建立风险评分体系角度提出相应的政策建议。

（一）加强政府监管，抑制机会主义盈余管理

从企业盈余管理角度来看，尽管上市公司在某些情形下的盈余管理行为，有助于提高投资者对公司真实价值的分析能力，但是，目前在国内，盈余管理还是主要体现了管理者的契约动机或者与资本市场相关的动机，对提高证券市场效率来说，更多的是不利影响。因此，对于盈余管理的监管，政府及相关部门不能懈怠。对此，我们要加强对上市公司盈余管理的监管。首先，要完善我国会计准则，制定具体的明细准则，减少企业利用会计政策和会计估计的空间，加强对上市公司报告盈余的外部审计等监督。其次，企业进行盈余管理的动机多种多样，并且采用的手段越来越隐蔽，应从全方位、多角度来甄别企业的盈余管理行为。最后，加大对机会主义盈余操纵行为的处罚力度，以准则为依据，以制度为准绳，规范上市公司的财务管理行为。

从对于盈余管理的方式选择来看，如果公司的风险承担水平处于利益相关者可以接受的范围内，公司一般不会采取应计盈余管理，而是可能会根据其风险承担水平的变化进行相应的真实盈余管理。而当公司的风险承担水平过高时，企业在进行相应程度的真实盈余管理的同时，还会进行较大程度的应计盈余管理。这也就提醒监管部门，对于风险承担水平较低的公司，要着重加强对真实盈余管理的甄别和控制；而对于风险承担水平过高的公司，其采取两种盈余管理的可能性都很大，要同时加大对其两种盈余管理行为的关注。

完善上市公司的内部治理结构。管理者、董事会以及公司的所有权结构相关的因素都会影响其风险承担水平，进而影响其盈余管理。如根据国内外现有的研究文献，管理者的风险偏好、公司的股权集中度以及公司控制权与现金流权的分离等因素，都会通过风险承担水平影响其盈余管理行为。而一个有效的公司治理结构能够对管理者或公司施加适当的约束，防止其过度激进的经营策略，进而使其经营行为

与股东等利益相关者的利益一致，减少公司的盈余管理行为。因此，建立健全完善的内部治理结构能够有效地防止公司盈余管理行为的发生。

（二）改善信息不对称，建立风险评分体系

公司内外部的信息不对称是指公司或管理者与外部投资者之间的信息不对称。从投资者角度来看，由于存在管理者与投资者之间的信息不对称，管理者才会采取盈余管理行为进行操纵，而投资者却没有有效的方法发现管理者的盈余管理行为。投资者希望能够及时发现盈余管理行为，但是，盈余管理计算方法复杂，因而需要更具有可观察性的指标方便投资者使用。本章的结论指出，公司的风险承担水平会影响其盈余管理。当公司的风险承担水平处于利益相关者可以接受的范围内时，公司一般会进行真实盈余管理，此时在判断财务数据的可信度时，要警惕真实盈余管理手段的存在。而当公司的风险承担水平过高时，此时投资者就更要警觉，由于两种盈余管理方式的同时实施，企业财务数据的可信度变得更低，这为投资者辨识盈余管理提供了一个相对可观察的指标。

然而，尽管相对于盈余管理来说，公司的风险承担水平更易于被投资者识别，但是，投资者在判断公司的风险承担水平时，仍有可能会受到公司内外部信息不对称的影响。因此，尽管投资者可以通过公司的风险承担水平识别其盈余管理行为，但是，改善管理者和投资者之间的信息不对称问题仍然是解决问题的关键。因此，证券监管部门应该完善信息披露制度，建立多指标的监测体系，尤其在公司的风险承担可以对公司的成长性、资本配置效率以及资本结构都有很大影响的前提下，可以建立与信用评价体系类似的公司风险承担评分体系，进而改进信息披露内容，将信息披露的内容扩充到非财务信息的范畴等各个方面，如上市公司研发创新能力的评估、员工保留率、顾客满意度等。这样，不仅可以帮助投资者识别公司的盈余管理行为，也有助于公司的利益相关者以及投资者对公司有一个全面的认识，进而帮助其做出经营及投资选择。

第四章 盈余管理对资本结构动态调整的影响检验

第一节 绪论

一 选题背景

长期以来，关于公司资本结构的研究一直是学术界探究的热点问题。这是因为资本结构不仅仅只是简单的负债与权益之间的比例关系，它还是衡量公司财务状况的一项重要指标，直观地反映了公司所面临的财务状况。因此，通过企业资本结构的情况，我们可以了解到企业的偿债能力和再融资的能力。通过设定一个科学合理的资本结构，企业不仅可以减少资金成本，提高资金的使用效率，而且还能够充分利用财务杠杆来获取更大的收益，促进企业的成长。可见，如何选择企业的资本结构是一个十分重要的公司财务问题。现代资本结构理论研究的开始以 MM 理论的提出为标志，随后，资本结构理论经过 50 多年的发展，逐步形成了权衡理论、优序理论、控制权理论、产品市场理论、市场择机理论以及动态资本结构理论等一系列内容丰富的各种资本结构理论流派。这些理论从各种视角来论述了公司进行资本结构决策的不同情况，深入地分析了公司如何进行股权和债权两者比例关系的安排，形成了不同的理论结果，具有很大的理论意义。

在早期的研究中，从静态角度探讨公司资本结构的相关问题一直处于主导地位，主要是讨论企业是否存在最优的资本结构以及何种因素影响了企业资本结构的选择。后来，随着计量经济学的不断发展，学者得以将关注点由静态向动态进行转变，从动态视角来对企业的资本结构决策展开研究。有关这一方面的研究主要集中于对目标资本结构的验证、以动态模型为基础的资本结构决定以及资本结构动态调整影响因素等方面。

西方学者对于资本结构动态调整影响因素的探讨和研究开展得较早，并取得了较为丰硕的研究。我国学者在参考国外相关文献的研究思路和研究方法的基础上，利用我国资本市场的数据，也进行了一些有益的探索，并得出了一些有意义的结论。但是，目前我国学者的研究主要集中在企业特征和宏观经济两个方面，而从盈余管理角度对资本结构的偏离进行的研究几乎没有。仅有的研究盈余管理与资本结构的文献停留在资本结构对盈余管理的影响，极少涉及盈余管理对资本结构动态调整的影响。公司的资本结构影响着盈余管理，同时为了达到最优状态，盈余管理作为一个重要的内部影响因素，影响着企业的资本结构决策。由于盈余管理对外部融资的影响必然会改变企业资本结构的形成，如果不及时调整杠杆率的变动，这种影响效应会一直持续下去（李宝新，2009）。所以，在一定程度上讲，盈余管理会促使资本结构向目标资本结构进行调整。因此，对于资本结构动态调整的研究，仍有许多空白值得深度探索。

资本结构是一个影响企业盈余管理因素，资本结构作为企业相关利益者权利义务的集中反映影响并决定着公司治理结构，进而影响并决定企业盈余管理行为。当资本结构偏离目标资本结构时，资本结构偏离使债权人和股东占比发生变化，从而使管理者控制权发生变化。此时管理者有动机进行盈余管理以使资本结构调整到目标资本结构上去。即公司的资本结构偏离会使管理者进行盈余管理。那么由此我们想到盈余管理对资本结构偏离的敏感度是否能够作为一种信号向管理者传递公司资本结构发生偏离的信息，使管理者调整资本结构使偏离度减小甚至回到最优资本结构呢？进而如果这种敏感度越高，资本结构调整速度是否会越快呢？这个问题有待于进一步研究。

基于上述考虑，本书参考国内外相关研究结论和研究方法，选取中国深沪两市 2002—2016 年的 A 股上市公司作为研究对象，从偏离程度和调整速度两个方面实证检验了盈余管理对资本结构的敏感度对资本结构动态调整的影响，并为企业资本结构动态调整的优化提供一些经验支持和政策建议。

二　研究意义

（一）实际意义

随着我国资本市场的兴起和公司外部融资行为的市场化发展，我国公司融资行为与资本结构正发生着根本性变化，上市公司普遍存在资金"饥渴症"，疯狂地利用外部融资导致股权融资偏好和资本结构异化。这些现象无法通过西方资本结构理论得到合理的解释。在我国企业实际运作中，管理者经常应用积极的盈余管理手段粉饰会计报表来争取更多的外部融资和相应的资产置换。特别是我国资本市场的建立和发展只有十几年的历史，资本市场监管制度和融资交易机制仍然很不完善，从而为上市公司操纵报告盈余，误导利益相关者留下了很大空间。面对西方资本结构理论与中国企业实践不相符合的现实，迫切需要结合中国资本市场实际和企业内外部治理环境，从新的视角寻找影响中国企业融资选择与资本结构的重要因素，为解释中国特有的资本结构现象提供理论支持，为企业实际财务运作提供方法和对策，进而优化我国企业资本结构，最大化企业价值。

本章通过实证研究，发现盈余管理对资本结构的敏感度可以从内部动态地优化企业资本结构的动态调整过程，表现在敏感度高不仅会降低企业实际资本结构与目标资本结构之间的偏离程度，还提高了资本结构的调整速度，这将有利于企业降低资本成本和提升价值。因此，本章的研究结果为上市公司如何提升自身价值提供了一个指导方向，即充分认识内部的资本结构调整行为并利用盈余管理对其的敏感度优化公司自身资本结构的动态调整过程，进而实现公司价值的提升。同时，也为政府部门制定和完善资本市场相关制度提供一个数据支持和经验参考。

（二）理论意义

现有文献主要从企业特征的角度研究最优资本结构的形成，并找出许多影响资本结构的重要因素，但鲜有文献专门考察企业管理者的利润操纵行为对资本结构的影响。盈余管理作为管理者经营企业的重要手段，日益受到研究者关注，但以往文献主要是就资本结构对盈余管理的影响进行研究，止步于盈余管理对资本结构的偏离会产生影响，而对进一步研究盈余管理对资本结构偏离的敏感度是否会对资本结构的调整活动产生影响则没有涉及。

因此，本书从我国上市公司普遍存在盈余管理的实际出发，应用2002—2016 年的面板数据实证分析了盈余管理对公司资本结构敏感度对企业资本结构偏离程度和调整速度的影响，以期发现资本结构偏离的自身约束机制，揭示我国上市公司资本结构动态调整的内部机理，丰富资本结构理论研究成果。

第二节　文献综述及理论分析

资本结构问题是公司金融的重要研究问题，伴随着公司管理、投资、融资等行为产生，早在 20 世纪中叶关于公司的资本结构问题就引起了学术界和实务界的关注。为了解释资本结构的相关问题，国内外各学者从理论上和实证中进行了大量而深入的研究。

一　资本结构理论发展历程

西方学者对资本结构理论的研究起源于 20 世纪 50 年代，美国学者 David Durand 在公司理财研究学术会议上发表了一篇题为《企业债务和股东权益成本：趋势和计量问题》的文章，对有关资本结构的三种理论，即净收益理论、净经营收益理论和传统理论，进行了系统总结，开启了学术界系统化研究资本结构理论的先河。经过半个多世纪的发展，从最开始静态资本结构的研究到近期动态资本结构的研究，静态资本结构已经形成较为成熟的理论体系，而动态资本结构近年来才成为学术界的研究重点，目前正处于快速发展的阶段。

第一阶段：静态资本结构理论。

Modigliani 和 Miller（1958）提出了经典的 MM 理论（无税收 MM 模型），标志着现代资本结构理论的正式形成。MM 理论建立在严格的假设条件下：投资者对盈利具有相同期望；公司风险等级相同；公司各期具有相同的现金流；不存在税收、交易成本和破产成本；信息完全对称；个人和公司的借贷利率相同。他们认为，在资本市场完善并且没有税收的条件下，公司的价值由它拥有的资产组合所预计的现金流量决定，因而无论资产的构成和组成比例如何，都与公司的价值无关。

Robiehek 和 Myers（1966）、Kraus 和 Litzenberger（1973）认为，由于税收和破产成本的存在，现实资本市场并不完善，从而 MM 理论一系列严格的假设条件并不成立，因此，资本结构与公司价值存在关联。在 MM 模型中加入财务困境成本和代理成本，这就产生了一个新的权衡理论。Kraus 和 Litzenberger（1973）通过建立状态选择模型，更好地论证了 Robichek 和 Myers（1966）的观点，选择债务融资的公司，其总公司价值等于没有债务融资公司的总市场价值，加上在所有状态下负债的税盾效应现值，再减去所有状态下预期财务困境成本现值。虽然他们提出的模型可以体现公司目标资本结构的存在性，但对公司如何达到目标资本结构这一问题的解释却无能为力。

Myers 和 Majluf（1984）以及 Myers（1984）提出了基于逆向选择的优序融资理论，放宽了对 MM 理论中信息完全对称这一严格的假设，该理论认为，由于信息不对称性，公司管理者更了解公司的资产价值和未来前景，而外部投资者则缺乏信息方面的优势，不清楚公司的市场价值和潜在成长能力。对外部投资者来说，公司进行债券融资传递出的是正面消息；反之，权益融资则传递出负面消息。因而，公司在选择融资方式上会首先考虑采用内部融资的方式，其次才是有债务融资和股权融资。进入 20 世纪 90 年代后，不少学者将行为金融学理论引入资本结构研究中。Baker 和 Wurgler（2002）认为，市场择机对资本结构可以实施长期影响，它是通过股票融资的积累来影响的，提出市场择时理论。

但在这三大理论中，权衡理论一直居于主导地位。进入 21 世纪后，由 Fischer 等（1989）提出的动态权衡理论成为学术界的研究热点。静态权衡理论假定企业资产规模和经营状况是固定的，关注资本结构的单期调整；而动态权衡理论加入时间因素，考察企业资本结构的跨期动态调整过程。

第二阶段：动态资本结构理论。

近年来，资本结构理论的研究主要集中在动态资本结构上，并形成了动态资本结构理论。由于公司的资本结构并不是固定不变的，而是一直处于动态的变化、调整当中，故在动态中研究资本结构的影响因素、调整速度、调整成本等更具有现实的意义。

动态资本结构理论的基本原理是：公司的目标资本结构具有动态性，受到内外环境的影响而变动，从而公司实际的资本结构是偏离目标资本结构水平的。由于交易成本、不对称信息、监督成本等市场摩擦因素存在，公司资本结构无法在第一时间回归到目标范围，即调整过程存在调整成本。调整成本不同，资本结构调整速度也呈现出不同。

Fischer（1989）在传统的静态资本结构的基础上提出了"调整成本"的概念，使资本结构的研究步入了动态研究的领域。他认为，由于调整成本的存在，公司资本结构的调整行为是消极的，从而实际的资本结构会偏离目标资本结构。只有当实际资本结构偏离目标资本结构的幅度足够大即调整资本结构所带来的收益大于调整成本时，公司才会进行资本结构的调整，使之向目标值靠近。Rajan 和 Zingales（1995）以及 Banerjee（2000）等证实了 Fischer 的预期，说明公司资本结构的调整并没有采取积极的调整行动。Leary 和 Roberts（2005）在考虑调整成本的情况下，发现公司资本结构对不断变化的目标资本结构有明显的调整行为，这与 Fischer 的观点以及权衡理论的说法一致。

二　动态资本结构实证研究

对于资本结构动态调整的研究，国外学者已经做了大量的工作，研究的内容可以分为三个方面：一是探究在动态调整模型框架下的资本结构影响因素；二是采用上市公司的数据对资本结构动态调整理论加以验证；三是采用不同的模型来估计资本结构的调整速度以及探究决定调整速度的内外因素。国内对资本结构动态调整理论的研究起步较晚，研究的内容主要是在西方动态模型的基础上，利用国内上市公司的面板数据对中国上市公司资本结构的影响因素和调整速度进行研究。本章将对国内外研究文献进行梳理，以便对本章的实证研究提供有益的借鉴。

（一）目标资本结构的动态性

公司的目标资本结构并不是固定不变的股权资本和债务资本的比率，而是受到内外部环境的影响而不断改变的。Flannery 和 Rangan（2006）提出了一个现在学术界广泛使用的部分调整模型，证实企业存在一个长期导向的目标资本结构，并且其具有动态性，公司资本结构在不断调整的过程中，至少有过半以上的调整行为是由于资本结构本身的不断变化所引起的，并且调整成本对资本结构向目标资本结构调整有阻碍作用。

Rajan 和 Zingales（1995）对动态权衡理论做了早期的研究，把时间维度引入静态的资本结构模型中，使之成为一个多期模型，说明了目标资本结构不是固定不变的，其是存在一定范围之内的。Graham 和 Harvey（2001）通过对392家公司进行调研，有证据表明公司的目标资本结构在一个范围内不断波动，且有81%的公司在债务决策时考虑了目标资本结构的水平及其波动范围。

Fiseher、Heinkel 和 Zechner（1989）构建了动态资本结构决定模型进行研究，只要调整成本存在，即使成本非常微小，也会导致资本结构偏离目标水平，从而使资本结构时刻在进行调整行为。Hovakimian（2004）认为，只有降低公司债务水平，才能使实际资本结构向目标资本结构进行调整，而当债务水平较低时，通常没有明显的调整行为。Weleh（2004）、Dittmar 和 Thakor（2007）等通过实证研究发现，公司的确在不断调整资本结构以缩小偏离目标资本结构的幅度，而且这种行为很可能和公司股票的报酬率存在着某种潜在的关系。

陆正飞和高强（2003）对我国上市公司进行了一次问卷调查，调查结果表明，有88%的公司认为有必要确立一个合理的目标结构范围，而在这些公司中，又有近一半的公司认为自身的资本结构并没有处于合理的目标结构范围内。原毅军和孙晓华（2006）以我国沪深两市所有上市公司 1995—2004 年为样本，实证结果显示，公司目标资本结构受到宏观经济环境、经济制度以及资本市场发育程度的影响，处于一定的波动范围内。孔爱国和薛光煌（2005）利用沪深两市 A 股市场所有上市公司 1992—2002 年的数据，采用逐年回归方法统计发现：上市公司资本结构的变化受到股票市场震荡的影响，但资本结构有一个均值回归的趋势，并指向公司历史的平均资产负债率，从长期的角度来看，这种均值回归的趋势随着时间推移愈加明显。丁培嵘和郭鹏飞（2005）利用中国 116 家上市公司 1994—2002 年的数据进行研究，也发现中国上市公司具有向目标结构调整的行为，但与孔爱国和薛光煌（2005）的结论有所不同的是，该研究所预期的目标资本结构水平更接近于行业资本结构的历史均值，同时指出，这种调整行为与静态权衡理论的预测相吻合，而与动态资本理论有所不同。

Leland（1994）检验了公司的负债价值和资本结构，在公司资产价值服从常波动率扩散过程的假设下，得出一个关于长期风险负债价值、收益率差和最优资本结构的封闭式模型。负债价值和资本结构与公司风险、税盾效应、破产成本、无风险利率、付费率以及债券条款有关。破产成本较高的公司，其目标负债比率越低；无风险利率越高，其目标负债比率越高且税盾效应越大；就被保护举债模型而言，其目标负债比率及权益风险均比较接近历史平均值。

Leland（1998）进一步拓展了该模型，同时考虑了资产替代和风险管理，认为与资产替代相关的债务代理成本对资本结构调整的影响效应小于负债税盾效应，在债务发行前的约前风险会降低负债比率和债券期限，同时发现无潜在资产替代的公司，最优杠杆会上升。

Titman 和 Tsyplakov（2007）构建的资本结构动态调整模型包括财务困境成本、破产成本、交易成本、企业价值和投资选择。他们的研究发现，对陷入财务困境的公司而言，财务困境成本比代理成本更重要，有着较少债权人与股东利益冲突的公司则有着较快的资本结构调整速度。除此之外，公司在面对不确定的环境时，往往会延迟融资决策，从而使资本结构调整速度变慢。

（二）目标资本结构影响因素

公司债务的节税利益与财务困境成本相权衡可以确定公司的最优资本结构，一般认为，宏观经济条件及公司特征可以作用于公司的代理成本和财务困境成本，进而决定公司的最优资本结构，即公司最优资本结构是宏观经济条件和公司特征的函数。

1. 影响目标资本结构的宏观经济条件

DeAngelo 和 Masulis（1980）、Kim 和 Wu（1988）从理论上推导出了通货膨胀无论水平高低都会促使公司更多地使用负债：当通货膨胀率升高时，由于银行利息水平难以对抗通货膨胀，导致公司债权的需求增加；当通货膨胀降低时，预示着未来宏观经济形势的下行，相对于股票收益的不确定性，债权的抗风险能力会导致公司债权的需求加大。

Graham 和 Harvey（2001）进行了一项针对 392 名公司首席财务官的问卷调查，结果显示，81% 的公司首席财务官认为他们公司存在最优的或目标的债务—股权比率，其中，宏观经济状况是他们选择目标资本结构需要重点考虑的因素。

Booth、Varouj、Asli 和 Vojislav（2001）利用多个国家的不同公司的截面数据，实证分析宏观经济状况与目标资本结构的关系。实证结果表明：（1）总体来讲，宏观经济状况可以解释公司资本结构 20%—30% 的变化；（2）股票市场的发达程度能够显著影响公司的融资结构，股票市场越发达，公司利用股权融资越多，公司的资产负债率越低；（3）债务市场发达程度对公司的资本结构也会产生影响，债务市场越发达，公司利用债务进行融资越多，公司的资产负债率越高。

Korajczyk 和 Levy（2003）采用 1984—1998 年证券发行选择和公司资本结构作为被解释变量，利用公司的特征作为控制变量，以宏观经济状况作为解释变量，使用 Probit 模型，探讨宏观经济条件如何影响公司证券发行和资本结构随时间变动的机制。他们将样本以融资约束程度的不同进行分组，研究结果表明：（1）宏观经济状况能解释公司资本结构随时间序列变化的 12%—51%；（2）宏观经济状况对融资约束重的公司影响较为显著，而对融资约束轻的公司基本无影响；（3）融资约束轻的公司可以根据宏观经济条件的状况随时进行证券的发行活动，而融资约束重的公司受到很大的限制。

Hackbarth、Miaob 和 Morellec（2006）从公司最优资本结构的影响因素角度进行理论推导，认为宏观经济环境能够显著影响公司的债务成本和财务困境成本，并得到公司资本结构改变会受宏观经济影响的结论。

Levy 和 Hennessy（2007）从代理成本角度考察宏观经济状况的影响，他们发现，在经济繁荣时，公司的管理者会更多地使用股权融资以降低代理成本。

原毅军和孙晓华（2006）以我国上市公司 1995—2004 年的数据样本考察宏观经济状况对目标资本结构的影响，得到如下结论：目标资本结构与宏观经济环境（以 GDP 增长率衡量）呈正相关关系，而与实际贷款利率、通货膨胀率和财政支出增长率呈负相关关系。

李国重（2006）以我国上市公司 1994—2004 年的数据作样本运用动态资本结构模型研究发现，在制度性因素的刚性约束下，上市公司资本结构调整会背离经典理论预期。

姜付秀、屈耀辉和陆正飞等（2008）以我国上市公司 1999—2004 年的数据样本考察了产品市场竞争是否会对资本结构调整产生影响，并得到目标资本结构偏离和调整速度均与市场竞争激烈程度呈负相关关系的结论。

陈文浩、刘松江和陈晓蕊（2012）以我国 A 股制造业上市公司 2005—2011 年的数据为样本实证检验资本结构调整与利率变动的关系，并得到利率水平会对目标资本结构偏离产生负向影响的结论。

张春景和马文超（2014）以我国制造业上市公司 1998—2011 年的数据为样本实证检验目标资本结构与公司预期盈利能力的关系，发现当人们预期公司盈利能力下降时，公司的目标资本结构会随之下调，同时公司会通过增加权益资本，减少债务资本将资本结构调整至目标水平。

2. 影响目标资本结构的公司特征因素

Myers（1984）基于信息不对称角度认为，规模大的公司相对于规模小的公司会受到更多的分析师的关注，这样会显著降低规模大的公司在发行新股时的信息不对称成本，促使规模大的公司在需要外部融资时更多地选择股权融资。

Wald（1999）提出了如下观点：成长性高的公司由于未来的投资机会较多，公司一般会减少当前公司的负债，从而为未来的投资机会储备资金，因而会降低当前的负债。

Fama 和 French（2002）指出，规模大、经营多样化的公司一般会有较小的公司现金流波动性，现金流波动性小的公司财务困境成本较低，此类公司一般会充分利用债务的税盾效应，从而增加公司的负债率。另外，规模大的公司相对于规模小的公司会更容易得到银行的贷款从而使公司的负债率增加。

Fama 和 French（2005）从代理成本角度对公司成长性与资本结构的关系进行了考察，研究显示，当公司面临未来投资机会较多时，公司的现金流也会显著增加，从而促使公司代理成本的降低。

王皓和赵俊（2004）以我国 720 家上市公司 1997—2001 年的数据为样本研究动态资本结构模型，得到结论认为，公司目标资本结构与非债务税盾效应、盈利能力呈负相关关系，与公司规模和成长性呈正相关关系。此外，研究还发现，中国上市公司多表现为负债水平较低，同时调整速度较慢，从而可以看出中国资本结构调整成本相对较高。

肖作平（2004）以我国非金融类上市公司 1995—2001 年的面板数据为样本动态考察资本结构调整与公司特征的关系，并得到结论认为，公司目标资本结构与公司规模、资产有形性呈正相关关系，与流动性、成长性呈负相关关系。同时，我国上市公司交易成本高于英美等发达国家。此外，童勇（2004）以我国 249 家上市公司 1997—2003 年的数据作为样本，实证研究发现，上市公司资本结构动态调整所需交易成本很大。

顾乃康和宁宇（2004）发现，公司目标资本结构与经营多样化的程度也存在显著的正相关关系。

肖泽忠和邹宏（2008）考察了公司特征对目标资本结构的影响，发现公司规模、盈利能力、成长性和非负债税盾效应等会对其产生显著影响。同时发现，我国上市公司资本结构存在行业差异性，即不同行业的公司其资本结构存在显著差异。但洪锡熙、沈艺峰（2000）认为，公司目标资本结构与行业差异性没有太大的相关性。

（三）资本结构调整速度影响因素

近年来，很多学者分别从公司特征、宏观经济状况和国家所处制度背景的角度探究决定公司资本结构调整速度的影响因素，虽然得出了一些有益的结论，但很多地方仍存在争议，值得进一步探索。

Flannery 和 Rangan（2005）认为，市场的不完善导致资本结构和公司价值两者不能同时处于最优状态，并且公司时刻准备调整资本结构，以减少资本结构偏离目标状态的幅度，提高公司价值。公司调整资本结构的速度由调整成本的大小决定。调整成本为零，即不存在调整成本，公司资本结构处于目标范围；调整成本无穷大，公司则会消极地不做任何调整。他们还通过全面地调整模型，估计了上市公司大约以30%的调整速度向目标资本结构进行调整。

Faulkender 和 Smith（2007）检验了调整成本对公司资本结构调整行为的影响。公司自由现金流在一定程度上影响调整成本的大小，选择一定标准对样本公司的自由现金流进行分组，研究发现，具有最高和最低自由现金流的公司组，其调整期调整成本较小，而公司组的自由现金流量处于中间水平的，其调整成本则较大，反映出的调整行为则是，调整成本较高的，调整速度越快；反之，速度就越慢。

Douglas 和 Tang（2009）主要研究了公司资本结构在高于或者低于目标资本结构时，向下和向上的调整速度是否存在显著差异。研究表明，向下调整速度显著地慢于向上调整速度，调整速度存在非对称性。

Dang、Kim 和 Shin（2012）在资本结构调整速度的非对称性基础上，建立了非对称的调整模型，对影响调整速度的因素进行了异质性的拓展，研究各种影响因素对向上和向下调整速度的不同，并分析了导致这种差异产生的原因，为公司的调整行为提供了更全面细致的参考。

1. 影响调整速度的宏观经济条件和制度因素

Miguel 和 Pindado（2001）采用美国和西班牙上市公司的数据分别对这两个国家的调整速度进行估计，发现西班牙上市公司的调整速度较快，调整成本较低，其中，西班牙上市公司广泛使用债务融资是调整速度快的根本因素。

Wanzenried（2002）以 1988—1998 年的 167 家欧洲公司为样本，并通过人均 GDP 增长率和通货膨胀率来反映宏观经济环境的发展和稳定程度，实证检验后发现，人均 GDP 增长率与资本结构调整速度呈正相关关系，通货膨胀率与资本结构调整速度呈负相关关系。

Korajczyk 和 Levy（2003）使用公司总体盈利水平、短期利率、期限利差和信贷利差衡量宏观经济状况，研究发现，宏观经济对资本结构的影响存在异质性，具体来说，表现为非融资约束公司的目标资本结构调整为逆周期，而融资约束公司为顺周期，而且宏观经济状况对非融资约束公司的影响更大。

Banejee、Heshmati 和 Wihlborg（2004）通过构建部分调整模型，采用美国和英国上市公司的数据，发现美国上市公司的资本结构偏离目标资本结构距离较小，同时向目标资本结构调整速度也较快。

Hackbarth、Miao 和 Morellec（2006）也指出，公司杠杆的选择与负债税盾效应以及破产成本相关，负债税盾效应依赖于企业的现金流水平，而现金流水平有赖于经济的扩张或收缩，破产成本则和违约概率密切相连，而违约概率又受当前经济状态的影响，因而宏观环境的变化必定会影响公司资本结构的权衡。他们设计出了评估模型来分析宏观经济状态对资本结构动态选择的影响。若资本结构能够动态调整，他们的模型预测出公司应该更多地在经济繁荣期调整资本结构而不是在经济衰退期调整。

Drobetz 和 Wazenried（2006）选取 1991—2001 年的 90 家瑞士公司作为样本，在实证检验宏观经济环境如何影响资本结构的动态调整后发现，公司朝目标资本结构进行调整的速度在宏观经济前景较好时更快。此外，期限利差越大，资本结构调整的速度也越快。

Wanzenried（2006）认为，交易成本是影响资本结构调整速度的一个重要因素，交易成本与一个国家的经济环境、法制系统和金融市场等宏观经济因素有关。从宏观经济状况和制度背景角度探讨其对公司资本结构调整速度的影响，通过研究发现，制度环境与一国金融市场发达程度、投资者保护法律系统有关，股东投资保护、高效率的执法系统和成熟的金融市场都能加快资本结构调整速度并对调整速度产生影响。宏观经济状况如通货膨胀率和经济增长速度也会对企业资本结构调整速度产生影响。

Cookan Levy 和 Hennossy（2007）从管理者利益角度构建了一个一般均衡（CGE）模型，在模型中，宏观经济变化会通过影响公司管理者的财富来影响投资者对管理者的激励问题，进而影响管理者的融资决策。他们的研究发现，在经济扩张时期，管理者倾向于权益融资来维持管理者权益；而在经济收缩时期，则倾向于利用债务融资来保证自身权益。

Cook 和 Tang（2010）以期限利差、违约利差、GDP 增长率和市场股息率来衡量宏观经济状况，并同时利用"两步法"和综合的部分调整模型来考察宏观经济对公司资本结构调整速度所产生的影响，保证了结论的可靠性，研究结果发现，相对于较差的宏观经济环境，公司在较好宏观经济下调整其资本结构的速度更快。

Oztekin 和 Flannery（2012）利用部分调整模型，从制度因素方面，分析了公司资本结构调整速度受到制度因素的影响，如果公司在市场活动中，顺应宏观制度，并根据自身特点，制定规范合理的方针策略，在双重机制的作用下，公司的调整成本会相应降低，更有利于公司进行资本结构调整。

Camara（2012）采用整合的动态局部调整模型来深入研究美国的跨国公司和国内公司的经济状况，检验宏观经济因素如失业状况、CPI 指数、实际 GDP 及商业票据蔓延等对企业进行资本结构决策的作用，研究结果表明，跨国公司在宏观经济处于稳定上升时期的调整速度比国内公司的快。

Dang、Kim 和 Shin（2014）以美国 2002—2012 年的公司为样本

进行了实证分析，结果显示，在金融危机期间，公司资本结构的调整速度要慢得多，表明国际金融危机对资本结构调整速度有负向的影响，而且这一负向影响在具有财务约束的公司上表现得更为明显。

Kim、Sohn 和 Seo（2015）在考察韩国非金融类上市公司资本结构决策与宏观经济状况之间的关系时，利用违约利差作为宏观经济环境的代理变量，结果表明，经济衰退期资本结构的调整速度要比经济扩张时期的慢。

国内研究主要是采用部分动态调整模型测算公司向目标资本结构进行调整的速度，但就目前的研究来看，其估计结果存在显著差异。肖作平（2004）测算，得到我国非金融类上市公司每年的调整速度平均约为80%，调整速度较快；而屈耀辉（2006）测算的系数值仅为5%—14%，调整步伐相当缓慢。此外，丁培嵘和郭鹏飞（2005）估计的调整系数为44.9%与焦瑞新（2010）的45%较为接近；童勇（2004）的预测为27.8%与连玉君和钟经樊（2007）的预测31%也较为相似。造成调整速度这种差异，同时差异性又有相似性存在的因素有很多，如样本选择的不同、时间跨度的不一致，最重要的可能是由于对目标资本结构选择的不同导致的。有些选择公司资本结构的历史均值、行业均值作为目标资本结构，即使是建立指标系统对目标值进行拟合，所选的指标存在差异也会导致结论出现偏差。

童勇（2004）研究发现，我国上市公司资本结构调整速度相较欧美国家较慢，调整成本较高。且我国不同于欧美国家的独特制度环境和宏观经济条件对调整速度存在影响。

黄辉（2009）以我国非金融上市公司 1997—2006 年的面板数据为样本，动态研究企业资本结构调整速度与宏观经济条件的关系，发现宏观经济条件较好时，公司调整速度较快。

于蔚和钱彦敏（2009）以我国沪深两市 1174 家上市公司 1994—2006 年的非平衡面板数据为样本，考察了宏观经济因素对调整速度的影响并得到结果：调整速度与公司信贷规模呈正相关关系，与股权融资规模、股票收益率及贷款利率呈负相关关系。

何靖（2010）以我国沪深两市 378 家上市公司 1998—2008 年数

据为样本，探究宏观经济因素对资本结构调整速度的影响，并得出结论：在宏观经济繁荣时，调整速度更快。同时发现，在宏观经济条件相同时，融资约束的存在会降低调整速度。

麦勇、胡文博和于东升（2011）利用分区域面板数据回归和广义线性模型两种方法对调整速度是否存在区域差异进行实证分析，结果证实调整速度存在一定的区域差异性。具体表现为：由于东部地区经济发展速度较快，东部地区上市公司的调整速度快于中部和西部地区。

阂亮和沈悦（2011）以国内制造业上市公司1998—2009年数据为样本，分别实证研究在有无融资约束的情况下宏观经济环境变动对资本结构动态调整的影响。结果显示，在经济衰退时期，有融资约束的公司资本结构调整为顺周期，且因融资困难其调整速度会降低。

阂亮和邵毅平（2012）以我国A股上市公司1998—2010年的数据为样本，实证检验发现，资本结构调整速度与经济周期呈正相关关系，且存在融资约束的公司其调整速度受经济周期的影响更大。

江龙、宋常和刘笑松（2013）发现，在不同经济周期下我国上市公司资本结构的调整速度具有非对称性，相比于较差的经济周期，当宏观经济条件较好时，公司向目标资本结构调整的速度更快。

林永祥和袁桂秋（2013）通过分析医药、房地产和纺织三种行业的资本结构，发现不同行业影响资本结构的因素不同，且医药行业公司资本结构调整速度相对快于其他两个行业。

2. 影响调整速度的公司特征因素

最早对调整速度进行估计的是Jalilvand和Harris（1984），他们探讨了公司规模、市场利率和股票价格与调整速度的关系，发现公司规模越大，调整速度越快。

Byoun（2005）发现，市场账面比率、公司规模、盈利能力和分配制度影响资本结构的调整速度。

Heshmati（2001）采用瑞典1994—1997年的2261家上市公司的非平衡面板数据，探讨了公司实际资本结构偏离目标资本结构的距离、公司规模、成长性和盈利能力与调整速度的关系，发现偏离最优比率越远的公司调整速度越快。至于公司规模方面，其结论与 Jalil-vand 和 Harris（1984）的结论相反，即公司规模与资本结构调整速度呈正相关关系，同时公司的成长性和盈利能力与调整速度呈显著的负相关关系。企业调整资本结构的速度归因于调整成本的大小。

Hyesung、Almas 和 Dany（2006）从财阀集团这一特殊角度探究其对调整速度的影响，发现财阀集团控股的公司相对于其他公司调整速度明显加快，并且此类公司的财务杠杆也较高。

Pittman 和 Klassen（2001）认为，随着年龄的增加，公司再融资的成本会随之增大，不利于上市公司将资本结构恢复到最优水平，因此，上市的时间越长，公司调整资本结构的速度就越慢。

Heshmatil（2001）以瑞典的小微型公司为样本进行了实证研究，发现这些小规模的公司资本结构与目标资本结构有较大幅度的偏离，调整速度也很慢。但是，这些公司随着规模的增大，其调整的速度也会加快，从而表明了公司规模与资本结构调整速度呈正相关关系。而成长性、盈利能力与资本结构的调整速度呈负相关关系。

Banjeree、Heshmati 和 Wihlborg（2004）选取了美国和英国的公司作为样本进行研究，得出成长机会较大的公司，其资本结构调整速度反而更慢，而公司规模与资本结构调整速度呈正相关关系的结论。

Drobetz、Pensa 和 Wanzenried（2006）以来自法国、德国、意大利及英国的 1983—2002 年的 706 家公司为样本，研究了公司特征对资本结构调整速度的影响，发现规模更大、成长性更高的公司更容易对其资本结构进行调整。此外，该研究还发现，融资约束也会影响到资本结构的调整，而且当公司面临较大的融资约束时，只会进行很少的调整甚至不调整。

Fannery 和 Rangan（2006）在分析公司资本结构动态调整的问题时，运用了部分调整模型，估算出资本结构的调整速度为 0.3 左右，而且还发现，公司偏离目标资本结构的水平越大，其调整速度就越大。

Byoun（2008）研究发现，当公司的资本结构高于目标水平且有融资盈余时，资本结构的调整速度更快。但是，Dang 和 Garrett

（2015）在假定公司通过调整债务和总资产对资本结构进行调整的情况下，得出了不一样的结论，认为资本结构高于目标水平和面临融资赤字的公司的资本结构调整速度更快。

Dang、Kim 和 Shin（2012）为验证动态权衡理论，建立了一个动态面板闭值模型，通过研究后发现，拥有较大融资失衡、大型投资以及较低的收益波动性的公司的资本结构调整速度比那些拥有相反特征的公司更快。

Faulkender、Flannery 和 Hankins 等（2012）以 1965—2006 年的非金融行业公司为样本进行实证研究，发现公司的现金流特征不仅影响到目标资本结构的选择，还影响了资本结构的调整速度，其中，现金流较大的公司拥有更高的资本结构调整速度。

McMillan 和 Camara（2012）比较了美国的跨国公司和本土公司的资本结构调整速度，发现由于跨国公司面临着更为复杂的资本结构、更为复杂的投资者以及更为复杂的资本市场，这些均不利于其对资本结构进行调整，因此，相对于本土公司而言，跨国公司的资本结构调整速度更慢。此外，他们的研究还发现，代理成本、财务弹性（现金流）及资本投资对跨国公司和本土公司的资本结构调整过程有不同的影响。

屈耀辉（2006）以我国 742 家上市公司 1991—2004 年非平行面板数据为样本，并选取 8 种替代变量考察资本结构调整速度，发现我国上市公司资本结构倾向于表现为高权益资本，整体资本结构调整速度较慢，且存在调整过度和背离调整的行为。但研究未得出公司特征因素对调整速度有影响的结论。

丁培嵘和郭鹏飞（2005）研究发现，资本结构调整速度与公司规模、行业和行业均值稳定性三种因素存在相关性。

童勇（2006）研究发现，资本结构调整速度会受到公司特征因素的影响，得出如下结论：资本结构调整速度与公司规模、盈利能力、成长性及大股东持股比例呈正相关关系。此外，资本结构偏离程度越高，调整速度也会越快；而调整速度与贷款利率、收益波动性呈负相关关系。

连玉君和钟经樊（2007）以我国 A 股上市公司 1998—2003 年的数据样本进行实证研究，得到结论：资本结构调整速度与公司规模、资本结构偏离程度呈负相关关系，而与成长能力呈正相关关系，且调整速度在不同时间和不同行业间存在明显差异。

邹萍（2014）以我国 A 股上市公司 2003—2012 年的数据为样本，考察发现资本结构调整速度与会计盈余质量呈正相关关系，而资本结构偏离程度与会计盈余质量呈负相关关系。

甘丽凝、武洪熙和牛芙蓉等（2015）以我国 A 股上市公司 2000—2012 年的数据样本研究发现，公司资本结构调整速度与大型投资活动相关，即公司的大型投资活动会提高资本结构调整速度。

从国内外的相关文献来看，影响企业资本结构动态调整的宏观经济因素主要有 GDP 增长率、通货膨胀率、期限利差、违约利差、市场股息率、CPI 指数等，其中，大部分学者均得出宏观经济形势较好时公司资本结构的调整速度更快的结论。

从上述关于公司特征影响资本结构动态调整的国内外相关文献来看，影响资本结构动态调整的公司特征因素主要包括盈利能力、公司规模、成长性、大型投资等。而关于盈余管理与资本结构动态调整的研究相对较少。对于资本结构动态调整的研究，仍有许多空白值得深度探索。

三 盈余管理与资本结构的文献综述

许波（2005）从内外部治理机制两方面论证分析，结果显示，公司治理结构与盈余管理模式之间存在着较强的交互关联性。

杨金科（2010）选取我国上市公司的相关数据进行实证研究，并得出结论：盈余管理和公司治理均源于委托—代理关系这一现代公司的基本特征，它们两者之间是互相起着制约与削弱的关系。

蒋敏（2012）通过模型回归得到的结果显示，我国上市公司的盈余管理程度与股权结构变动呈显著正相关关系；盈余管理程度也与债务变动率呈显著正相关关系。并得出结论：在我国上市公司中普遍存在着盈余管理的现象，而且上市公司的盈余管理动机和公司的资本结构存在着紧密的联系。

李宝新（2009）以我国深沪两市 A 股 450 家上市公司 1999—2006 年的平行面板数据，实证检验了盈余管理对公司杠杆率累积变动的影响。研究结果显示，可操纵应计利润与公司杠杆率短期变动显著正相关，表明盈余管理水平较高的公司其总债权融资比例也较高。同时，盈余管理程度对资本结构累积变动具有长久持续的影响。

四　研究假设

经过上文的理论分析，可以看出，资本结构偏离目标资本结构可以引发企业的盈余管理行为，而盈余管理也会对资本结构偏离产生影响。盈余管理对资本结构偏离的敏感度可以作为公司进行资本结构调整的信号，且随着敏感度的变化，公司对资本结构进行调整的程度以及速度也会产生变化，从而使两者关系呈现动态变化，因此，本书采用 PSTR 非线性模型进行检验。

另外，对于盈余管理，我们分别使用应计盈余管理和真实盈余管理来衡量盈余管理。这是因为，在某一种动机之下，出于成本的考虑，企业会倾向于不同的盈余管理方式，这使协同效应的具体表现形式有所差异。因此，在每种动机之下，又分成两种盈余管理方式分别进行回归分析。

基于此，本书提出如下假设，并将假设汇总如表 4 - 1 所示。

表 4 - 1　　　　　　　　　　　研究假设

假设	被解释变量	解释变量
H4 - 1	资本结构偏离程度	应计盈余管理对资本结构偏离的敏感度
H4 - 2		真实盈余管理对资本结构偏离的敏感度
H4 - 3	调整速度	应计盈余管理对资本结构偏离的敏感度
H4 - 4		真实盈余管理对资本结构偏离的敏感度

H4 - 1：资本结构偏离与应计盈余管理对杠杆偏离的敏感度的绝对值呈负相关关系。

H4 - 2：资本结构偏离与真实盈余管理对杠杆偏离的敏感度的绝对值呈负相关关系。

H4 – 3：应计盈余管理对目标资本结构偏离越敏感（敏感度绝对值越高），资本结构调整越快。

H4 – 4：真实盈余管理对目标资本结构偏离越敏感（敏感度绝对值越高），资本结构调整越快。

第三节　研究设计

一　变量选择

（一）资本结构动态调整的衡量指标

1. 目标资本结构

首先，我们把融资杠杆定义为总负债与资产市场价值的比率，选用资产负债率（LEV）作为公司资本结构的衡量指标。目标杠杆是不可测的，据 Byoun（2008）和 Uysal（2011）的研究，我们对目标资本结构（TL）的主要测度是根据资本结构影响因素（X_i），采用年度截面进行回归得到的拟合值，如下：

$$TL_{it} = \beta X_{it-1} + \varepsilon_{it} \tag{4-1}$$

式中，X_{it-1} 是影响公司最优资本结构的一组变量。

其次，据 Frank 和 Goyal（2009）以及 Marchica 和·Mura（2010），我们选取 6 个主要因素来设置目标资本结构：

（1）选取市值账面比反映公司成长性。根据权衡理论，对于成长速度较快的公司而言，负债的代理成本也相对较高。因为股东此时具有更大的投资灵活性，他们可以通过投资在次优项目上从银行或债权人的手中攫取财富（Titman and Weasels，1988）。这表明公司的成长性应该与负债率呈负相关关系。另外，由于高成长性的公司多数属于新兴行业，经营上具有较大的风险，所以难以获得足够的长期贷款。为了弥补其大量的资金需求，短期贷款成为这些公司的主要选择。那么，总负债率和成长性之间的关系也可能不显著或呈正相关关系。

（2）选取固定资产和存货占总资产比率作为有形资产率反映资产流动性。资产流动性对公司负债率的影响既有正面的也有负面的。一方面，资产流动性高的公司支付短期债务的能力较强，因此应有较高的负债率。另一方面，具有较多流动资产的公司也许会用其为投资融资，那么资产流动性就会与负债率呈负相关关系。

（3）选取资产收益率衡量公司盈利能力。根据权衡理论，盈利能力强的公司会提高负债率从而更好地利用税盾效应。从代理成本理论来看，外部股东也会强制经理人提高负债率以减少公司的自由现金流量，从而降低代理成本。据此，盈利能力应该与负债率呈正相关关系。而优序融资理论则依据内部人和外部人之间的信息不对称，认为公司会优先使用内部资金，所以两者呈负相关关系。

（4）选取资产对数衡量公司规模。大规模公司一般具有较强的风险分散能力，因此，破产的风险也相对较低。对于大公司而言，破产的固定成本占其总资产的比例很小，这使其负债的成本相对较低（Titman and Wessels，1988）。另外，大公司能够更好地做到信息公开化，从而有效地降低信息的不对称程度，所以，大公司更容易得到银行的贷款。对于处于转型阶段的发展中国家而言，大公司还往往被政府赋予重要的社会责任。在"国家信用"作为担保的情况下，债权人往往对大公司有更强的信心。因此，公司规模应该与负债率呈正相关关系。

（5）用行业杠杆中位数衡量行业资本结构特征。前期的许多研究都发现，行业是影响公司资本结构的重要因素（如陆正飞和辛宇，1998；郭鹏飞和孙培源，2003），因此，我们加入行业杠杆中位数来控制行业差异的影响。

（6）选取国债利率代替预期通胀率衡量宏观经济状况。考虑到中国处于经济发展的转型阶段，而且股市的发展时间也较短，我们在模型中加入宏观经济因素对公司资本结构的影响。

最后，基于拟合后得到的目标资本结构（TL）与真实资本结构（资产负债率 LEV）相减得到资本结构偏离程度（$L^{d\theta v}$）的数据，并按公司求出其均值备用。

2. 盈余管理对资本结构偏离的敏感度

对于盈余管理对资本结构偏离的敏感度（δ），我们分别以每个上市公司的真实盈余管理（RM）和应计盈余管理（AM）作为被解释变量，以资本结构偏离程度作为解释变量，采用以下线性回归模型进行回归，将得到的资本结构偏离的系数作为盈余管理对资本结构偏离的敏感度（系数δ）。

$$RM_{it} = \alpha + \delta_{rm}L_{it}^{d\theta v} + \beta X_{it} + \varepsilon_{it} \qquad (4-2)$$

$$AM_{it} = \alpha + \delta_{nm}L_{it}^{d\theta v} + \beta X_{it} + \varepsilon_{it} \qquad (4-3)$$

式中，X_{it} 为影响盈余管理的控制变量，对于中国市场，公司行为更多地会受到股权结构的影响。首先，我们选择第一大股东持股比例来作为公司股权结构的控制变量。其次，基于 McNichols（2000）的研究表明，公司业绩会影响盈余管理，因此，我们采用资产收益率和营业收入增长率作为增长控制变量。先前研究表明，采取激进会计政策的公司更倾向于盈余管理（Barton and Simko，2002；Baber et al.，2011），因此，我们使用资产负债率（DTA）来代表运营稳定性控制变量。最后，Becker 等（1998）和 Roychowdhury（2006）的研究表明，盈余管理与公司规模相关，因此，我们使用产业调整后的总资产对数作为行业中相对公司规模的控制变量。

3. 资本结构调整速度的衡量

由于资本市场的不完善会导致公司的融资行为受到多种因素的限制，致使公司在偏离最优资本结构时只能做出部分调整，而调整的程度和快慢则取决于调整成本的大小。因此，我们可以用如下部分调整模型来描述公司资本结构的动态调整过程：

$$L_{it+1} - L_{it} = \lambda(TL_{it+1} - L_{it}) + \eta_{it} \qquad (4-4)$$

式中，TL_{it+1} 和 L_{it+1} 分别为公司 i 在第 $t+1$ 年的最优资本结构和实际资本结构。λ 为调整系数，表示在一个年度内公司的资本结构向最优水平调整的快慢，可以间接地反映调整成本的大小。若 $\lambda=1$，则表明公司可以在一个期间内完成全部调整，即不存在调整成本，那么公司在第 t 年的资本结构处于最优水平上；若 $\lambda=0$，则表明调整成本大于经由调整而获得的收益，以至于公司不做任何调整，其在第 t 年的资本结构仍然保持在前一年的水平上。如果 $0<\lambda<1$，则说明在存在调整成本的情况下，公司只进行了部分调整。

将模型（4-1）代入模型（4-4），得到以下模型：

$$L_{it+1} = (1-\lambda)L_{it} + (\lambda\beta)X_{it} + \varepsilon \qquad (4-5)$$

从此模型我们可以看到，滞后一期资本结构系数越小，则资本结构调整速度越快，所以，我们得到模型（4-5）的滞后系数并作为资本结构调整速度的反向变量（SOA）。

（二）控制变量

根据此前国内外的相关学者研究，影响企业资本结构动态调整的宏观经济因素主要有 GDP 增长率、通货膨胀率、期限利差、违约利差、市场股息率、CPI 指数等，其中，大部分学者均得出宏观经济形势较好时公司资本结构的调整速度更快的结论。从关于公司特征影响资本结构动态调整的国内外相关文献来看，影响资本结构动态调整的公司特征因素主要包括盈利能力、公司规模、成长性、大型投资等。

因此，本书选取第一大股东持股比例（FSS）、资产收益率（ROA）、营业收入增长率（SGR）、总资产对数（TA）作为公司资本结构偏离的公司特征因素控制变量；选取 GDP 增长率（GGR）作为公司资本结构偏离的宏观经济条件控制变量。具体的变量定义及表述见表4-2。

表4-2　　　　　　　　　　　变量定义及描述

变量类型		变量名称	变量内容
被解释变量		L^{dev}	资本结构偏离度
		SOA	调整速度
解释变量		δ_{nm}	应计盈余管理对资本结构偏离的敏感度
		δ_{rm}	真实盈余管理对资本结构偏离的敏感度
控制变量	股权结构	FSS	第一大股东持股比例
	业绩增长	ROA	资产收益率
		SGR	营业收入增长率
	公司规模	TA	总资产对数
	宏观经济	GGR	GDP 增长率

二 样本选择与数据来源

本书选取 2002—2016 年沪深两市 A 股上市公司为样本。在此基础上，根据本书的研究目的，遵循如下原则进行数据的筛选：（1）剔除含 B 股和 H 股的上市公司，以及金融行业的上市公司。（2）剔除现金股利数据缺失的样本。本章计算公司现金股利管理水平时，需要上市公司分配现金股利的数据，但部分公司存在数据缺失，因此剔除这些样本。（3）剔除相关财务数据缺失的上市公司。因为本章的研究中需要用到利润总额、应收账款净值、固定资产原值、存货、销售成本，费用支出等财务数据。部分公司财务数据缺失，导致无法计算出盈余管理的数值，予以剔除。另外，在计算应计盈余管理和真实盈余管理时，分行业进行回归，剔除少于 15 个观测值的样本。（4）剔除回归模型中相关变量观测值缺失的样本。最终获得总计 12627 个数据。数据来源于国泰安 CSMAR 数据库。实证检验基于 Stata12 完成。

三 PSTR 模型设立

我们建立以下的基本模型来检验 H4 – 1 和 H4 – 2：

$$L_i^{d\theta v} = \alpha_1 \delta_i + \alpha_2 FSS_{it} + \alpha_3 ROA_{it} + \alpha_4 TA_{it-1} + \alpha_5 SGR_{it} + \alpha_6 GGR_t +$$
$$(b_1 \delta_i + b_2 FSS_{it} + b_3 ROA_{it} + b_4 TA_{it-1} + b_5 SGR_{it} +$$
$$b_6 GGR_t) \times G(\delta_i; \ \lambda, \ c) + \varepsilon_{it} \qquad (4-6)$$

建立以下的基本模型来检验 H4 – 3 和 H4 – 4：

$$SOA_i = \alpha_1 \delta_i + \alpha_2 FSS_{it} + \alpha_3 ROA_{it} + \alpha_4 TA_{it-1} + \alpha_5 SGR_{it} + \alpha_6 GGR_t +$$
$$(b_1 \delta_i + b_2 FSS_{it} + b_3 ROA_{it} + b_4 TA_{it-1} + b_5 SGR_{it} +$$
$$b_6 GGR_t) \times G(\delta_i; \ \lambda, \ c) + \varepsilon_{it} \qquad (4-7)$$

式中，$L_i^{d\theta v}$ 为 i 公司观察值的平均杠杆偏离水平，SOA_i 为 i 公司资本结构调整速度；δ_i 为 i 公司盈余管理对资本结构偏离的敏感度。其他的控制变量分别为：FSS_{it} 是公司当年第一大股东占比；ROA_{it} 是公司当年资产收益率；TA_{it-1} 是公司滞后一年的总资产对数；SGR_{it} 是公司当年营业收入增长率；GGR_t 是当年 GDP 增长率。我们将分别用应计盈余管理（δ_{rm}）和真实盈余管理（δ_{am}）指代 δ_i。

根据 Granger 和 Terasvirta（1993）、Terasvirta（1994），我们设转换函数为逻辑型：

$$G(\delta_i;\ \lambda,\ c) = \{1 + \exp[-\lambda\Pi(\delta_i - c_j)]\}^{-1}$$

式中，δ_i 作为转换变量，$c = (c_1,\ \cdots,\ c_m)'$ 是一个临界参数的 m 维矩阵，斜率参数 $\lambda > 0$ 是决定机制转换的平滑度。

转换函数 $G(\delta_i;\ \lambda,\ c)$ 在 0 和 1 之间取值。当 λ 和 c_j 确定时，δ_i 的值就决定了 $G(\delta_i;\ \lambda,\ c)$ 的值。δ_i 系数 $a_1 + b_1 \times G(\delta_i;\ \lambda,\ c)$ 的显著性决定了 δ_i 与 $L_i^{d\theta v}$ 和 SOA_i 之间的关系。如果 b_1 是显著的，那么 δ_i 非线性驱动着 $L_i^{d\theta v}$ 和 SOA_i；如果 b_1 不显著，a_1 显著，那么 δ_i 线性驱动着 $L_i^{d\theta v}$ 和 SOA_i；如果 a_1 和 b_1 都不显著，则 δ_i 对 $L_i^{d\theta v}$ 和 SOA_i 并不存在明显的驱动。

第四节　实证结果

一　描述性统计

本章选取 433 家沪深两市 A 股上市公司 2004—2014 年的相关数据，共计 12627 个样本，为非平衡面板数据。但是，在对假设进行具体分析时，盈余管理对资本结构的敏感度按公司进行回归，且公司资本结构偏离程度采用公司观察值的平均值，使每个公司只有一个敏感度和资本结构偏离程度，所以，本章将其他变量平均之后进行回归分析，样本数据为 953 个。各变量的描述性统计如表 4 - 3 所示。

表 4 - 3　　　　　　　　　　描述性统计

变量	均值	最大值	最小值	中位数	标准差
Panel A （n = 12627）					
$L^{d\theta v}$	- 0.0694	0.626	- 0.682	- 0.0678	0.250
δ_{rm}	- 0.0522	43.62	- 8.689	- 0.0283	1.596
δ_{am}	- 0.0130	12.01	- 5.059	- 0.0191	0.710
FSS	0.373	0.758	0.0909	0.349	0.159
ROA	0.0267	0.195	- 0.305	0.0273	0.0641

续表

变量	均值	最大值	最小值	中位数	标准差
Panel A （n = 12627）					
SGR	0.193	3.216	-0.681	0.112	0.509
GGR	9.580	14.20	6.700	9.500	1.987
TA	21.92	25.96	19.16	21.79	1.278
Panel B （n = 953）					
$L_{d\theta v}$	-0.167	0.626	-0.682	-0.151	0.211
δ_{rm}	-0.0424	43.62	-8.689	-0.0273	1.761
δ_{am}	-0.00787	12.01	-5.059	-0.0170	0.754
FSS	0.432	0.758	0.0909	0.426	0.166
ROA	0.0229	0.195	-0.305	0.0294	0.0640
SGR	0.228	3.216	-0.681	0.157	0.460
GGR	9.630	14.20	9.100	9.100	1.070
TA	21.13	24.84	19.16	21.04	0.866

二　模型参数估计

首先我们采用两个步骤来估计模型（4-6）：第一步是估计转换变量的阈值和转换速度，得到转换函数；第二步估计模型（4-6）的线性和非线性项的回归系数。

首先根据 Van Dijk 等（2002）的做法，需要对模型（3-11）进行线性对非线性的检验，即检验虚拟假设 H_0^1：$\gamma = 0$。由于在模型中存在未识别的参数 c，因此不能直接对模型（4-6）进行检验。基于 Luukkonen 等（1988），模型（4-6）可以扩展为围绕 $\gamma = 0$ 的一阶泰勒形式，如下：

$$y_t = \beta_0 x_t' + \beta_1 x_t' s_t + \beta_2 x_t' s_t^2 + \beta_3 x_t' s_t^3 + \mu_t$$

$$L_i^{d\theta v} = \mu_{it} + \beta_0(\delta_i + FSS_{it} + ROA_{it} + TA_{it-1} + SGR_{it} + GGR_t) +$$
$$\beta_1(\delta_i + FSS_{it} + ROA_{it} + TA_{it-1} + SGR_{it} + GGR_t) \times \beta_i + \beta_2$$
$$(\delta_i + FSS_{it} + ROA_{it} + TA_{it-1} + SGR_{it} + GGR_t) \times \beta_i^2 + \beta_3$$
$$(\delta_i + FSS_{it} + ROA_{it} + TA_{it-1} + SGR_{it} + GGR_t) \times \beta_i^3 + \varepsilon_{it}$$

式中，β_0、β_1、β_2、β_3 为参数向量。

计算 LM 值完成下列序贯检验，$LM = \dfrac{TN(SSR_0 - SSR_1)}{SSR_0}$，其中，T 为时间序列的长度，N 为横截面的单元个数，SSR_0 为受假设条件约束的回归残差平方和，SSR_1 为不受假设条件约束的回归残差平方和。

H_0^1：$\beta_1 = \beta_2 = \beta_3 = 0$

H_0^2：$\beta_3 = 0$

H_0^3：$\beta_2 = 0/\beta_3 = 0$

H_0^4：$\beta_1 = 0/\beta_2 = \beta_3 = 0$

如果 H_0^1 被拒绝，则接受模型（4 - 6）为非线性模型。继续测试 H_0^2—H_0^4，如果拒绝 H_0^3 最强，也就是对应的 P 值最小，则选取 m = 2，否则选取 m = 1。

表 4 - 4 显示了模型（4 - 6）对 H_0^1—H_0^4 的测试结果。

表 4 - 4　　　　　　　　　　H_0^1—H_0^4 的测试结果

LM 值	H_0^1	H_0^2	H_0^3	H_0^4
H4 - 1	43. 7470 ***	17. 5539 ***	9. 3834 ***	17. 4734 ***
H4 - 2	18. 1336 ***	5. 8872 ***	7. 0079 ***	5. 3540 ***

根据结果，我们确定假设 H4 - 1 的模型形式为 m = 1，假设 H4 - 2 的模型形式为 m = 2。

接下来，我们估计非线性面板平滑转换模型（4 - 6），我们采用模拟退火算法来估计转换速度参数 λ 及转换位置参数 c。模拟退火算法可以通过模拟热物理学有关金属缓慢退火使能量达到最低的原理来解决大规模的优化问题，相比于传统算法，模拟退火算法可以更有效地避免出现局部极点问题，而且能实现更细密的搜寻。具体来说，首先，我们确定待估计参数 λ 和 c 的初始值（λ 的初始值都取 10，c 的初始值分别取转换变量 δ_{am} 和 δ_{rm} 的最小值 0.0008082 和 0.0008087），将其对应代入假设 H4 - 1 和 H4 - 2。其次，对所有变量进行组内去均值变换，来消除个体效应的影响。最后，对完成组内变换的模型进行普通最小二乘（OLS）估计，获得其残差平方和（RRS）。重复上述操作，最终求出残差平方和最小时所对应的参数 λ 和 c，这就是所需的参数估计值。上述过程通过 Stata12.0 软件编程来实现，最终得到的转换函数如表4－5所示。

表 4－5   转移函数

H4－1	$G = \{1 + \exp[-36.946921 \times (x - 3.5416938)/0.6451026]\}^{-1}$
H4－2	$G = \{1 + \exp[(-13.870497 \times (x - 1.1092204) \times (x - 6.5272559)/1.603242)]\}^{-1}$

我们采用 OLS 回归估计 PSTR 模型的参数。模型（4－6）的线性回归（不包含转换函数及其乘项）和非线性回归（包含转换函数及其乘项）结果如表4－6所示。表4－6报告了模型（4－6）的线性模型及非线性模型的估计参数。

表 4－6   模型参数估计

变量	Panel A：H4－1		Panel B：H4－2	
	线性模型	非线性模型	线性模型	非线性模型
δ_1	－0.00795***	－0.00694	0.0143	0.0150
	（－0.90）	（－0.53）	（4.03）	（1.02）
FSS	－0.0255	－0.0332	－0.0341	－0.125
	（－0.72）	（－0.95）	（－0.97）	（－1.54）
SGR	0.0713***	0.0713***	0.0715***	0.0240
	（5.57）	（5.61）	（5.63）	（0.89）
ROA	－1.190***	－1.126***	－1.128***	－0.806***
	（－12.41）	（－11.76）	（－11.71）	（－4.83）
TA_{-1}	0.128***	0.128***	0.130***	0.138***
	（18.61）	（18.79）	（19.16）	（14.75）
GGR	－0.0160***	－0.0147***	－0.0166***	－0.0310**
	（－2.95）	（－2.72）	（－3.09）	（－2.08）
$G \times \delta_i$		－0.0780*		0.00126
		（－1.81）		（0.08）
$G \times FSS$		1.203		0.114
		（0.97）		（1.25）

续表

变量	Panel A：H4 - 1		Panel B：H4 - 2	
	线性模型	非线性模型	线性模型	非线性模型
$G \times SGR$		- 0.285		0.0630 **
		（ - 0.29 ）		（2.03 ）
$G \times ROA$		- 0.700		- 0.465 **
		（ - 0.29 ）		（ - 2.30 ）
$G \times TA_{-1}$		0.0446		- 0.00889
		（1.13 ）		（ - 1.17 ）
$G \times GGR$		- 0.0979		0.0166
		（ - 1.62 ）		（1.05 ）
调整的 R^2	0.320	0.336	0.0056	0.335

注：括号内为 t 检验值。

从表 4 - 6 显示，假设 H4 - 1 中，δ_i 对 L^{dev} 的回归结果显著，且体现为非线性。假设 H4 - 2 回归结果不显著。对于假设 H4 - 2，即真实盈余管理对资本结构偏离的敏感度对资本结构偏离的非线性影响不显著，由此可见，真实盈余管理对资本结构偏离的敏感度对资本结构偏离的自我约束机制不存在，接下来无须再考察调整速度受其敏感度的影响，即假设 H4 - 4 已无验证意义。因此，接下来仅对假设 H4 - 3 进行实证检验。表 4 - 7 显示了模型 （4 - 7） H4 - 3 中对 H_0^1—H_0^4 的测试结果。

表 4 - 7　　　　　　　　　　H_0^1—H_0^4 的测试结果

LM 值	H_0^1	H_0^2	H_0^3	H_0^4
H4 - 3	20.8677 ***	5.6819 ***	9.1536 ***	6.2806 ***

根据结果，我们确定假设 H4 - 3 的模型形式为 m = 2。接下来，我们采用模拟退火算法来估计模型 （4 - 7） 的转换速度参数 λ 及转换位置参数 c。最终得到的转换函数如表 4 - 8 所示。

表 4 - 8 转移函数

| H4 - 3 | $G = \{1 + \exp[-29.159182 \times (x - 0.88251073) \times (x - 0.97330707)/0.6915982]\}^{-1}$ |

表 4 - 9 报告了假设 H4 - 3 的线性模型及非线性模型的估计参数。

表 4 - 9 模型参数估计

变量	线性模型	非线性模型
δ_i	0.157	- 169.5 ***
	(0.17)	(- 3.17)
FSS	6.035	237.4 ***
	(1.54)	(5.86)
SGR	- 2.144	- 7.215
	(- 1.33)	(- 0.69)
ROA	14.63	332.9 ***
	(1.29)	(4.08)
TA_{-1}	0.0244	8.546 ***
	(0.03)	(2.62)
GGR	- 0.493	- 11.46 ***
	(- 0.86)	(- 2.67)
$G \times \delta_i$		169.0 ***
		(3.15)
$G \times FSS$		- 236.7 ***
		(- 5.73)
$G \times SGR$		5.676
		(0.52)
$G \times ROA$		- 333.7 ***
		(- 3.94)
$G \times TA_{-1}$		- 8.864 ***
		(- 2.73)
$G \times GGR$		11.39 **
		(2.56)
调整的 R^2	0.002	0.136

注：括号内为 t 检验值。

三　模型的敏感性分析

定义解释变量的影响系数：

$$y = a_1 + b_1 \times G(\delta_i; \lambda, c)$$

式中，a_1 为线性部分，如果 a_1 不显著，将其视为 0，$b_1 \times G(\delta_i; \lambda, c)$ 为非线性部分，如果 b_1 不显著，将其视为 0。

（一）盈余管理对资本结构偏离的敏感度对资本结构偏离程度的影响分析

由上述实证结果可以看到：假设 H4 - 1 中，δ_i 对 $L_i^{d\theta v}$ 的回归结果显著，且体现为非线性。假设 H4 - 2 回归结果不显著。

图 4 - 1 显示，在假设 H4 - 1 中，当转移变量 δ_{am} 约小于 3.5 时，δ_i 对 $L_i^{d\theta v}$ 的影响系数接近 0；当转移变量 δ_{am} 约大于 3.5 时，δ_i 对 $L_i^{d\theta v}$ 的影响系数突然减少，并达到最低值（约为 - 0.8）。

实证结果显示，当盈余管理对资本结构偏离的敏感度较小时，（$\delta_{am} < 3.5$），公司即使出现资本结构偏离的情况也感受不到，不会对其做出调整以回归到最有资本结构。当盈余管理对资本结构偏离的敏感度达到一定的水平（$\delta_{am} > 3.5$）时，公司对于资本结构的偏离表现会相对敏感，当资本结构发生偏离时，公司会及时做出调整，同时由于敏感度相对较高，公司会出现过度调整的趋势。

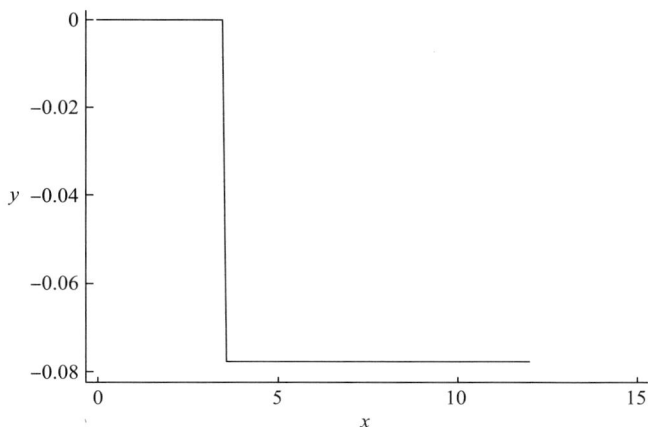

图 4 - 1　假设 H4 - 1 敏感度（δ_{am}）对资本结构偏离程度的影响系数的变化

　　从敏感度对资本结构偏离程度的影响来看，由于真实盈余管理反映的是当公司资本结构发生偏离时公司财务管理的真实变化，是一种本质上的变动，所以，即使公司监管发现真实盈余管理发生也会不刻意约束资本结构的偏离。而对于应计盈余管理更多的是管理者的财务操作行为，并非公司经营状况的本质改变，所以，当公司监管发现应计盈余管理发生时会及时地调整资本结构向最有利方向改变，同时抑制应计盈余管理行为。

　　（二）盈余管理对资本结构偏离的敏感度对资本结构偏离程度的影响分析

　　模型（4-7）中假设 H4-3 检验了应计盈余管理对资本结构偏离的敏感度对资本结构偏离程度的影响，并显示 δ_{am} 对 SOA_i 的回归结果显著，且体现为非线性。

　　实证结果如图 4-2 所示，我们由盈余管理对资本结构偏离的敏感度于调整速度的反向变量的关系反推敏感度与调整速度的关系：当敏感度 δ_{am} 在 0—1 时，资本结构调整速度的反向变量呈快速下降趋势，即调整速度增大，并在敏感度 δ_{am} 为 1 时，达到峰值；随着盈余管理对资本结构偏离的敏感度 δ_{am} 继续增大，资本结构调整速度逐渐减小。

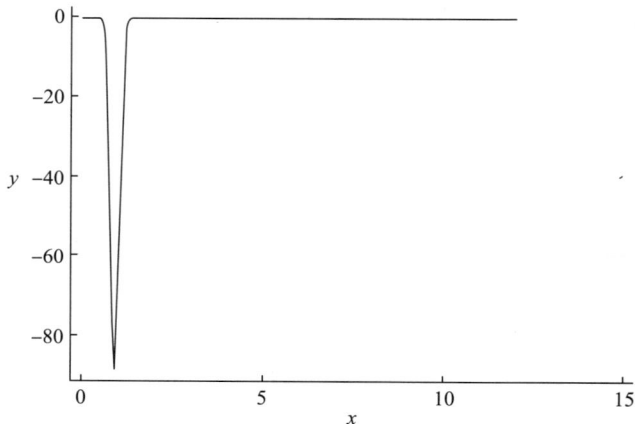

图 4-2　假设 H4-3 敏感度（δ_{am}）对资本结构偏离程度的影响系数的变化

具体来讲，当盈余管理敏感度较低时，资本结构偏离的信号反馈较慢，公司很难感知到资本结构的偏离，从而调整速度较低，但随着敏感度升高而提高；当盈余管理敏感度过高时，对于资本结构偏离的反馈会比较频繁，调整速度过快会使调整成本过高，而且不利于公司对资本结构的一致性调整，因而反馈及时，公司也会降低调整速度。当盈余管理对资本结构偏离的敏感度适中时，其对资本结构调整速度比较高，显示出敏感度对调整速度的"居中性"。

第五节　结　论

现有文献表明，公司资本结构会影响盈余管理，且动态调整与盈余管理有一定的关系。本章就资本结构的动态调整的内部机制进行探索，创新性地引入盈余管理对资本结构偏离的敏感度作为资本结构偏离的反馈信号，以期发现资本结构偏离的自身约束机制。

本章基于我国上市公司 2002—2016 年的非平衡面板数据，使用面板平滑转移自回归（PSTR）模型，从应计盈余管理和真实盈余管理两个视角分析公司盈余管理对资本结构偏离的敏感度对资本结构偏离的影响。得到的主要结论如下：

（1）应计盈余管理对资本结构偏离的敏感度与资本结构偏离呈负相关关系。对资本结构偏离越敏感的公司其资本结构偏离程度越低，且有过度调整的趋势。

（2）应计盈余管理对资本结构偏离的敏感度与调整速度呈正相关关系。对资本结构偏离越敏感的公司其资本结构调整速度越高，在此结论下我们还发现，其具有"居中性"的特点。

第五章 上市公司盈余管理与现金股利管理的协同关系检验

第一节 绪论

一 选题背景

现金股利管理是公司经营管理的主要内容之一，作为公司的筹资、投资管理的延伸，对上市公司、广大投资者及证券市场的发展有着不容忽视的影响。我国证券市场起步较晚，发展的时间不长，导致我国现金股利管理呈现出中国特征："铁公鸡"与"高派现"现象同时存在。有些公司账面上虽然有可观的利润，但却实行低分红或是不分红的政策；而有的公司则恰恰相反，尽管自己实力不济，却维持高的股利支付率，实施高派息政策。这些现象体现了公司盈余与股利分配之间的不匹配，其中暗含着公司进行盈余管理的证据。可以看出，公司为了实现自己多分红或者少分红的目标，会同时进行盈余管理，公司的盈余管理与现金股利管理之间存在一定的关系。

对于盈余管理和现金股利管理，作为企业经营管理的重要内容，日益受到国内外学者的关注，单独对其中一方面都进行了深入的研究，但较少有研究将两方面结合起来，探究两者之间的关系。

盈余管理是企业管理当局在遵循会计准则的情况下，为了实现主体利益最大化，对企业对外公布的会计收益信息进行调整的行为。盈余管理是中国资本市场存在的一种普遍现象（于忠泊、田高良等，2011；黄梅、夏新平，2009；陈小悦、肖星等，2000）。根据已有的文献研究，盈余管理可以分为机会主义操纵型和信号传递型的盈余管理两种类型。前者是基于机会主义操纵效应，控制权人为了实现自身利益最大化，试图误导投资者的盈余管理。后者是基于信号传递效应，管理者出于降低与投资者的信息不对称，传递企业私有信息的目的而进行的盈余管理行为，又被称为决策有用型的盈余管理。而公司进行现金股利管理也可以从机会主义操纵视角和信号传递视角加以解释。

现有的研究文献表明，盈余管理和现金股利管理作为企业财务管理的两种手段，两者之间存在着一定的关系，这种关系可以从两种视角上进行阐释。

一方面，从机会主义操纵效应的角度来看，控制权人出于私人利益，会同时采取盈余管理和现金股利管理这两种手段。对于盈余管理，谢德仁（2011）指出，盈余管理反映的是利益相关者之间的利益博弈问题。利益相关者，比如管理者或是大股东，出于个人利益的考虑，会操纵盈余管理（Healy，1985；Dechow and Sloan，1991；DeAngelo，1988）。对于现金股利管理，由于存在委托—代理冲突，利益相关者也会从自己的利益出发，操纵现金股利（Shleifer 和 Vishny，1997；Lee 和 Xiao，2003；袁振兴和杨淑娥，2006）。

这种协同关系是由于利益相关者的机会主义行为。从利益侵占视角分析，控制权人会采用操纵现金股利的手段来实现自己的私人利益，而同时会使用盈余管理来配合其现金股利管理行为。兰寒（2009）指出，由于大小股东之间存在委托—代理冲突，现金股利被作为大股东侵占小股东利益的合法手段，盈余管理对实现利益侵占起着支撑或粉饰作用。此时盈余管理与股利管理的协同关系是出于控制权人自身利益的角度，是无效的、消极的。

另一方面，根据信号传递理论，管理者为了降低与投资者之间的信息不对称，传递关于企业价值的私有信息，也可能同时采取盈余管理与现金股利管理这两种手段。在现金股利管理方面，信号传递理论认为，企业管理者与投资者存在信息不对称，管理者有关于企业的经营业绩和投资风险的私有信息，投资者却没有这些信息，只有根据管理者传递给市场的信息来了解其未来发展前景。管理者选择采用现金股利管理作为向市场传递内部信息的一个信号。这将有利于投资者更好地评估企业价值，提高金融市场的有效性（Pettit，1972；Ross，1977；Bhattacharya，1979）。同样，在盈余管理方面，从信号传递效应的视角，管理者管理盈余的行为，能够提高盈余的信息内涵，使盈余信息更好地体现企业的经济价值（Schipper，1989；DuCharme et al.，2004；Dechow et al.，1996；Subramanyam，1996）。也就是说，企业管理者出于传递私有信息的目的，可能同时采取盈余管理与现金股利管理。

这种协同关系是由于管理者对于企业长远发展的角度进行的决策。Lintner（1956）认为，管理者通常倾向于保持一个长期稳定的、与其收益水平相当的目标股利支付率。管理者不会轻易对股利分派进行调整，只有当确信公司未来收益可以达到某一水平，并且具有持续性，基本上可以确定以后不会削减股利时，才会提高股利。这就意味着，当收益非正常增加时，管理者不会立刻增加股利，而会平滑股利，传递企业长期价值的信息。也就是说，公司为了更好地传递企业长期价值的信息，会同时采用盈余管理与现金股利管理这两种信号加以配合。此时盈余管理与股利管理的协同关系是从企业长远发展的角度，给予投资者更好的信息，以缓解信息不对称，是有效的、积极的。

综合来看，机会主义操纵和信号传递视角都会同时触发盈余管理与现金股利管理，两者之间存在着一定的协同关系。因此，本章检验在中国市场盈余管理与股利管理协同关系的体现形式，并通过分析这两种协同关系的不同影响效果，揭示我国上市公司盈余管理与股利管理行为之间的内在联系。

二　研究意义

（一）实际意义

企业的盈余管理与现金股利管理存在协同关系。这种协同关系对于健康的金融市场而言，究竟是由于积极还是消极效应，政府是否应该介入管理，投资者应该对此做出怎样的市场反应，都需要对这种协同关系的触发效应进行研究。

以国内证券市场存在的问题为例，国内上市企业普遍存在少分红的现象，这其中暗含着企业利用盈余管理与现金股利管理进行向下调整。我国政府为此逐渐加强对现金分红的要求，希望市场加快向追求价值投资方向转变，保护中小投资者利益。但我国大多数上市公司仍然不分红或者少分红，强制分红政策的效果也很一般。对于强制分红的政策，有两种不同观点：一种观点认为，政府坚决实行强制分红，更快实现价值投资，保护中小投资者利益；另一种观点认为，分红与否应该取决于企业自身，不应用行政约束来破坏市场有效性。

这就要求辨别出企业采用盈余管理和现金股利管理实现少分红，更多的是出于企业发展的长远视角考虑，还是为了满足个别利益进行的操纵行为。企业同时采取盈余管理和现金股利管理可能源于控制权人操纵，控制权人侵害小股东利益，人为地压低盈利，少发股利，以达到资金不外流的目的。但同时也要看到，企业采取盈余管理和现金股利管理也可能出于信号传递理论，从企业长期稳定的利润出发，少发放股利，将利润留在企业，传递企业长期发展状况的信息。

前人文献（兰寒，2009；袁振兴、杨淑娥，2006；李洪琴，2012）显示，机会主义操纵效应和信号传递效应都会触发盈余管理与股利管理行为。本章通过检验在中国市场盈余管理与股利管理协同关系的体现形式，在一定程度上揭示了上市公司分红现象，有助于有关部门制定有效的监管政策，规范企业的盈余管理和现金股利管理行为。

同时，对盈余管理和现金股利管理关系的探究，有利于投资者作出合理的投资决策。对上市公司盈余管理和现金股利管理行为关系的研究，有利于增强投资者对企业管理手段的警觉意识，帮助投资者分辨上市公司管理者的盈余管理与现金股利管理行为，究竟是出于机会主义操纵动机误导投资者，还是出于信号传递动机传递企业私有信息的目的，为投资者提高决策质量，合理决策提供一定的理论指导。只有投资者的正确决策，才能更好地发现经济要素的价格，引导资源合理配置到有发展前景的企业，提高证券市场的效率。

（二）理论意义

盈余管理与现金股利管理作为管理者经营企业的重要手段，日益受到研究者关注。以往文献主要是单独对其一进行的研究，同时研究盈余管理与现金股利管理这两个方面及其关系的文献还相对较少。

虽然现有文献对现金股利管理有机会主义操纵效应和信号传递效应两方面的论述，盈余管理也有机会主义操纵效应和信号传递效应相关文献的介绍，但是，这两种管理行为之间是否存在协同效应，没有相应文献的支持。我们想研究既然同一个动机能同时引起这两方面行为，盈余管理和股利管理之间是否存在协同效应，以及这两种动机下盈余管理和现金股利管理的协同效应有何差异，从而更好地阐释两者之间的关系。

本章通过实证检验上市公司盈余管理和现金股利管理之间的协同关系，得出的数理证据证实了这种协同关系主要是出于机会主义操纵动机，信号传递效应动机不明显。这对于明确我国上市公司的盈余管理和现金股利管理之间的关系及触发动机，从而提高我国证券市场的运作效率有着一定的理论意义。

第二节　文献综述及理论分析

由于并没有直接研究盈余管理与现金股利管理关系的文献，本章将从现金股利管理角度进行文献综述。

一　现金股利管理的文献综述

本章研究的现金股利管理，类似于盈余管理的定义，是管理者通过对现金股利分配政策的选择对现金股利进行的合法的操纵行为。现有文献对现金股利管理的研究集中于动机、影响因素、政策选择等，由于本章基于企业进行现金股利管理的原因进行研究，属于动机方面的研究，因此仅从动机角度做文献综述。

现有的研究文献表明，现金股利管理可以有两种动机解释：一方面是基于机会主义操纵的动机，由于存在委托—代理冲突导致的管理者对于现金股利的操纵；另一方面是基于信号传递效应，为了降低管理者与外部投资者间的信息不对称程度，传递公司私有信息，管理当局进行的现金股利管理。

（一）机会主义操纵动机

基于机会主义操纵的动机，从利益侵占视角来研究现金股利政策。利益侵占理论认为，以实现控制权人利益的最大化，公司控制权人会操纵现金股利政策的制定，使其偏向于实现控制权人利益的方向。此时的现金股利就成为控制权人对其他利益相关者的利益进行侵占的工具，背离了传统股利理论所设想的最大化股东价值，实现利益均沾的目标。利益侵占视角下的现金股利管理是机会主义性质的。

从理论上看，利益侵占的本质是由信息不对称而产生的代理人对委托人的道德风险，是对公司委托—代理问题的延伸发展。从利益侵占视角对现金股利政策进行分析，公司的控制者作为代理人，为了增加其私人利益，会操控现金股利政策的制定，以此侵占作为委托人的利益相关者的利益。因此，实际上，现金股利利益侵占假说属于现金股利代理理论的一部分。

Jensen 和 Meckling（1976）首先将代理成本引入公司理财领域，他们将代理关系定义为一种契约关系。在这种关系下，一部分人（委托人）雇用另一部分人（代理人）来代表他们履行某些服务，其中包括将若干决策权交付给代理人。代理关系的本质是各方的经济利益关系，委托人和代理人各有不同的私人利益，以实现其私人利益最大化为目标。代理成本理论对企业财务管理理论的发展具有重要的参考意义，其中现金股利代理成本理论通过大量实证性检验表明，上市公司通过股利分配，可以降低公司的代理成本，缓解代理问题。Jensen（1986）认为，通过增加现金股利支付，可以减少管理者支配的自由现金流量，避免将自由现金流使用在低收益的项目上，因而，支付现金股利将有利于降低代理成本，缓解代理问题，提升公司价值。

本章从利益侵占视角研究现金股利管理，是基于不同于以往的代理理论的研究视角。现有的代理理论更多的是强调增加现金股利是代理问题的一种解决或缓释机制。但是，如果我们考察现金股利政策制定之时，为了谋取私人利益最大化，公司控制权人会操纵现金股利政策的制定，此时公司的现金股利政策恰恰成为委托—代理冲突的外在表现。从这个角度来看，此时的现金股利政策不是缓解代理问题的因，而是代理问题存在的果。所以，现金股利政策不能完全看作解决代理问题的机制，也可能成为一种机会主义性质的现金股利管理行为，成为控制权人侵占利益相关者利益的工具。

本章基于传统代理理论，从三种利益相关者之间委托—代理关系，包括股东与管理者之间、大股东与小股东之间、公司与债权人之间，对国内外文献分别进行了梳理。

1. 管理者对股东的利益侵占

根据 Berle 与 Means 提出的现代公司理论，现代公司的特征是股权高度分散，所有权与经营权高度分离，公司管理者拥有公司财产的控制权，也掌握着现金股利政策的决策权。现金股利的分配决定着管理者所控制的现金流，从而决定其个人利益。此时，管理者为了最大化其个人利益，会倾向于少发甚至不发放现金股利的政策，以最大限度地增加其所支配的现金流量。当控制了大量的现金流量时，管理者会将其用于满足私人利益的项目或投资于净现值为负的项目或者与他控制的其他关联公司之间进行交易。因此，管理者的自利行为会引发其对现金股利的操纵和管理，以此侵占公司股东的利益。Lang 和 Litzenberger（1989）通过实证检验表明，当公司宣告增加股利时，存在过度投资机会公司的股价的上涨幅度显著高于不存在过度投资机会公司的股价；并且当公司宣告削减股利时，过度投资者的股价的下跌幅度也最显著。这说明了市场已经对管理者的自利行为有所反应，一定程度上证实了管理者存在操纵现金股利的行为。

2. 大股东对小股东的利益侵占

近年来，不少研究表明，在世界上大部分国家和地区，公司呈现出股权集中的特征。Shleifer 和 Vishny（1986）通过调查 1980 年财富500 强公司，最先发现在美国市场上存在着股权集中的情况。La Porta 等（1999）发现，在大多数国家特别是新兴市场国家中，大股东与小股东之间的代理问题更为普遍。当股权集中到一定程度时，大股东的表决权实现了累积效应，掌握多数股权的大股东就拥有了控制权，从而转变成内部人。此时的大股东更倾向于利用控制权谋取私有利益，而不再与小股东分享公司收益，股权的同质性发生改变，"同股也不再同权"。此时，委托—代理冲突的重点已经不再是管理者对股东的利益侵占，而是大股东对小股东的利益侵占。而对于大股东操纵股利政策以攫取小股东利益的方式，学术界意见不一，但主要有两个方面的观点。

一方面，如果把发放现金股利看作按照持股比例、公平分享公司利润的政策，那么在条件允许的情况下，大股东会倾向于低现金股利政策，以此保留可支配的自由现金流，通过其他方式来达到增加其私人利益的目的，类似于前述管理者对股东利益侵占的方式。Shleifer 和 Vishny（1997）认为，当大股东几乎拥有了公司全部的控制权时，他们不会与小股东分享控制权，而倾向于追求以此带来的私人收益。Maury 和 Pajuste（2002）、Gugler 和 Yurtuglo（2003）分别通过分析芬兰和德国的公司，研究发现，现金股利支付率随着大股东控制度的增加而降低，这表明大股东偏好以其他方式转移公司利润以满足私人利益，而不是发放现金股利使小股东也能按比例分享公司剩余。田银华、龙翠红（2005）认为，我国上市公司存在股权高度集中的现象，拥有绝对控制权的大股东，对小股东利益的侵占也是代理冲突的重要方面。作为理性主体，控股股东必定会利用股利分配政策来约束或者限制小股东分享公司剩余。易颜新等（2008）认为，在我国股权相对或高度集中的情况下，存在管理者与股东、大股东与小股东之间的双重委托—代理关系，大股东会利用信息不对称来侵害小股东利益。

另一方面，也有观点认为，股利政策会成为控股股东"掏空"上市公司的一种工具，此时的控股股东更愿意发放现金股利，以"合法合规"的形式实现对小股东的利益侵占。在我国，由于非流通股和流通股并存的特殊的股权结构的存在，非流通股股东难以从股价涨跌中获得资本利得，这使他们更倾向于支付现金股利来进行利益侵占。现金股利是股东按持股权比例分配的公司利润，看似是"利益均沾"的公平分享，但实际上，非流通股东获得股权时的成本较低，当支付同样的现金股利时，非流通股东也会获得更高的投资回报率。因此，非流通股东有强烈动机支付高额股利。

Lee、Xiao（2003，2004）研究表明，国内上市公司派发现金股利主要是由于国有控股股东出于利益侵占动机所驱动，并不能缓释大小股东之间的代理冲突；相反，可能成为非流通股东进行利益侵占的合法"隧道"。D. Chen 和 M. Jian 等（2009）指出，在中国现金股利并不能单纯被视为信号或现金流分布，反而可能成为控股股东进行利益侵占的"隧道"。肖珉（2005）根据"利益侵占"和"自由现金流量"假说，通过实证检验发现：我国上市公司派发现金股利并不是出于减少公司冗余现金的目的，更多的是与大股东套取公司现金的动机相关。李映照、李亚培（2010）指出，大股东会将现金股利作为利益输送的手段，且通过实证研究显示，上市公司现金股利支付率与大股东持股比例呈正相关关系。陈信元、陈冬华等（2003）通过基于佛山照明的案例研究，发现现金股利能够起到转移公司资金的作用。他们指出，在中国特殊的股权结构下，支付现金股利不再是缓解代理问题的方式，而成为大股东转移公司资源的工具之一。周县华、吕长江（2005）研究发现，对于国有控股公司，用利益侵占假说解释其派发现金股利的动机更为恰当。不过，随着全流通时代的发展，大小股东在股东利益基础上不再存在差异，从理论上分析，驱使大股东进行现金股利侵占的动机不再那么强烈，但是，出于其他原因，这种利益侵占行为可能还会存在。

3. 公司对债权人的利益侵占

虽然相比小股东，重要债权人例如银行在某些方面享有信息优势，但债权人与小股东同样属于外部利益相关者，信息不对称的存在使债权人有遭受"内部人"利益侵占的可能。当共同面对债权人时，管理者和股东自然而然形成了"内部人"联盟，与债权人利益集团进行谈判，并通过现金股利管理等手段获得控制权私人收益，影响公司的偿债能力，实现对债权人的利益侵占（袁振兴、杨淑娥，2006）。

Jensen 和 Meckling（1976）以及 Myers（1977）发现，如果假设管理者全身心地为实现股东利益服务，那么股东就可以使管理者以设计公司的经营业务及融资结构的方式，对债权人的利益进行剥夺，以增加其私人利益。DeAngelo（1990）指出，当处于财务危机或破产边缘时，公司不愿意削减股利支付水平，而不削减现金股利就意味着有一种明显的利益从债权人流向了股东。袁振兴和杨淑娥（2006）指出，股东可以借助现金股利政策，实现对债权人利益的侵占。例如，通过债务性融资发放现金股利，直接影响公司股权价值与债券价值的比重。发放现金股利有利于股权价值上升，但也会削弱公司未来的偿债能力，从而降低公司债券价值。

（二）信号传递动机

基于信号传递理论解释现金股利管理，认为公司管理者会通过对现金股利的管理，向投资者传递公司发展的私有信息。刘衡等（2013）指出，当企业向市场传递有关企业价值的私有信息时，企业通常会选择现金股利作为信号，并且认为其具有较高的可靠性。

Pettit（1972）是最早提出股利信息的变化可以作为企业向市场传递信息的工具。Pettit认为，在公共信息披露规范与未来责任的约束下，管理者会使用"隐性"的股利政策将其对公司的未来收益预期传递给市场。Ross（1977）系统地将信息不对称理论引入股利政策的分析中。Ross提出，企业管理者与外部投资者存在信息不对称，管理者有关于企业的未来收益和投资风险的内部信息，外部投资者却没有这些内部信息。管理者选择将股利政策作为向市场传递内部信息的一个信号。外部投资者只能通过管理者传递的信息来评估企业经济价值。Bhattacharya（1979）通过研究发现，现金股利会把关于企业未来发展的内部信息传递给投资者，降低信息不对称，高现金股利水平反映了企业良好的发展前景，吸引更多投资者的关注。Miller（1980）提出的股利分配信息含量假说认为，当公司宣布分配股利时，可以把公司未来发展的信息传递给投资者，如果投资者之前未能预期到这些信息，股价就会对股利的变化有所反映。这种反映就是股利的信息含量效应。非预期的股利增加预示着企业未来预期收益的好消息，它表示公司预期会运转得更好，是管理者传递给市场的一个信号。

由上述文献综述可以看出，代理理论与信号传递理论都会引发盈余管理和现金股利管理，两者有一定的联系，但是，目前对于两者之间的协同效应研究，还没有直接相关的文献。

二　理论分析

（一）机会主义操纵视角

对于基于机会主义操纵视角的盈余管理与现金股利管理的协同效应，本章主要从利益侵占角度来分析。也就是说，控制权人会通过操纵现金股利政策和盈余管理，利用这两种方式的相互配合来增加控制权人支配的现金流，并最终最大化私人收益。

控制权人要实现利益侵占，盈余管理在其中发挥了非常重要的作用。一方面，控制权人通过进行相应的盈余管理，调整会计报告盈余对利益分配进行影响，起到对利益侵占行为的支撑作用，最终达到自身目的。另一方面，管理者可能通过改变会计信息来掩盖自己的利益侵占行为，达到粉饰的效果。因此，对于占有内部信息的控制权人，出于追求私人利益最大化的目的，会有强烈地进行盈余管理的动机。现有的研究也证实了利益侵占动机与盈余管理的密切关系。La Porta（1998）研究发现，股权集中度与盈余质量呈负相关关系，他指出，股权集中度越高，小股东受到的保护就越小，更容易受到侵害，从而上市公司采取盈余管理的程度越高。余明桂和夏新平（2004）的研究表明，存在控股股东的公司的盈余管理水平显著高于不存在控股股东的公司的盈余管理水平，控股股东确实存在机会主义性质的盈余管理行为。Liu 和 Lu（2002）通过研究发现，由于中国特殊的股权结构，大股东对公司资源的转移行为与盈余管理水平呈现相关性。同时，他们还检验了公司治理水平与盈余管理的相关性，间接地证实了大股东通过操纵盈余侵占小股东利益的现象确实存在。

现有文献表明，我国市场上比较显著的利益侵占手段有现金股利、资金占用、关联交易以及配股（陈信元，2003；刘峰，2004；马曙光，2005）。其中，对于资金占用、配股行为、关联交易与盈余管理的关系进行研究的文献较多，而从现金股利与盈余管理的关系角度研究的较少。周中胜和陈俊（2006）通过对 2000—2002 年沪深两市所有 A 股公司的实证检验表明，大股东资金占用与盈余管理呈正相关关系。大股东对上市公司的资金占用现象越严重，上市公司的盈余管理水平越高。李增泉等（2005）的研究显示，具有配股动机的上市公司能得到大股东支持，通过并购的方式来提升会计盈余以规避监管。李志文和宋衍蘅（2003）认为，当缺乏相应约束机制时，拥有公司绝对控制权的大股东有强烈的倾向通过盈余管理来满足配股要求。张祥建和徐晋（2006）通过研究进行配股的上市公司，发现第一大股东利用盈余管理实现了对小股东利益的侵占，误导了投资者的决策。

但是，现金股利作为利益侵占的重要手段，对其与盈余管理的关系研究却较少。许多国家都将发放现金股利的情况视为衡量中小投资者保护程度的重要指标，日益受到国家的重视，我国也不断加强对现金股利政策的要求。自 2001 年《关于上市公司新股发行分配条例》颁布后，中国证监会对现金股利分配的要求不断提高。2006 年 4 月颁布了《上市公司证券发行管理办法》，明确规定，最近三年以现金方式累计分配的利润不少于最近三年实现的年均可分配利润的 20%。2008 年 8 月发布的《关于修改上市公司现金股利分配若干规定的决议》又将该比例修改提高为 30%①。中国证监会于 2013 年 11 月新颁布的条例中，提出了对于不同种类的公司实行不同分红比例的方案以及相应的监管措施。从中可以看出，作为回报投资者的重要方式，政府对现金股利极为重视。因此，从利益侵占角度研究现金股利和盈余管理关系具有重要意义。

综上所述，从以往文献对于利益侵占其他方式的研究，我们认为，作为利益侵占的方式之一，控制权人也很可能通过现金股利管理达到其侵占小股东利益的行为，而盈余管理被作为现金股利操纵的配合手段，起到支撑或是掩饰的作用。即从机会主义操纵视角来看，控制权人也会通过现金股利管理来攫取公司资源，同时可能对当期盈余进行调整，从而使现金股利政策与盈余管理呈正相关关系。

---

① 将《上市公司证券发行管理办法》第八条第（五）项"最近三年以现金或股票方式累计分配的利润不少于最近三年实现的年均可分配利润的 20%"修改为："最近三年以现金方式累计分配的利润不少于最近三年实现的年均可分配利润的 30%。"

（二）信号传递视角

信号传递效应的产生是由于公司管理者与投资者之间存在着信息不对称。现金股利信号传递理论认为，作为了解公司未来的投资机会和盈利状况的一方，公司内部的管理者具有信息优势，而外部投资者没有这些内部信息。因此，许多研究认为，管理者可以选择用股利政策作为把内部信息传递给市场的一个信号，以此来增加或改变投资者对公司的认知。Bhattacharya（1979）创建了第一个股利信号模型，他认为，管理者拥有公司未来投资机会的内部信息，他们会利用"昂贵"但可置信的工具——现金股利，作为向投资者传递未来预期盈利的信号。

学术界对于我国证券市场是否存在现金股利信号效应进行了检验。总体来看，虽然我国上市公司的治理结构还不够完善，资本市场不够成熟，但是，上市公司的现金股利政策还是具有一定的信号传递作用，反映了公司良好的未来收益预期，包含明显的信息含量。现金股利能够作为传递上市公司内部信息的信号，有助于投资者了解企业的真实价值。魏刚（2000）在用中国证券市场的经验证据检验股利信号传递模型时，发现上市公司的股利政策受到其持久盈利变化的驱动，总体来看，管理者在制定现金股利政策时考量了持久盈利的影响，股利政策可以作为向市场传递公司持久盈利信息的一个信号。

因此，基于信号传递理论，管理者会对现金股利进行管理，以向外部投资者传递企业长远发展的信息。一般而言，管理者倾向于保持稳定的股利政策，此时管理者会进行平滑股利的现金股利管理。Lintner（1956）曾指出，管理者通常倾向于保持一个长期稳定的、与其收益水平相当的目标股利支付率。管理者不会轻易地对股利分派进行调整，只有当确信公司未来收益可以达到某一水平，并且具有持续性，基本上可以确定以后不会削减股利时，才会增加股利。也就是说，公司出于长远考虑，如果管理者不能确保收益的增长具有稳定性和持续性，那么他们不会轻易提高股利支付率，公司的现金股利政策会趋于稳定。这与公司经营环境的不稳定性有关，当保持较高的股利支付率时，一旦公司经营情况发生变化，很有可能出现财务危机。这就意味着，当公司得到好的投资机会，预期未来收益良好，管理者可能不会立刻通过提高股利支付率的方式将这个利好消息传递给投资者，而会继续维持先前的股利支付率，这是出于企业长远发展的角度，避免大量的现金流流出。此时，管理者选择用稳定的现金股利政策来向投资者传递关于公司发展前景的利好信息，吸引投资者关注。但是，受到非完全有效的证券市场的限制，投资者可能并没有完全意识到这种稳定的信号，因此，管理者会考虑运用其他信号来强化信息传递能力，作为现金股利信号的一种补充。我们认为，上市公司管理者可以选择的一种信号就是盈余管理。也就是说，上市公司在平滑股利时，会同时配合进行盈余管理。

已有研究文献显示，盈余管理也可以用来传递私有信息（Schipper，1989；DuCharme et al.，2004；Dechow et al.，1996）。同时，由于我国证券市场存在利润功能锁定现象，投资者以会计盈余作为股票定价的依据，在决策中往往过分关注会计盈余（赵宇龙，1998）。由于盈余信息是投资者了解企业重要的信息渠道，因此，管理者有倾向来调整利润，进行盈余管理。另外，现行的会计准则允许管理者运用自己的职业判断，根据公司需要，选择恰当的会计政策，这一定程度上为管理者的盈余管理行为提供了客观条件。

已有研究文献指出，现金股利信号的市场反应并不强烈，这可能说明单独利用现金股利传递信息的信号效应不是很可靠。我们因而可以推论，尽管现金股利和盈余管理都可以分别作为传递私有信息的信号，但传递信息都不够充分，可靠性弱。因此，本章认为，企业有可能把现金股利和盈余管理信号结合起来作为传递企业价值相关性信息的强信号。也就是说，当两者同时出现时，很有可能是为了加强信号传递效应。因此，本章认为，基于信号传递视角，盈余管理与现金股利管理之间存在协同效应。

三　研究假设

经过上文的理论分析，可以看出，基于机会主义操纵效应的动机，可以引发企业的盈余管理行为，也可以引发企业的现金股利异常行为。而基于信号传递效应的动机，可以引发企业的盈余管理行为，也可以引发企业的现金股利平滑行为。本章把企业的现金股利异常和现金股利平滑统称为现金股利管理行为。这样，机会主义操纵效应和信号传递效应这两个视角都可以解释盈余管理与现金股利管理的协同效应。由于现金股利管理与盈余管理具有不同的成本，并且随着盈余管理与现金股利管理程度的变化，其成本也会发生变化，从而使两者关系呈现动态变化，因此，本章采用 PSTR 非线性模型进行检验。

本章的研究思路如图 5 - 1 所示，对于现金股利管理，基于机会主义操纵视角，我们使用现金股利异常来代表现金股利管理水平，基于信号传递视角，我们使用现金股利平滑来代表现金股利管理水平。如果图中（1）盈余管理与现金股利异常的非线性关系显著的话，说明机会主义操纵效应可以解释盈余管理与现金股利管理的协同效应，企业基于机会主义操纵动机会同时采取盈余管理与现金股利管理行为，图中（1）的动机是存在的。同理，如果图中（2）盈余管理与现金股利平滑的非线性关系显著的话，说明信号传递效应可以解释盈余管理与现金股利管理的协同效应，企业基于信号传递动机会同时采取盈余管理与现金股利管理行为，图中（2）的动机是存在的。

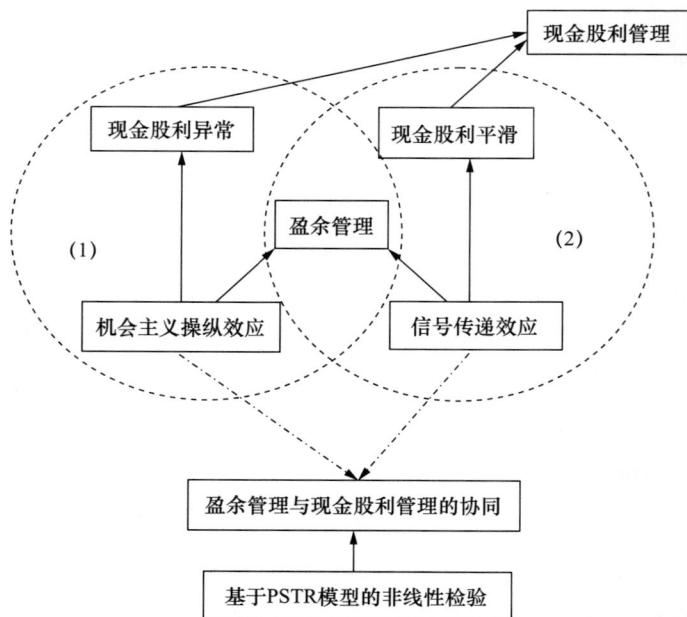

图 5 - 1　研究思路

另外，对于盈余管理，我们分别使用应计盈余管理和真实盈余管理来衡量盈余管理。这是因为，在某一种动机之下，出于成本的考虑，企业会倾向于不同的盈余管理方式，这使协同效应的具体表现形式有所差异。因此，在每种动机之下，又分成两种盈余管理方式分别进行回归分析。

基于此，本章提出如下假设并将假设汇总如表 5 - 1 所示。

H5 - 1：基于机会主义操纵视角，应计盈余管理与现金股利异常有正向的非线性关系。

H5 - 2：基于机会主义操纵视角，真实盈余管理与现金股利异常有正向的非线性关系。

H5 - 3：基于信号传递视角，应计盈余管理与现金股利平滑有正向的非线性关系。

H5 - 4：基于信号传递视角，真实盈余管理与现金股利平滑有正向的非线性关系。

表 5 - 1　　　　　　　　　　研究假设

假设	视角	盈余管理	现金股利管理
H5 - 1	机会主义操纵视角	应计盈余管理	现金股利异常
H5 - 2	机会主义操纵视角	真实盈余管理	现金股利异常
H5 - 3	信号传递视角	应计盈余管理	现金股利平滑
H5 - 4	信号传递视角	真实盈余管理	现金股利平滑

第三节　研究设计

一　变量选择

（一）现金股利管理的衡量指标

对于现金股利管理变量，基于信号传递视角，我们选择用现金股利平滑来衡量现金股利管理水平。股利平滑的含义是无论公司处于困境还是繁荣的状态，都会尽力使公司股利变化的程度趋于平和。也就是说，股利的变化率跟不上每股收益的变化率，股利的变化小于利润的变化。对于股利平滑的含义，Lintner（1956）、Fama 和 Babiak（1968）、Brav 等（2005）认为，管理者试图提供给股东稳定的可以预见的股息流。因此，企业倾向于根据目标的股利支付率，对股息进行定期的局部调整，而不是剧烈的变化。

关于公司之所以进行股利平滑的动机，可以从信号传递理论加以解释。信号传递理论认为，投资者和公司之间的信息不对称程度影响了股利平滑。Kumar（1988），Kumar 和 Lee（2001），Guttman、Kadan 和 Kandel（2010）构建了股利作为企业传递私人信息的信号的模型，最终发现，信息不对称产生了股利平滑现象。Brennan 和 Thakor（1990）、Guttman 等（2010）、Kumar（1988）研究认为，对于面临着更大的信息不对称，更少的投资者认知的企业，股利平滑使投资者能够评估公司长期的盈利能力和价值。也就是说，公司向投资者传递企业发展信息的意愿越大，企业进行股利平滑的程度越大。因此，本章用现金股利平滑来衡量信号传递效应视角下的股利管理水平。

本章借鉴 Brav 等（2005）、Dewenter 和 Warther（1998）、Fama 和 Babiak（1968）以及 David Javakhadze 等（2014），应用模型（5 - 1）来计算现金股利平滑：

$$\Delta D_{i,t} = \alpha + \beta_1 D_{i,t-1} + \beta_2 E_{i,t} + e_{i,t} \qquad (5-1)$$

式中，$D_{i,t}$ 是公司 i 在 t 年的目标股利，$E_{i,t}$ 是公司 i 在 t 年的每股盈余，研究者用回归中 $-\hat{\beta}_1$ 代表 SOA，SOA 表示股利调整速度，它可以表示股利平滑是因为它表示企业相对于每股盈余的变化而产生的股利的变化。股利调整速度是与股利平滑负相关的。本章直接用 $\hat{\beta}_1$ 来表示现金股利平滑，$\hat{\beta}_1$ 在式（5 - 1）中表示相对于前一期股利的股利变化程度，$\hat{\beta}_1$ 越接近 1，代表股利变化与前一期股利的相关性越大，股利平滑也就越大。即 $\hat{\beta}_1$ 的值越大，公司进行现金股利平滑就越多。本章用 S_{-d}（smoothing dividend）表示现金股利平滑。

对于基于机会主义操纵视角下的现金股利管理，本章基于式（5 - 1），用 $e_{i,t}$ 的绝对值表示股利偏离收益和上期股利决定的股利趋势的程度，即现金股利异常。它可以体现管理者操纵的现金股利变化，本章用其来代表机会主义操纵视角下的股利管理水平。本章用 A_{-d}（abnormal dividend）表示现金股利异常。通过式（5-1），我们将股利变化分解为收益决定的股利变化——现金股利平滑和操纵决定的股利变化——现金股利异常。一般情况下，公司在制定现金股利政策时会将收益的持续性及其现金流支持作为重要的考虑因素，以确保现金股利的持续性及支付能力。这时股利决策主要关注公司的长远及可持续发展，而不是控制权人自身的利益。因此，现金股利平滑衡量的是公司现金股利政策中基于公司长远发展角度的部分，而现金股利异常则衡量的是基于控制权人自身利益操纵的现金股利政策。

（二）控制变量

首先，Efendi 等（2007）、Cohen 等（2008）的研究表明，一些关于 CEO 的变量可能会驱使公司进行盈余管理，例如 CEO 的基本薪酬水平、CEO 的奖金与总报酬的比例以及 CEO 是否为公司董事长等。对于中国市场，公司行为相对于 CEO 特征来说更多地受到股权结构的影响。因此，我们选择第一大股东持股比例（FSS）作为公司股权结构的控制变量。

其次，基于 McNichols（2000）的研究表明，公司业绩会影响盈余管理，因此，我们采用资产收益率（ROA）和营业收入增长率（Growth）作为增长控制变量。已有研究表明，采取激进会计政策的公司更倾向于盈余管理（Barton and Simko，2002；Baber et al.，2011），因此，我们使用资产负债率（DTA）来代表运营稳定性控制变量。

最后，Becker 等（1998）和 Roychowdhury（2006）的研究表明，盈余管理与公司规模相关，因此，我们使用产业调整后的总资产对数（TA）作为行业中相对公司规模的控制变量。具体的变量定义及表述见表5-2。

表 5-2   变量定义及描述

变量类型		变量名称	变量内容
被解释变量		AM	应计盈余管理
		RM	真实盈余管理
解释变量		A_{-d}	现金股利异常
		S_{-d}	现金股利平滑
控制变量	股权结构	FSS	第一大股东持股比例
	业绩增长	ROA	资产收益率
		Growth	营业收入增长率
	运营情况	DTA	资产负债率
	公司规模	TA	总资产

二 样本选择与数据来源

本章选取 2004—2014 年沪深两市 A 股上市公司为样本。在此基础上，根据本章的研究目的，遵循如下原则进行数据筛选：（1）剔除含 B 股和 H 股的上市公司，以及金融行业的上市公司。（2）剔除现金股利数据缺失的样本。本章计算公司现金股利管理水平时，需要上市公司分配现金股利的数据，但部分公司存在数据缺失，因此剔除这些样本。（3）剔除相关财务数据缺失的上市公司。因为本章的研究中需要用到利润总额、应收账款净值、固定资产原值、存货、销售成本、费用支出等财务数据。部分公司财务数据缺失，导致无法计算出盈余管理的数值，予以剔除。另外，在计算应计盈余管理和真实盈余管理时，分行业进行回归，剔除少于 15 个观测值的样本。（4）剔除回归模型中相关变量观测值缺失的样本。最终获得总计 4569 个数据。数据来源于国泰安 CSMAR 数据库。实证检验基于 Stata12 完成。

三 PSTR 模型设立

（一）PSTR 模型简介

冈萨雷斯等（2005）在面板数据的门限回归模型（PTR）和时间序列中平滑转换自回归模型（STAR）的基础上，提出了面板平滑转换回归（Panel Smooth Transition Regression，PSTR）模型，PSTR 模型是一个具有外生解释变量的固定效应模型，是对 PTR 和 STAR 模型的发展与延伸（劳敬礼，2014）。

（二）协同效应 PSTR 模型

我们建立以下基本模型来检验 H5 - 1—H5 - 4：

$$
\begin{aligned}
EM_{it} = & a_1 dividend_{it} + a_2 FSS_{it} + a_3 DTA_{it-1} + a_4 ROA_{it} + a_5 TA_{it-1} + \\
& a_6 Growth_{it} + (b_1 Dividend_{it} + b_2 FSS_{it} + b_3 DTA_{it-1} + b_4 ROA_{it} + \\
& b_5 TA_{it-1} + b_6 Growth_{it}) \times G(Dividend_{it}; \lambda, c) + \varepsilon_{it} \quad (5-2)
\end{aligned}
$$

式中，EM_{it} 为 i 公司在 t 年的盈余管理水平，$Dividend_{it}$ 为 i 公司在 t 年的现金股利管理水平。其他的控制变量分别为：FSS_{it} 是公司当年第一大股东持股比例；DTA_{it-1} 是公司滞后一年的资产负债率；ROA_{it} 是公司当年资产收益率；TA_{it-1} 是公司滞后一年的总资产对数；$Growth_{it}$ 是公司当年营业收入增长率。

我们将分别用应计盈余管理（AM_{it}）和真实盈余管理（RM_{it}）指代 EM_{it}；现金股利异常（A_{-d}）和现金股利平滑（S_{-d}）指代 $Dividend_{it}$。具体的检验模型如模型（5 - 3）至模型（5 - 6）所示，模型分别设定以 A_{-d}、A_{-d}、S_{-d}、S_{-d} 为转换变量。

$$
\begin{aligned}
AM_{it} = & a_1 A_{-dit} + a_2 FSS_{it} + a_3 ROA_{it} + a_4 Growth_{it} + a_5 DTA_{it-1} + \\
& a_6 TA_{it-1} + (b_1 A_{-dit} + b_2 FSS_{it} + b_3 ROA_{it} + b_4 Growth_{it} + \\
& b_5 DTA_{it-1} + b_6 TA_{it-1}) \times G(A_{-dit}; \lambda, c) + \varepsilon_{it} \quad (5-3)
\end{aligned}
$$

$$
\begin{aligned}
RM_{it} = & a_1 A_{-dit} + a_2 FSS_{it} + a_3 ROA_{it} + a_4 Growth_{it} + a_5 DTA_{it-1} + \\
& a_6 TA_{it-1} + (b_1 A_{-dit} + b_2 FSS_{it} + b_3 ROA_{it} + b_4 Growth_{it} + \\
& b_5 DTA_{it-1} + b_6 TA_{it-1}) \times G(A_{-dit}; \lambda, c) + \varepsilon_{it} \quad (5-4)
\end{aligned}
$$

$$
\begin{aligned}
AM_{it} = & a_1 S_{-dit} + a_2 FSS_{it} + a_3 ROA_{it} + a_4 Growth_{it} + a_5 DTA_{it-1} + \\
& a_6 TA_{it-1} + (b_1 S_{-dit} + b_2 FSS_{it} + b_3 ROA_{it} + b_4 Growth_{it} + \\
& b_5 DTA_{it-1} + b_6 TA_{it-1}) \times G(S_{-dit}; \lambda, c) + \varepsilon_{it} \quad (5-5)
\end{aligned}
$$

$$
\begin{aligned}
RM_{it} = & a_1 S_{-dit} + a_2 FSS_{it} + a_3 ROA_{it} + a_4 Growth_{it} + a_5 DTA_{it-1} + \\
& a_6 TA_{it-1} + (b_1 S_{-dit} + b_2 FSS_{it} + b_3 ROA_{it} + b_4 Growth_{it} + \\
& b_5 DTA_{it-1} + b_6 TA_{it-1}) \times G(S_{-dit}; \lambda, c) + \varepsilon_{it} \quad (5-6)
\end{aligned}
$$

根据 Granger 和 Terasvirta（1993）、Terasvirta（1994），我们设转

换函数为逻辑型：

$$G(Dividend_{it}; \lambda, c) = \left\{ 1 + \exp\left[-\lambda \prod_{j=1}^{m} (Dividend_{it} - c_j) \right] \right\}^{-1}$$

式中，$Dividend_{it}$ 作为转换变量，$c = (c_1, \cdots, c_m)'$ 是一个临界参数的 m 维矩阵，斜率参数 $\lambda > 0$ 是决定机制转换的平滑度。

转换函数 G（$Dividend_{it}$；λ，c）在 0 和 1 之间取值。当 λ 和 c_j 确定时，$Dividend_{it}$ 的值就决定了 G（$Dividend_{it}$；λ，c）的值。$Dividend_{it}$ 系数 $a_1 + b_1 \times$ G（$Dividend_{it}$；λ，c）的显著性决定了 $Dividend_{it}$ 与 EM_{it} 之间的关系。如果 b_1 显著，那么 $Dividend_{it}$ 非线性驱动着 EM_{it}；如果 b_1 不显著，a_1 显著，那么 $Dividend_{it}$ 线性驱动着 EM_{it}；如果 a_1 和 b_1 都不显著，则 $Dividend_{it}$ 对 EM_{it} 并不存在明显的驱动。

第四节　实证结果

一　描述性统计

本章选取 433 家沪深两市 A 股上市公司 2004—2014 年的相关数据，共计 4569 个样本，为非平衡面板数据。在分析基于机会主义操纵视角的协同效应时，使用现金股利异常代表现金股利管理水平，此时 A_{-d} 有 4569 个数据，所以，样本个数为 4569 个。而在分析基于信号传递视角的协同效应时，由于每个企业只有一个现金股利平滑系数，S_{-d} 有 433 个数据，所以，本章将其他变量平均之后进行回归分析，样本数据为 433 个。各变量的描述性统计如表 5 - 3 所示。

表 5 - 3　　　　　　　　　　描述性统计

变量	均值	标准差	最小值	中位数	最大值
Panel A（n = 4569）					
AM	- 0.0613	1.4494	- 6.3826	- 0.0576	6.6037
RM	- 0.1886	3.6813	- 20.0908	- 0.0474	14.5690
A_{-d}	0.0475	0.0573	0.0004	0.0283	0.3208

续表

变量	均值	标准差	最小值	中位数	最大值
Panel A （n＝4569）					
FSS	0.3937	0.1560	0.0909	0.3863	0.7525
ROA	0.0516	0.0459	－0.2976	0.0428	0.2070
Growth	0.2039	0.4125	－0.7047	0.1428	3.5668
DTA	0.0072	0.0708	－0.2994	0.0079	0.3225
TA	0.1491	0.1936	－0.4849	0.1172	1.1569
Panel B （n＝433）					
AM	0.0058	1.4488	－6.3826	－0.0631	6.6037
RM	－0.2941	3.5984	－20.0908	－0.0520	14.5690
S_{-d}	－0.8652	0.3599	－2.1288	－0.8724	0.5790
FSS	0.4481	0.1610	0.0909	0.4493	0.7525
ROA	0.0520	0.0366	－0.1001	0.0446	0.2070
Growth	0.3222	0.4874	－0.7047	0.2358	3.5668
DTA	0.0277	0.0743	－0.2380	0.0253	0.2828
TA	0.1594	0.1755	－0.4018	0.1329	1.1569

二　模型参数估计

我们采用两个步骤来估计模型，有关内容参见本书第四章第四节第二小节有关内容。

表 5－4 显示了模型（5－3）至模型（5－6）H_0^1—H_0^4 的测试结果。根据结果，我们确定模型（5－3）、模型（5－4）、模型（5－5）的形式为 m＝2，模型（5－6）的形式为 m＝1。

表 5－4　　　　　　　　　H_0^1—H_0^4 的测试结果

LM 值	H_0^1	H_0^2	H_0^3	H_0^4
H5－1	24.4273***	3.9099***	16.0482***	4.5024***
H5－2	18.6461***	2.7280***	12.4258***	3.5112***
H5－3	13.0463***	3.7082***	5.2248***	4.2450***
H5－4	33.8751***	15.3111***	11.4262***	8.0301***

接下来，我们估计非线性面板平滑转换模型（5-3）至模型（5-6），我们采用模拟退火算法来估计转换速度参数 λ 及转换位置参数 c。模拟退火算法可以通过模拟热物理学有关金属缓慢退火使能量达到最低的原理来解决大规模的优化问题，相比于传统算法，模拟退火算法可以更有效地避免出现局部极点问题，而且能实现更细密的搜寻。具体来说，首先，我们确定待估计参数 λ 和 c 的初始值（λ 的初始值都取 10，c 的初始值分别取转换变量 A_{-d} 和 S_{-d} 的最小值 0.0003975 和 -2.128753），将其对应代入模型（5-3）至模型（5-6）。其次，对所有变量进行组内去均值变换，来消除个体效应的影响。最后，对完成组内变换的模型进行普通最小二乘（OLS）估计，获得其残差平方和（RRS）。重复上述操作，最终求出残差平方和最小时所对应的参数 λ 和 c，这就是所需要的参数估计值。上述过程通过 Stata12.0 软件编程来实现，最终得到的转换函数如表 5-5 所示。

表 5-5　　　　　　　　　　　　　转移函数

H5-1	$G = \{1 + \exp[-4.2384 \times (x - 0.2669) \times (x - 0.2677)/0.0573/0.0573]\}^{-1}$
H5-2	$G = \{1 + \exp[-7.7914 \times (x - 0.0926) \times (x - 0.2019)/0.0573/0.0573]\}^{-1}$
H5-3	$G = \{1 + \exp[-13.5352 \times (x + 1.0799) \times (x + 0.0737)/0.3598/0.3598]\}^{-1}$
H5-4	$G = \{1 + \exp[-4.3624 \times (x + 1.7128)/0.3598]\}^{-1}$

我们采用 OLS 回归估计 PSTR 模型的参数。模型（5-3）至模型（5-6）的线性回归（不包含转换函数及其乘项）和非线性回归（包含转换函数及其乘项）结果如表 5-6 和表 5-7。表 5-6 报告了模型（5-3）和模型（5-4）的线性模型及非线性模型的估计参数，表 5-7 报告了模型（5-5）和模型（5-6）的线性模型及非线性模型的估计参数。

表 5 - 6 模型参数估计

变量	Panel A：模型（5 - 3）		Panel B：模型（5 - 6）	
	线性模型	非线性模型	线性模型	非线性模型
A_{-d}	- 0. 0230	15. 3436 **	- 0. 7495	13. 2180 ***
	（ - 0. 05）	（2. 46）	（ - 0. 60）	（3. 21）
FSS	0. 3509	- 6. 5010 *	- 1. 5163 *	- 3. 5793 ***
	（0. 97）	（ - 1. 75）	（ - 1. 68）	（ - 2. 57）
ROA	0. 9187	- 28. 0586 **	- 5. 9848 ***	- 17. 9659 ***
	（1. 25）	（ - 2. 40）	（ - 3. 26）	（ - 4. 18）
Growth	0. 0261	1. 7870	- 0. 0639	- 0. 5974
	（0. 43）	（1. 17）	（ - 0. 42）	（ - 1. 20）
DTA_{-1}	0. 0280	4. 3779	- 0. 8086	- 1. 4497
	（0. 08）	（0. 58）	（ - 0. 90）	（ - 0. 54）
TA_{-1}	- 0. 0621	1. 0184	0. 3194	1. 0878
	（ - 0. 43）	（0. 27）	（0. 88）	（1. 08）
$G \times A_{-d}$		- 15. 1331 **		- 14. 7402 ***
		（ - 2. 40）		（ - 3. 47）
$G \times FSS$		6. 8714 *		2. 3883 **
		（1. 85）		（2. 02）
$G \times ROA$		29. 1744 **		13. 6508 ***
		（2. 48）		（3. 06）
$G \times Growth$		- 1. 7682		0. 5808
		（ - 1. 15）		（1. 10）
$G \times DTA_{-1}$		- 4. 3708		0. 5690
		（ - 0. 57）		（0. 20）
$G \times TA_{-1}$		- 1. 0821		- 0. 8445
		（ - 0. 28）		（ - 0. 77）
调整的 R^2	0. 0010	0. 0042	0. 0056	0. 0081

表 5 - 7 模型参数估计

变量	Panel C：模型（5 - 3）		Panel D：模型（5 - 6）	
	线性模型	非线性模型	线性模型	非线性模型
S_{-d}	0. 0335	0. 0489	- 0. 0588	13. 0751 ***
	（0. 52）	（0. 43）	（ - 0. 33）	（3. 90）
FSS	0. 0650	0. 2717	0. 0425	- 6. 5122
	（0. 39）	（1. 46）	（0. 09）	（ - 0. 48）

续表

变量	Panel C：模型（5-3）		Panel D：模型（5-6）	
	线性模型	非线性模型	线性模型	非线性模型
ROA	1.3754*	0.5374	-9.4493***	-68.9113*
	(1.76)	(0.60)	(-4.46)	(-1.83)
Growth	-0.2374	-0.2095	0.4142	53.0629***
	(-0.92)	(-0.69)	(0.59)	(4.49)
DTA_{-1}	-1.0509	-2.3751	-12.5489***	-687.9426***
	(-0.72)	(-1.40)	(-3.19)	(-5.19)
TA_{-1}	0.3423	0.3667	2.2832*	83.7343***
	(0.72)	(0.70)	(1.78)	(3.34)
$G \times S_{-d}$		-0.0850		-13.1416***
		(-0.64)		(-3.91)
$G \times FSS$		-1.0093***		6.6341
		(-2.96)		(0.48)
$G \times ROA$		4.0096**		60.4312
		(2.08)		(1.60)
$G \times Growth$		-0.2487		-52.9207***
		(-0.39)		(-4.45)
$G \times DTA_{-1}$		6.2237*		679.2199***
		(1.78)		(4.98)
$G \times TA_{-1}$		0.4389		-81.9007***
		(0.36)		(5.11)
调整的 R^2	0.0009	0.0135	0.0115	0.0958

注：括号内为 t 检验值。

三　模型的敏感性分析

定义解释变量的影响系数：

$$y = a_1 + b_1 \times G(Dividend_{it}; \lambda, c)。$$

式中，a_1 为线性部分，如果 a_1 不显著，将其视为 0，$b_1 \times G(Dividend_{it}; \lambda, c)$ 为非线性部分；如果 b_1 不显著，将其视为 0。

（一）基于机会主义操纵视角的协同效应分析

模型（5-3）和模型（5-4）分别检验了基于机会主义操纵视

角，现金股利异常对应计盈余管理（AM_{it}）和真实盈余管理（RM_{it}）的影响效果。模型（5-3）显示 A_{-d} 对 AM_{it} 的回归结果显著，且体现为非线性。模型（5-4）中 A_{-d} 对 RM_{it} 的回归结果显著，且体现为非线性。

1. 应计盈余管理与现金股利异常的协同效应分析

图 5-2 显示，在模型（5-3）中，当转移变量 A_{-d} 约小于 0.2，A_{-d} 对 AM_{it} 的影响系数 $15.3436 - 15.1331 \times G$ 接近 0；当转移变量 A_{-d} 约大于 0.2 小于 0.28 时，A_{-d} 对 AM_{it} 的影响系数逐渐增加，并达到峰值（约为 8），之后当转移变量 A_{-d} 约大于 0.28，A_{-d} 对 AM_{it} 的影响系数逐渐减少。

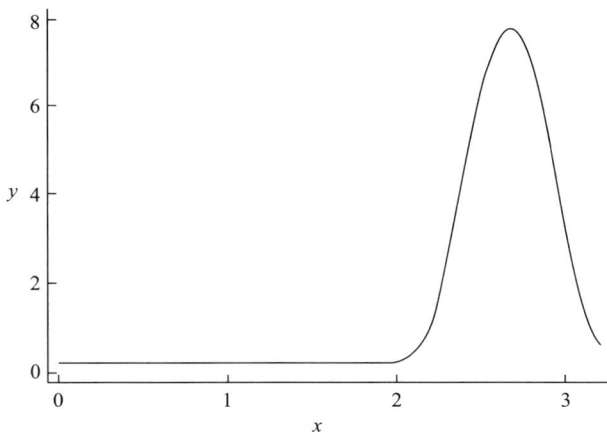

图 5-2　模型（5-3）现金股利异常 A_{-d} 对应计盈余管理的影响系数的变化

实证结果显示，当现金股利发生小范围的异常变化（$A_{-d} < 0.2$），并没有同时出现公司进行应计盈余管理。而随着公司现金股利异常的逐渐增大（A_{-d} 在 0.2—0.28），当公司有大幅度的现金股利异常时，出现了公司较高的应计盈余管理行为。这体现出公司在操纵现金股利的同时也采取了进行应计盈余管理的行为，表现出两者基于机会主义操纵视角下的协同关系。随着现金股利异常值的进一步加大，

盈余管理也会进一步加大。但是，当现金股利异常达到一定程度（$A_{-d} > 0.28$）时，由于盈余管理会受到相关当局的监管，此时再增加盈余管理成本加大，因而盈余管理行为的增加受到了抑制，两者的协同关系逐渐减弱。

2. 真实盈余管理与现金股利异常的协同效应分析

图 5 - 3 显示，在模型（5 - 4）中，当转移变量 A_{-d} 过小（约小于 0.1）或者过大（约大于 0.2）时，处于外机制，转换函数 G 的值接近 1，A_{-d} 对 RM_{it} 的影响系数 $13.2180 - 14.7402 \times G$ 接近 0；当 $A_{-d} = 0.15$ 时，属于中间区制，转换函数等于 0；当 A_{-d} 在 0.1—0.2 之间时，G 的值从 1 迅速降到 0 再恢复到 1，A_{-d} 对 RM_{it} 的影响系数也从 0 升到 13.2180 再恢复到 0。

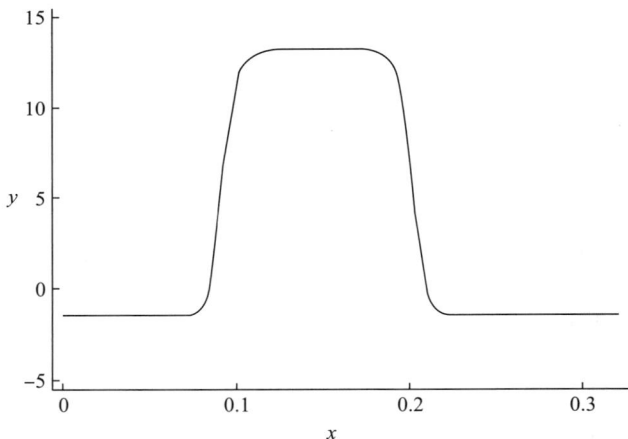

图 5 - 3 模型（5 - 4）现金股利异常 A_{-d} 对真实盈余管理的影响系数的变化

实证结果显示，当现金股利发生常规的异常变化（$A_{-d} < 0.1$）时，公司操纵股利的程度不大，真实盈余管理接近 0，公司并不会采取真实盈余管理来迎合这种现金股利管理。而随着公司现金股利异常的逐渐增大（A_{-d} 在 0.1—0.2），公司开始出现真实盈余管理行为。这表现出公司在操纵现金股利的同时也采取了进行真实盈余管理的行

为，体现出两者基于机会主义操纵视角下的协同关系。随着现金股利异常值的进一步加大，真实盈余管理也会进一步加大。但是，当现金股利异常达到一定程度（$A_{-d} > 0.2$）时，由于真实盈余管理成本较大，此时再增加盈余管理成本加大，因而盈余管理行为的增加受到了抑制，两者的协同关系逐渐减弱。

总体来说，基于机会主义操纵视角，盈余管理与现金股利管理行为呈非线性正相关关系，两者存在协同效应。当现金股利发生小范围异常时，公司没有过多的操纵动机，投资者对于操纵也不易觉察，因而公司没有采取盈余管理行为进行迎合。而随着企业现金股利异常的增大，公司的操纵行为逐渐明显，公司会同时采取盈余管理行为。并且当现金股利异常增加较少（0.1—0.2）时，现金股利管理会与 RM 产生协同效应；当现金股利异常增加较多（0.2—0.3）时，现金股利管理会与 AM 产生协同效应。这表明，当企业发生异常的现金股利管理时，为了达到目的，它会同时采取盈余管理配合，首先它会使用真实盈余管理，比如采用生产操控（如大量生产通过规模效应来减少单位产品成本）和费用操控（如缩减广告开支、维修开支和研发开支等酌量性费用）的手段，之后随着真实盈余管理受到成本约束，公司继而采取应计盈余管理来配合现金股利管理。公司如此选择的原因，可能是出于对监管成本的考虑，虽然真实盈余管理成本高，但是真实盈余管理相比应计盈余管理不易被察觉，应计盈余管理面临的监管压力比较高，诉讼成本较高。最后，随着盈余管理成本的加大，当公司现金股利管理持续增加时（大于0.3），公司放弃使用盈余管理，盈余管理和现金股利管理之间的协同关系逐渐削弱，接近于0。

（二）基于信号传递视角的协同效应分析

模型（5-5）和模型（5-6）分别检验了基于信号传递视角，现金股利平滑对应计盈余管理（AM_{it}）和真实盈余管理（RM_{it}）的影响效果。模型（5-5）中 S_{-d} 对 AM_{it} 的线性或非线性影响效果均不显著。模型（5-6）显示，S_{-d} 对 RM_{it} 的回归结果显著，且体现为非线性。

图 5-4 显示，对于模型（5-6），当转移变量 $S_{-d} < -2$ 时，转

换函数 G 的值接近 0，S_{-d} 对 RM_{it} 的影响系数 $13.0751 - 13.1416 \times G$ 的值接近 13；当转移变量 S_{-d} 为 -1.7128 时，转换函数 G 的值等于 0.5，S_{-d} 对 RM_{it} 的影响系数 $13.0751 - 13.1416 \times G$ 接近 7；当转移变量 S_{-d} 约大于 -1.5 时，转换函数 G 的值接近 1，S_{-d} 对 RM_{it} 的影响系数 $13.0751 - 13.1416 \times G$ 接近 0（见图 5 - 4）。

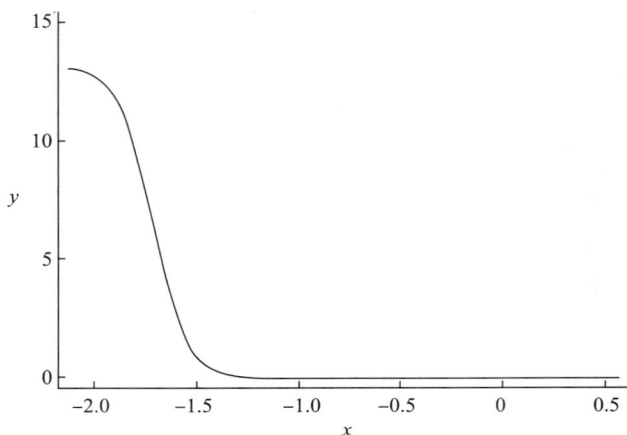

图 5 - 4　模型（5 - 6）现金股利平滑 S_{-d} 对真实盈余管理的影响系数的变化

实证结果显示，当现金股利平滑较小时，真实盈余管理与现金股利平滑呈正相关关系；而当现金股利平滑较大时，真实盈余管理与现金股利平滑相关性接近 0。这与信号传递效应下的协同关系不符合。如果存在两者的协同关系，随着现金股利平滑的逐渐增大，影响系数应该为正。但是，从图 5 - 4 中可以看出，影响系数大部分为 0，表明真实盈余管理与现金股利平滑并不相关，不存在基于信号效应的协同效应。另外，当现金股利平滑较小（约小于 -1.5）时，是现金股利最不平滑的情况，一般情况下，也是现金股利最为异常时，这也间接地证明了盈余管理与现金股利管理存在基于机会主义操纵视角的协同效应，而不存在基于信号效应的协同效应。

四　模型稳健性检验

在对 PSTR 模型的稳健性检验中，本章基于公司规模的视角，将样本按照总资产规模等分为两部分，对于大公司和小公司分别从机会主义操纵视角和信号传递视角，对盈余管理和现金股利管理的协同效应进行检验。总的来说，盈余管理和现金股利管理的协同效应是比较稳定的，仍然是机会主义操纵效应比较明显，信号效应并不显著。略有不同的是，在基于机会主义操纵视角，小公司的真实盈余管理与现金股利异常之间呈现出负相关的非线性关系，这可能是由于小公司对真实盈余管理（涉及研发支出、广告支出等）的运用并不普遍，也可能是盈余管理对于小公司而言成本过高，因而这种协同关系体现得并不明显。就这一问题笔者将继续进行研究。

第五节　结论及政策建议

一　结论

现有文献表明，企业同时采用盈余管理与现金股利管理可能出自两种动机，第一种是机会主义操纵动机，即控制权人会采用操纵现金股利的手段实现自己的私人利益，而同时会使用盈余管理来配合其现金股利管理行为。第二种是信号传递效应，是管理者为了降低与投资者之间的信息不对称，传递企业价值相关性的信息，同时采取盈余管理与现金股利管理这两种手段。

本章基于我国 433 家上市公司 2004—2014 年的非平衡面板数据，使用面板平滑转移自回归（PSTR）模型，从机会主义操纵视角和信号传递视角分析企业盈余管理与现金股利管理之间的协同效应，得到的主要结论如下：

（1）企业盈余管理与现金股利管理之间存在协同效应，这种协同效应主要是出于管理者机会主义操纵的动机下产生的，即控制权人出于利益侵占的动机在进行现金股利管理时，会同时采取盈余管理的方式加以迎合。而对于信号传递视角的有效的积极的协同效应，在我国表现得并不明显。这就说明这两种管理手段的配合更多的是出于操纵的动机，对于证券市场的运行效率而言是消极的影响。

（2）基于机会主义操纵视角，企业在进行现金股利管理时，会选择性地采取盈余管理的手段。当股利管理幅度较小时，企业会先采取真实盈余管理；而操纵股利的幅度较大时，企业会选择应计盈余管理。这意味着，当企业发生突然大幅度的股利异常，无论是变大还是变小，都应该警觉财务数据的真实性，并且应该更多地关注企业应计盈余管理行为的变化。

二 政策建议

基于本章的研究假设和实证结果，我们主要从加强政府对于企业盈余管理与现金股利管理的监管以及改善投资者信息不对称角度提出相应的政策建议。

（一）加强政府监管，抑制盈余管理与现金股利管理的配合操纵

从企业盈余管理角度来看，尽管上市公司在某些情形下的盈余管理行为，有助于提高投资者对公司真实价值的分析能力，但是，目前在国内，盈余管理还是主要体现了管理者的机会主义操纵动机，对提高证券市场效率来说更多的是消极影响。因此，对于盈余管理的监管，政府及相关部门不能懈怠。对此，我们要加强对上市公司盈余管理的监管。首先，要完善我国会计准则，制定具体的明细准则，减少企业利用会计政策和会计估计的空间，加强对上市公司报告盈余的外部审计等监督。其次，企业进行盈余管理的动机多种多样，并且采用的手段越来越隐蔽，应从全方位、多角度来甄别企业的盈余管理行为。最后，加大对盈余操纵行为的处罚力度，以准则为依据，以制度为准绳，规范上市公司的财务管理行为。

从盈余管理与现金股利管理的协同关系来看，在机会主义操纵动机下，两者的关系主要表现为：当现金股利出现偏离趋势的异常时，代表企业有操纵股利的动机，随着异常增大，企业会同时采用相应的盈余管理配合操纵股利行为，掩饰自己的操纵行为。因此，这就提醒监管部门，对于突然发生股利异常的公司，要加大对其财务报告真实性的关注，抑制盈余管理与现金股利管理的配合操纵。

从盈余管理的方式选择来看，当企业发生小幅度的股利异常时，企业倾向于采取真实盈余管理；而在发生较大幅度的股利异常时，企

业则会采取应计盈余管理。这也就提醒监管部门，对于小幅度的股利异常，要着重加强对真实盈余管理的甄别和控制，而对于发生大幅度股利异常的公司，其采取应计盈余管理的可能性很大，要加大对企业应计盈余管理行为的关注。

完善上市公司的内部治理结构。一个有效的公司治理结构能够对管理者施加适当的约束，使其经营行为与股东的利益一致，有效地防止管理者对股东财富的侵占，并且当股东对其行为不满意时有权力解聘不合格的管理者。另外，在所有权高度集中的情况下，控股股东出于增加私人利益的目的会调整会计信息，即进行盈余管理行为，这很有可能导致公司治理失效。根据国内外研究股权结构的文献，股权适度集中的公司，相比于有绝对控股股东的公司而言，公司的盈余管理行为较少，内部治理效力也较好，可以有效地减少大股东操纵会计信息对中小股东利益进行侵占。

（二）改善企业与投资者的信息不对称

从投资者角度来看，由于存在管理者与投资者之间的信息不对称，管理者才会采取盈余管理行为进行操纵，而投资者却没有有效的方法发现管理者的盈余管理行为。投资者希望能够及时发现盈余管理行为，但是，盈余管理计算方法复杂，因而需要更具有可观察性的指标方便投资者使用。本章的结论指出，股利波动可以一定程度上显示盈余管理水平。当股利较为平滑时，基于信号效应的盈余管理并不明显，此时财务数据的可信度较大，盈余管理行为不突出；而当股利波动较大，发生大幅度的变化时，此时投资者就要警觉，企业的财务数据未必可信，这为投资者辨识盈余管理提供了一个相对可观察的指标。

当然，要改善管理者和投资者之间的信息不对称，还需要进一步完善信息披露制度，提高信息披露水平。盈余管理之所以产生，其重要的一个前提条件就是管理者与外部投资者之间存在信息不对称，从本质上看，这正体现了我国现行信息披露制度存在的问题，信息披露水平不高，难以达到投资者的信息要求。在我国的信息披露制度下，监管部门主要关注上市公司对财务指标的披露，而忽视了对非财务指标及其他信息的披露。除了财务指标提供的信息，投资者缺乏从其他信息了解上市公司的渠道，最终致使投资者过分重视上市公司报告盈余信息，这也是引发公司管理者过度盈余管理行为的诱因之一。因此，证券监管部门应该完善信息披露制度，建立多指标的监测体系，改进信息披露内容，将信息披露的内容扩充到非财务信息的范畴等，如上市公司研发创新能力的评估、员工保留率、顾客满意度等。

第六章 上市公司的盈余管理同群效应检验

第一节 绪论

一 引言

同群效应是教育学、经济学和社会学领域重要的研究热点，主要研究教育经济过程中个体受群体的影响。陆铭和张爽（2007）指出，虽然传统教育经济学理论认为，人是相互独立的个体，人与人之间的交往互动并不重要，但越来越多的研究表明，这种交往互动非常重要，人的资源禀赋、信息结构和心理状态也会因社会互动而改变。

随着同群效应研究的逐步完善，就有学者将其引入金融领域，来研究企业与企业或者企业与行业之间的交往互动。万良勇、梁婵娟和饶静（2016）指出，同群效应视角拓展了经典经济理论，传统公司财务研究中，将公司财务行为视为公司的独立决策，但越来越多的证据表明，公司的财务行为存在同群效应，甚至对于特定的某一类公司财务行为来说，同行业的影响力要大大超过目前已发现的其他影响因素。公司财务行为同群效应的研究内容主要涉及财务决策、高管薪酬的确定和公司违规等方面。

盈余管理是指公司管理者在遵循会计准则的情况下，相关者为了实现利益最大化，有目的地对财务报告盈余信息进行调整的行为。Healy 和 Wahlen（1999）认为，盈余管理时企业经营者利用虚构交易和主观判断事项来调整报告盈余，以期误导利益相关者对公司业绩的判断或者一些合同的执行效果。盈余管理的现象也普遍存在于我国的资本市场（陈小悦、肖星等，2000；于忠泊、田高良等，2011）。根据已有的国内外文献研究，大多数学者认为，盈余管理的动机主要有资本市场动机、契约动机和政治成本动机，其中资本市场动机又细分为首次发行股票（IPO）、季节性股票发行（SEO）、配股和亏损公司避免退市（顾振伟、欧阳令男，2008）。

对于公司决策同群效应的来源，从理论上讲，同群效应来源于公司决策的不确定性和决策的有限理性，在获得的信息有限的情况下，决策者会通过学习或者模仿同群者的行为来应对决策的不确定性（万良勇、梁婵娟和饶静，2016）。应用到盈余管理上，公司决策者基于所能获得全部信息作出最有利的决策，但公司的规模因素等，导致信息优势也不尽相同，能够获得信息的多少也就不同，并且受到监管限制等，进行盈余管理存在很大的不确定性，即盈余管理符合同群效应的前提，因此，公司决策者有可能会学习或模仿同群公司，从而导致同群效应的产生。

此外，组织间的模仿效应与本书具有一定的关联性。Haunschild（1993）的研究发现，存在连锁董事关系的公司在实施并购决策时存在着模仿效应。另外，根据已有文献的研究，在公司其他的经营决策中也存在这种模仿行为，比如企业组织结构的选择、投资决策、管理技术的选择等。组织间的模仿效应是同群效应产生的重要机制，因此，关于模仿效应的相关研究也是本章的重要理论基础。但模仿效应和同群效应也存在明显的差别。首先，两者的侧重各有不同。模仿效应侧重于个体与个体的相互影响，即一种"点对点"的关系，同群效应侧重于群体的行为特征，主要考察个体受群体的影响，是一种"点对面"的关系。其次，两者的研究方法也存在差异。模仿效应主要考察个体的特征之间是否存在着相关关系，而同群效应主要考察个体受群体"平均"水平的影响如何，这也是本章的重要依据。

根据现有文献研究，公司决策者会通过学习或者模仿同群者的行为来应对决策的不确定性，公司决策者在学习或模仿对象的选择也是一个重要问题。理论上说，公司的模仿对象可以是其他的任何公司，但考虑到信息获取的便利性和基础变量的相似性，公司会以有关联关系或者相似的公司为模仿的对象。Li（2010）在对华投资企业区位选择的问题研究中，发现企业受到同一母国企业的影响最大。基于上述分析，本章选择行业中资产总量最高的企业，即龙头企业作为样本公司模仿的对象。

二　研究意义

（一）理论意义

盈余管理作为企业经营管理的重要手段，一直受到学者的广泛关注，同群效应的研究也是社会学和教育学的热门话题。现有文献中，研究角度主要集中在其中一种，研究盈余管理的同群效应的文献相对较少。

在社会学和教育学中，同群效应的研究已经相当完备，包括样本的选择、模型的构建等，但针对盈余管理的同群效应的研究缺少大量文献的支持。因此，本章意图将同群效应引入盈余管理的研究中，盈余管理的同群效应是否存在，以及这种相互关系受哪些因素的影响，从另一个角度更好地研究盈余管理。

本章基于我国上市公司会计数据的实证检验，得出的结果证实了盈余管理同群效应的存在，并且在三种不同因素的影响下，不同公司会有不同的表现形式。应用于公司金融领域，对同群效应的研究有一定的理论意义。

（二）实际意义

公司盈余管理的同群效应，这种受同行业群体影响的现象，对于我国金融市场健康发展而言，具有积极还是消极的影响，监管当局如何利用同群效应来防范不合法的盈余操纵，企业该如何合理地模仿同行业其他企业的盈余管理行为，都需要对这种同群效应进行研究。

对于我国上市公司而言，进行盈余管理的动机不尽相同，但在金融市场中出现区域性、群聚性的普遍的盈余管理仍然需要相关方的注意。

盈余管理同群效应的研究是从同行业的角度代替传统从自身角度出发的研究方式，从不同的视角理解盈余管理的成因，为相关方监测盈余管理提供了新的思路。另外，同群效应也合理地解释了盈余管理的群聚性发生的问题。

不同公司的规模、治理水平等要素存在差异，在应对可能出现的不确定的状况时，也会有不同的反应。由于信息不对称，公司进行盈余管理时，为了应对不确定的状况，公司会模仿和学习同行业的其他公司，但这种模仿并不是机械的、无限制的，需要对这些行为加以限制。本章研究的实际意义就是能为合法进行盈余管理的公司提供可以参考的依据。同时，也为公司其他财务决策的研究提供了研究思路。

对于有盈余管理倾向的企业来说，从自身的治理水平和股权结构出发，能更加合理地利用同群效应；对于监管者来说，公司治理水平和股权机构能更合理地解释企业盈余管理差异性问题。

第二节　文献综述及理论分析

鉴于缺失对盈余管理和同群效应相关关系的文献研究，本章将从同群效应角度进行文献综述。

一　同群效应的文献综述

同群效应在社会心理学中有如下描述：个体行为受到群体中其他主体影响的现象。针对同群效应的研究也逐渐深入社会学、教育学、公共经济学等领域。基于本书研究的限制，本章只对以上领域的文献做简单介绍，以金融领域同群效应研究和同群效应动机为主。

关于同群效应早期的研究中，Glaeser（1996）发现，个人的犯罪行为受到城内其他人犯罪倾向的影响；Sacerdote（2001）研究发现，大学生室友之间存在同群效应，平均成绩绩点（GPA）和加入社团的决策受到室友影响。

（一）金融领域的同群效应研究

同群效应的理论逐步发展和完善，部分公司财务领域学者开始注意到该问题，并将其引入公司财务领域的研究中。研究的内容主要涉及公司投融资决策、高管薪酬水平、公司违规等方面。

在公司投融资决策方面，Leary（2014）对公司融资决策进行了研究，发现公司在作融资决策时，并非完全从公司自身特征出发，而是会受到同行业其他公司影响，这种影响力非常显著，甚至超过了已发现的其他融资决策的影响因素，公司的规模越小、表现越差，就越容易受到规模更大、表现更好的同行业公司的影响。Beatty 等（2013）研究发现，公司既可能受同行业有利因素的影响，也可能受同行业公司不利因素的影响，一些高调的会计欺诈会影响公司投资决策，公司会以增加投资的方式来应对欺诈。Joo 等（2016）以韩国制造业为研究对象，发现同行业公司的现金持有比例是确定本公司现金持有水平的重要因素。Park（2017）研究发现，公司在作出投资决策时，存在明显的同群效应，即公司的投资决策会受到同行业公司的影响，并且在不同程度的市场竞争中同群效应的影响也会有所不同，当市场处于中等程度的竞争时，同群效应最弱，因为此时公司在市场上无法被完全区分。国内对于公司投融资决策同群效应的研究有：万良勇、梁婵娟、饶静（2016）对我国上市公司的并购决策中的同群效应进行了研究，发现我国上市公司的并购决策存在同群效应，即上市公司的并购行为受同行业其他公司的影响，研究还发现，公司规模和公司治理水平对同群效应有显著影响。

在高管薪酬水平方面，Gabaix 和 Landier（2008）首次提出了高管薪酬的同群竞争理论模型，并且还指出，高管薪酬同群效应的存在使高管薪酬水平不断增加，这也直接影响了高管为公司创造价值的动机，甚至影响到高管的职业变更。Alexandre 和 Moretti（2009）的研究指出，同群效应类似一种外部性，个体和群体的不断影响促使高管薪酬不断上涨。Michael 和 Yang（2013）的研究指出，在确定行业内高管薪酬时，同群效应的影响已成为重要的参考依据。国内对于高管薪酬的同群效应研究也有丰硕成果。赵颖（2016）基于中国非金融上市公司的数据，研究发现，我国非金融上市公司高管薪酬存在显著的同群效应，在加入行业和地区的异质性后，发现我国上市公司高管薪酬不仅存在同群效应，而且还存在非常显著的不同行业间高管薪酬的追赶效应。Yang、Ruilong 和 Yang、Jidong（2009）依据我国上市公司数据，研究发现，我国上市公司高管薪酬受同业群体的影响，前一年高管薪酬低于同业中位数时，下一年公司高管的薪酬比例将上浮 0.225%，绝对薪酬增加约 5100 元。此外，业绩更好、增长更快并且为国有的公司会对同群效应有积极的反应。

在公司违规方面，Parsons（2014）对财务违规的地域同群效应进行了研究，发现同一地域的相邻公司的财务违规上升时，样本公司的财务违规也有明显的上升趋势，并且规模相近和 CEO 年龄相仿的因素会加重这种趋势。

（二）企业同群效应的动机

模仿效应与同群效应具有一定的关联性，前者是后者重要的理论基础。Lieberman（2006）在社会心理学和组织行为学相关理论的基础上，进一步将模仿效应划分为信息获取性模仿和竞争性模仿，前者是指决策者为了获取有价值的信息而进行的学习或者模仿行为，后者是指决策者以应对竞争为目的的学习或者模仿行为。

对于信息获取性模仿同群效应研究主要有：Haunschild（1993）研究发现，企业会学习关联企业的决策行为，当企业作出决策存在困难时，往往会求助于关联企业，来学习决策经验，解决困难。Westphal（1997）在对企业并购的研究中发现，在选择并购类别和并购操纵时，企业会模仿关联企业的行为，并且企业还会模仿关联企业的模仿行为。国内的相关文献有：万良勇（2014）指出，同行业公司所处的市场环境极为相似，借鉴彼此的成功经验对自身决策具有重要意义。

对于竞争性模仿同群效应的相关文献有：Bolton（1990）研究发现，低杠杆率竞争者会对高杠杆率的公司造成掠夺性价格竞争，为了避免可预见的对公司产生的负面影响，高杠杆率的公司将模仿低杠杆率竞争者的融资政策。Chevalier（1996）研究发现，当整个行业比较低迷时，高杠杆率的公司为了避免市场份额落入竞争者之手，会主动模仿竞争者的稳健的融资政策。

二　理论分析

对于盈余管理同群效应的检验，本章选择行业平均水平（行业均值）和龙头企业。也就是说，企业盈余管理行为会以行业平均水平为依据，也会模仿龙头企业的盈余管理行为。一方面，同群效应是一种"点对面"的关系，主要考察行业平均水平对个体的影响；另一方面，万良勇、梁婵娟和饶静（2016）指出，同群效应中存在模仿对象的选择问题，基于信息获取的便利性和基础变量的相似性，企业会选择相关性高且具有行业标杆性的企业作为模仿对象。因此，本章从行业平均水平和龙头企业两个方面来检验盈余管理的同群效应是有依据的。

行业平均水平和龙头企业在应计盈余管理和真实盈余管理方面，产生的影响可能是不相同的。万良勇（2016）在对企业并购的同群效应研究中发现，企业的并购行为会模仿同行业的其他企业，尤其是相关联企业。已有文献也表明，企业的投资决策和现金持有行为都存在同群效应。盈余管理和投融资、并购等企业财务决策属于一个范畴，并且盈余管理符合同群效应的前提条件，因此，我们认为，盈余管理具有同群效应。但应计盈余管理和真实盈余管理的成本不同，真实盈余管理的成本较高，尤其是规模小的公司在进行真实盈余管理时，并不是简单地模仿同行业其他公司或者龙头企业，因此可以认为，盈余管理的同群效应是非线性的。

在影响盈余管理同群效应的因素的问题上，选择公司多元化经营和客户集中度来代表公司的经营状况，以第一大股东来代表股权结构。

在公司经营状况方面，Datta 等（2013）的研究表明，每个企业的产品市场定价能力不同，产品市场定价能力较强的企业可以获得更多的可自由支配收益。Laux 等（2009）研究发现，CEO 股权激励并不一定会增加盈余管理。Wang 等（2008）研究指出，独立董事比例与盈余管理水平呈负相关关系，独立董事无法有效控制盈余管理。伍琼（2016）的研究指出，过于集中的客户组合会增加企业的经营风险，一旦经营恶化又会诱发企业实施盈余管理行为。由此可见，公司的经营状况会对盈余管理产生影响，在此基础之上，我们认为，公司的经营状况也会对盈余管理的同群效应产生一定影响。

在股权结构方面，H. J. Kang（2017）的研究表明，家族企业责任人相比非家族企业而言会较少采用盈余管理。Chen 等（2011）研究发现，国外的机构投资者会让经理进行实际经营决策而更少地参与机会主义盈余管理。万良勇（2016）在公司并购的同群效应研究中发现，公司产权性质、第一大股东持股比例、董事会规模等因素会同群效应产生影响，使之更加符合逻辑模仿律的预期。由此可见，第一大股东持股比例不仅会影响盈余管理，而且也会影响企业并购决策的同群效应，盈余管理和并购同属于企业的财务决策，因此可以认为，第一大股东持股比例会对盈余管理的同群效应产生影响。

三 研究假设

经过上述的理论分析可以得出，基于信息获取性模仿和竞争性模仿，都会使公司盈余管理受到行业平均水平和龙头企业的影响，并且这种影响力的大小也会受到其他因素的制约，包括公司的经营独立性和股权分散度。

公司进行盈余管理时，会通过各种渠道来获取信息以减少决策时的不确定性。同行业的公司所处的市场环境相似，并且公司与公司之间具有很强的可比性，因此，彼此之间的盈余管理行为就具有了很大的借鉴意义，即公司进行盈余管理时，很可能会模仿同行业其他公司，进而出现盈余管理的同群效应。同行业公司之间存在一定的竞争关系，当行业出现机遇或者风险时，公司可能会基于抢占资源或者规避风险的角度考虑而对盈余管理进行竞争性模仿。由此可见，盈余管理是符合同群效应的前提的。另外，前人的文献已经证实一系列的公司财务决策领域是存在同群效应的，因此可以认为，盈余管理也存在同群效应。但公司特征的不同，盈余管理的同群效应也会存在差异。综上所述，本章提出如下假设：

H6 - 1：公司盈余管理行为存在同群效应。

基于公司经营独立性角度，经营范畴的大小会影响公司在行业中的信息获取的便利性，使其盈余管理不确定性增加。理论上说，公司经营范围越大，多元化经营程度越高，受单一客户的影响越小。当整个行业出现盈余管理的不合理波动时，多元化经营程度高的公司可选择的替代方案要多，对其盈余管理的影响可能越弱。上下游客户集中程度与否也会对公司盈余管理产生一定影响。公司经营独立性越低，说明其客户越集中，受客户"绑架"的可能性就越大，在经营状况发生波动时，进行盈余管理的可能性也越大。因此，本章提出如下假设：

H6－2：公司经营独立性会削弱盈余管理的同群效应。

基于公司股权分散性角度，股权的过度集中会导致第二类代理问题的发生，即大股东和小股东之间的代理问题，大股东为侵害小股东利益进而进行盈余管理。当整个行业进行出现盈余管理的不合理波动时，大股东借此机会侵害小股东利益的倾向会更加强烈。基于以上分析，本章提出以下假设：

H6－3：公司股权独立性会削弱盈余管理的同群效应。

本章的研究思路如图6－1所示，对于同群效应，我们使用公司盈余管理受行业平均水平、龙头企业的影响来衡量同群效应，在本书中用公司多元化经营程度、客户集中度来衡量经营独立性，用第一大股东持股比例来衡量股权分散性。当整个行业出现重大机遇或者风险时，公司信息获取的不完整性等因素会使其跟随整个行业进行盈余管理，并且作为"风向标"的龙头企业的盈余管理也会被其他公司所模仿，即无论是出于信息获取性模仿还是竞争性模仿，都会对盈余管理有加强的作用。如果图中①行业平均水平、龙头企业对盈余管理的影响显著的话，说明公司盈余管理存在同群效应。如果图中②经营独立

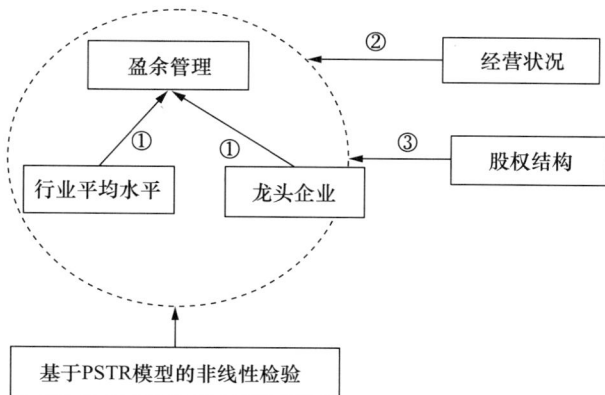

图6－1　研究思路

性对①同群效应有显著影响的话，说明公司经营独立性会影响这种同群效应。同理，③股权分散性对①同群效应有显著影响的话，说明股权分散性也会对盈余管理的同群效应造成影响。

另外，对于盈余管理的衡量，本章使用真实盈余管理和应计盈余管理。这是因为，基于某种动机，比如基于信息获取性模仿和竞争性模仿动机，加之成本的考虑，企业会在不同的盈余管理方式中作出选择，这使同群效应的具体表现形式有所不同。因此，在每种角度之下，又分别对两种盈余管理方式进行回归分析。

基于此，本章的最终假设如下：

H6-4：公司盈余管理行为存在同群效应，应计盈余管理与行业、龙头应计盈余管理具有正向的非线性关系，真实盈余管理与行业、龙头真实盈余管理具有正向的非线性关系。

H6-5：基于公司多元化经营视角，公司多元化经营能削弱应计盈余管理和真实盈余管理的同群效应。

H6-6：基于客户集中度视角，客户集中度能削弱应计盈余管理和真实盈余管理的同群效应。

H6-7：基于第一大股东持股比例视角，第一大股东持股比例能削弱应计盈余管理和真实盈余管理的同群效应。

第三节 研究设计

一 变量的选择

本章的工具变量选择客户集中度（CC1），利用 Patatoukas（2013）、王雄元等（2014）和 Dhaliwal 等（2016）关于客户集中度的算法，采用本期供应商的第一大客户的营业收入占营业收入的比重来计算客户集中度（CC1）。工具变量多元化经营依据收入的赫芬达尔指数（HHI）计算。

首先，McNichols（2000）研究发现，盈余管理受公司业绩影响，因此，本章选取资产收益率（ROA）和营业收入增长率（Growth）来代表增长控制变量。其次，基于 Barton 和 Simko（2002）、Baber 等（2011）的研究表明，盈余管理往往出现于采取激进会计政策的企业，因此，本章采用资产负债率（DTA）作为运营稳定性控制变量。最后，先前的研究表明，企业规模会影响盈余管理行为，因此，本章使用产业调整后的总资产对数（lnA）来表示行业中相对公司规模的控制变量。变量的详细说明和定义见表 6-1。

表 6-1　　　　　　　　　　　变量说明和定义

变量类型		变量名称	变量说明
被解释变量		AM	应计盈余管理
		RM	真实盈余管理
解释变量		AM0	应计盈余管理行业平均水平
		AM1	龙头企业应计盈余管理水平
		RM0	真实盈余管理行业平均水平
		RM1	龙头企业真实盈余管理
		FSS	第一大股东持股比例
控制变量	业绩增长	ROA	资产收益率
		Growth	营业收入增长率
	公司运营	DTA	资产负债率
	公司规模	lnA	总资产
工具变量	客户集中度	CC1	当期第一大客户的营业收入占营业收入的比重
	多元化经营	HHI	收入的赫芬达尔指数

二　样本选择与数据来源

本章选取 2002—2016 年沪深两市 A 股上市公司为样本。按照本章的研究要求，对样本数据做如下处理：（1）剔除金融类上市公司，以及涉及 B 股和 H 股交叉上市的公司。（2）剔除公司多元化、客户集中度和第一大股东持股比例缺失的样本，在研究同群效应的影响因素时，需要对上述数据做加工处理，因此，当公司缺失这些数据时，要予以剔除。（3）剔除相关财务数据缺失的样本。本章在计算盈余管理时涉及的财务数据，如利润总额、销售成本、费用支出等，若缺少这些数据，则无法做后续计算，应剔除这些数据缺少样本。此外，为了说明样本具有代表性，在盈余管理的计算时，剔除少于 15 个观测值的样本。(4) 对于模型中其他相关变量观测值缺失的样本也予以剔除。经处理后，获得有效数据 8024 个。数据来源于国泰安 CSMAR 数据库。实证检验基于 Stata13.0 完成。

三 PSTR 模型建立

为检验假设 H6 - 1—H6 - 4，我们建立以下基本模型：

$$EM_{it} = a_1 em_{it} + a_2 FSS_{it} + a_3 DTA_{it-1} + a_4 ROA_{it} + a_5 \ln A_{it-1} + $$
$$a_6 Growth_{it} + (c_1 em_{it} + c_2 FSS_{it} + c_3 DTA_{it-1} + c_4 ROA_{it} + $$
$$c_5 \ln A_{it-1} + c_6 Growth_{it}) \times G(em_{it} ;\ \lambda ,\ c) + \varepsilon_{it} \qquad (6-1)$$

式中，EM_{it} 是企业 i 在第 t 年的盈余管理水平，em_{it} 为第 t 年企业 i 所在行业的平均盈余管理水平和行业龙头企业的盈余管理水平。式中的控制变量分别为：FSS_{it} 表示企业本年度第一大股东持股比例，DTA_{it-1} 表示企业上一年度的资产负债率；ROA_{it} 表示企业本年度资产收益率；$\ln A_{it-1}$ 表示企业上一年度的总资产对数；$Growth_{it}$ 表示企业本年度营业收入增长率。

在基本模型的使用中，我们将 EM_{it} 分别替换为应计盈余管理 AM_{it} 和真实盈余管理 RM_{it}；将 em_{it} 分别替换为行业应计盈余管理平均水平 $am0_{it}$、行业真实盈余管理平均水平 $rm0_{it}$、龙头企业应计盈余管理 $am1_{it}$、龙头企业真实盈余管理 $rm1_{it}$。具体的检验如模型（6 - 2）至模型（6 - 5），模型（6 - 2）至模型（6 - 5）的转换变量分别是 $am0$、$am1$、$rm0$、$rm1$，用以检验企业盈余管理和行业平均水平、龙头企业的盈余管理的同群效应。

$$AM_{it} = am0_{it} + FSS_{it} + DTA_{it-1} + ROA_{it} + \ln A_{it-1} + Growth_{it} + $$
$$(am0_{it} + FSS_{it} + DTA_{it-1} + ROA_{it} + \ln A_{it-1} + Growth_{it}) \times $$
$$G(am0_{it} ,\ \lambda ,\ c) + \varepsilon_{it} \qquad (6-2)$$

$$AM_{it} = am1_{it} + FSS_{it} + DTA_{it-1} + ROA_{it} + \ln A_{it-1} + Growth_{it} + $$
$$(am1_{it} + FSS_{it} + DTA_{it-1} + ROA_{it} + \ln A_{it-1} + Growth_{it}) \times $$
$$G(am0_{it} ;\ \lambda ,\ c) + \varepsilon_{it} \qquad (6-3)$$

$$RM_{it} = rm0_{it} + FSS_{it} + DTA_{it-1} + ROA_{it} + \ln A_{it-1} + Growth_{it} + (rm0_{it} +$$
$$FSS_{it} + DTA_{it-1} ROA_{it} + \ln A_{it-1} + Growth_{it}) \times$$
$$G(am0_{it}; \lambda, c) + \varepsilon_{it} \qquad (6-4)$$

$$RM_{it} = rm1_{it} + FSS_{it} + DTA_{it-1} + ROA_{it} + \ln A_{it-1} + Growth_{it} +$$
$$(rm1_{it} + FSS_{it} + DTA_{it} + ROA_{it} + \ln A_{it-1} + Growth_{it}) \times$$
$$G(am0_{it}; \lambda, c) + \varepsilon_{ie} \qquad (6-5)$$

对于面板数据，依据 Granger 和 Terasvirta（1993）、Terasvirta（1994）的计算方法，其逻辑函数形式如下：

$$G(em; \lambda, c) = \left\{ 1 + \exp\left[-\lambda \prod_{j-1}^{m} (em_{it} - c_j)/\delta_z \right] \right\}^{-1}$$

式中，em_{it} 是转换变量，$c = (c_1, \cdots, c_m)^1$ 是一个 m 维临界参数矩阵，斜率参数 $\lambda > 0$，λ 决定了机制转换的平滑度。转换函数 $G(em_{it}; \lambda, c)$ 的取值在 0—1 之间。λ 和 c_j 一旦确定，em_{it} 的取值就决定了 $G(em_{it}; \lambda, c)$ 的值。系数 $y = em_{it} + em_{it} \times g$ 的显著程度决定了 em_{it} 与 EM_{it} 的相互关系。如果 $em_{it} \times g$ 的系数是显著的，那么 em_{it} 与 EM_{it} 之间存在非线性的关系；如果 $em_{it} \times g$ 的系数不显著，em_{it} 的系数显著，那么 em_{it} 与 EM_{it} 之间存在线性的关系；如果 em_{it} 的系数和 $em_{it} \times g$ 的系数都不显著，那么 em_{it} 与 EM_{it} 之间不存在明显的关系。

第四节 实证结果

一 描述性统计

本章选取 2002—2016 年沪深两市 A 股上市公司为研究对象，共有 18587 个样本，属于非平衡面板数据。在检验是否存在同群效应时，需要企业有 am 和 rm 数据，此时共有 18587 个数据，即样本为 18587 个；在检验公司多元化对同群效应的影响时，需要企业有 HHI 数据，此时共有 12105 个数据，即样本为 12105 个；在检验客户集中度对同群效应的影响时，企业必须具备 CC1 数据，此时共有 8024 个数据，即样本为 8024 个；在检验第一大股东对同群效应的影响时，共有样本 8024 个。各个变量的描述性统计如表 6-2 所示。

表 6-2 描述性统计

变量	均值	标准差	最小值	最大值	样本个数
AM	-0.0183022	0.0858342	-0.3542215	0.3805041	18587
RM	-0.1372503	0.2578969	-1.218296	0.4990718	18587
FSS	0.366618	0.157315	0.0899	0.75	18587
DTA	0.498975	0.2206138	0.065172	0.065172	18587
ROA	0.0292206	0.0648295	-0.284964	0.20526	18587
lnA	21.8183	1.256259	18.96224	25.52843	18587
Growth	0.205791	0.5658916	-0.7041843	3.936011	18587
AM	-0.0195249	0.0881867	-0.3542215	0.3805041	12105
RM	-0.1350768	0.2630953	-1.218296	0.4990718	12105
FSS	0.3537647	0.1543663	0.0899	0.75	12105
DTA	0.4899959	0.2244205	0.065172	1.258071	12105
ROA	0.0329735	0.0611171	-0.284964	0.20526	12105
lnA	22.00533	1.289216	18.96224	25.52843	12105
Growth	0.2003067	0.57994	-0.7041843	3.936011	12105
AM	-0.023619	0.0829399	-0.3542215	0.3805041	8024
RM	-0.1433466	0.258964	-1.218296	0.4990718	8024
FSS	0.3603241	0.1556946	0.0899	0.75	8024
DTA	0.4756431	0.219389	0.065172	1.258071	8024
ROA	0.0345834	0.0588006	-0.284964	0.20526	8024
lnA	22.00194	1.241966	18.96224	25.52843	8024
Growth	0.195194	0.5535031	-0.7041843	3.936011	8024
AM	-0.0183022	0.0858342	-0.3542215	0.3805041	18587
RM	-0.1372503	0.2578969	-1.218296	0.4990718	18587
FSS	0.366618	0.157315	0.0899	0.75	18587
DTA	0.498975	0.2206138	0.065172	0.065172	18587
ROA	0.0292206	0.0648295	-0.284964	0.20526	18587
lnA	21.8183	1.256259	18.96224	25.52843	18587
Growth	0.205791	0.5658916	-0.7041843	3.936011	18587

二　同群效应存在性分析

对于同群效应的分析主要从线性和非线性两个角度分析。线性分析见表6－3。

表6－3　　　　　　　　　　　　同群效应的线性分析

	AM	AM	RM	RM
am0	0.994 *** (120.76)			
am1		0.532 *** (60.57)		
rm0			0.756 *** (32.30)	
rm1				0.0540 *** (7.70)
FSS	-0.0161 *** (-2.67)	-0.00335 (-0.45)	0.0200 (1.23)	0.0596 *** (3.57)
DTA	0.000170 (0.04)	0.00656 (1.31)	-0.0301 *** (-2.78)	-0.0294 *** (-2.63)
ROA	0.153 *** (16.41)	0.183 *** (15.80)	-0.560 *** (-22.13)	-0.650 *** (-25.12)
lnA	-0.00171 ** (-2.45)	-0.000138 (-0.16)	0.0235 *** (12.31)	0.0298 *** (14.99)
Growth	0.0123 *** (14.23)	0.0128 *** (11.89)	-0.0917 *** (-39.31)	-0.0978 *** (-40.85)
_ cons	0.0361 ** (2.36)	-0.0177 (-0.93)	-0.503 *** (-11.88)	-0.747 *** (-17.16)
样本量	18587	18587	18587	18587
R^2	0.484	0.204	0.215	0.168

由表6－3可见，企业盈余管理会显著受到行业盈余管理平均水平和龙头企业盈余管理的影响，盈余管理具有显著的同群效应。

对于非线性检验，本章采用三个步骤来估计模型（6-2）：第一步是估计转换位置的数目；第二步是估计转换位置和转换速度，进而得到转换函数；第三步是利用得到的转换函数，可以估计模型（6-2）的回归系数。

基于 Van Dijk 等（2002）的思路，模型（6-2）首先要完成线性对非线性的检验，即检验虚拟假设。由于未知参数 c 的存在，使不能直接对模型直接进行检验 H_0^1：$\gamma = 0$，而 c 的个数即为转换位置的数目，c 的估计值即为转换位置。

针对上述转换位置的问题，我们采取 Luukkonen 等（1988）的做法，将模型（6-2）围绕 $\gamma = 0$ 以一阶泰勒形式展开，如模型（6-6）。一阶泰勒展开式中阶数 m 的确定，依据冈萨雷斯等（2005）提出的 m 的初始值为 3。

$$y_t = \beta_0 x_t' + \beta_1 x_t' s_t + \beta_2 x_t' s_t^2 + \beta_3 x_t' s_t^3 + \mu_t \qquad (6-6)$$

$$AM_{it} = \mu_{it} + \beta_0 \left(am0_{it}^3 + FSS_{it} + DTA_{it-1} + ROA_{it} + \ln A_{it-1} + Growth_{it} \right) +$$
$$\beta_1 am0_{it}^2 + \beta_2 am0_{it}^3 + \beta_3 am0_{it}^4 + \varepsilon_{it}$$

式中，β_0、β_1、β_2、β_3 为参数向量。

对模型（6-6）的参数做序贯检验，最终确定 m=1 或 m=2，并进行非线性检验。序贯检验统计量 LM 的计算方式为：$LM = TN(SSR_0 - SSR_1)/SSR_0$，其中，T 为时间序列的长度，N 为横截面的单元个数，SSR_0 为受假设条件约束的回归残差平方和，SSR_1 为不受假设条件约束的回归残差平方和。

具体检验过程如下：

H_0^1：$\beta_1 = \beta_2 = \beta_3 = 0$

H_0^2：$\beta_3 = 0$

H_0^3：$\beta_2 = 0 / \beta_3 = 0$

H_0^4：$\beta_1 = 0 / \beta_2 = \beta_3 = 0$

若 H_0^1 被拒绝，则表明模型（6-2）是非线性的，继续检验假设 H_0^2、H_0^3、H_0^4。若 H_0^3 被拒绝最强，即对应的 p 值最小，则选择 m=2，否则选择 m=1。

模型（6-2）至模型（6-5）对应 H_0^1、H_0^2、H_0^3、H_0^4 的检验结果如表6-4所示。

表6-4　　　　　　　　　 H_0^1、H_0^2、H_0^3、H_0^4 的检验结果

LM	H_0^1	H_0^2	H_0^3	H_0^4
模型（6-2）	0.41067931	0.2348447	0.08850889	0.08732836
模型（6-3）	147.63649	39.434856	72.119171	36.453964
模型（6-4）	3.6634829	0.16010422	3.1924241	0.31103817
模型（6-5）	30.483997	29.527521	0.01473918	0.94325989

根据表6-4结果，我们可以确定模型（6-2）和模型（6-5）为 m=1，模型（6-3）和模型（6-4）为 m=2。

再求得转换位置的数目后，为了对非线性面板平滑转换模型（6-2）至模型（6-5）进行估计，我们首先要用模拟退火算法来估计转换速度参数 λ 及转换位置参数 c。模拟退火算法的依据是模拟热物理学有关金属缓慢退火使能量达到最低的原理，能很好地解决大规模的优化问题。与传统算法相比，模拟退火算法能更有效地避免出现局部极点问题，搜寻也更为细密。

具体做法是：首先，对待估参数 λ 和 c 进行初始化，我们取 λ 的初始值为10，当 m=1 时，c 的初始值为转换变量的均值，模型（6-2）和模型（6-5）中转换变量的均值依次为 -0.15460635、0.4990718，当 m=2 时，c_1 的初始值为转换变量的均值，c_2 的初始值为转换变量的最小值，模型（6-3）、模型（6-4）中转换变量的初始值依次为 -0.3542215、-0.0143588 和 -1.218296、-0.1372503。其次，为了消除个体效应的影响，我们对所有变量做组内去均值变换。最后，对完成组内变换的模型做普通最小二乘（OLS）估计，来获得其残差平方和（RRS）。重复上述步骤，最终得出残差平方和最小时所对应的参数 λ 和 c 即为我们所需的参数估计值。上述步骤基于 Stata13.0 软件编程实现，最终不同模型的转换函数如表6-5所示。

表 6 - 5 模型（6 - 2）至模型（6 - 5）的转移函数

模型（6 - 2）	$G = \{1 + \exp[-39.779615 \times (x + 0.15460635)/0.0584523]\}^{-1}$
模型（6 - 3）	$G = \{1 + \exp[-9.2202848 \times (x + 0.17157439) \times (x - 0.1180616)/0.0680087]\}^{-1}$
模型（6 - 4）	$G = \{1 + \exp[-10.806607 \times (x + 0.3005572) \times (x + 0.27897594)/0.1278181]\}^{-1}$
模型（6 - 5）	$G = \{1 + \exp[-44.408236 \times (x - 0.4990718)/0.2936852]\}^{-1}$

本章采用 OLS 回归对 PSTR 模型参数进行估计。模型（6 - 2）至模型（6 - 5）的线性回归（不包含转换函数及其乘项）和非线性回归（包含转换函数及其乘项）结果列出，非线性结果如表 6 - 6 所示。

表 6 - 6 同群效应非线性分析

	AM	AM	RM	RM
am0	1.004 ***			
	(52.55)			
am1		0.765 ***		
		(44.18)		
rm0			0.400 ***	
			(9.17)	
rm1				0.0585 ***
				(8.21)
FSS	-0.0161 ***	-0.00768	0.123 ***	0.0613 ***
	(-2.67)	(-1.03)	(6.35)	(3.67)
DTA	0.000199	0.00526	-0.0322 ***	-0.0299 ***
	(0.05)	(1.06)	(-2.98)	(-2.67)
ROA	0.153 ***	0.175 ***	-0.558 ***	-0.651 ***
	(16.42)	(15.20)	(-22.11)	(-25.18)
lnA	-0.00170 **	0.000192	0.0203 ***	0.0298 ***
	(-2.43)	(0.22)	(10.52)	(14.99)
Growth	0.0123 ***	0.0129 ***	-0.0916 ***	-0.0978 ***
	(14.23)	(12.08)	(-39.34)	(-40.86)

续表

	AM	AM	RM	RM
am0 × G	− 0.0116 (− 0.55)			
am1 × G		− 0.339 *** (− 15.54)		
rm0 × G			0.951 *** (9.66)	
rm1 × G				− 0.175 *** (− 3.54)
_ cons	0.0358 ** (2.34)	− 0.0191 (− 1.01)	− 0.473 *** (− 11.18)	− 0.746 *** (− 17.15)
样本量	18587	18587	18587	18587
R²	0.484	0.215	0.220	0.169

我们做如下定义，解释变量的影响系数：$y = a_1 + b_1 \times G(em_{it}; \lambda, c)$，其中 a_1 为线性部分；若 a_1 不显著，将其视为 0，$b_1 \times G(em_{it}; \lambda, c)$ 为非线性部分，若 $b_1 \times G(em_{it}; \lambda, c)$ 不显著，也将其视为 0。

模型（6－2）至模型（6－5）分别检验了企业应计盈余管理（AM_{it}）受行业平均水平（$am0_{it}$）和龙头企业计盈余管理（$am1_{it}$）的影响程度。模型（6－2）显示，$am0_{it}$ 对 AM_{it} 的回归结果为显著，并且表现为线性。模型（6－3）至模型（6－5）回归结果均显著，并且均为非线性。

（一）应计盈余管理的同群效应分析

模型（6－2）中，当转换变量为正时，随着行业平均水平的逐渐增大，企业应计盈余管理受行业平均水平的影响保持恒定；当转换变量为负时，随着行业平均水平的负向增大，企业应计盈余管理受行业平均水平的影响保持稳定，影响系数约为 1.004（见图 6－2）。

实证结果表明，$am0_{it}$ 对 AM_{it} 的影响系数恒定，即行业应计盈余管理平均水平增长与否，对企业的应计盈余管理水平的影响稳定在一定水平。这说明行业应计盈余管理平均水平对企业有明显的影响作用，当整个行业在作出提高（或降低）应计盈余管理举措时，个体企业会受到整个行业的影响，也会作出同等程度的提高（或降低）应计盈余管理的行为。

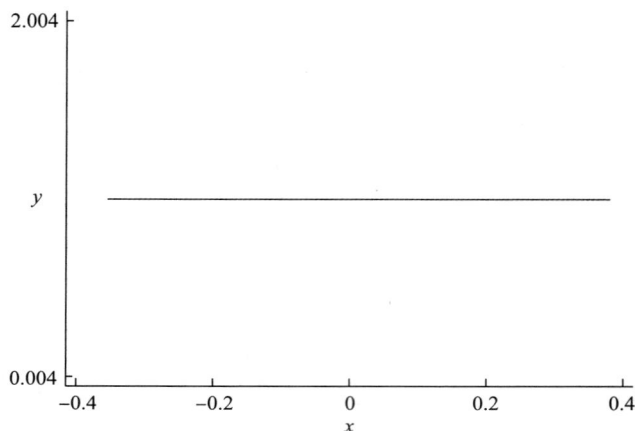

图 6 - 2　模型（6 - 2）行业平均水平对企业应计盈余管理的影响系数的变化

在模型（6 - 3）中，转换变量 $am1_{it}$ 约小于 - 0.2 或大于 0.2 时，$am1_{it}$ 对 AM_{it} 的影响系数处于 $0.765 - 0.339 \times G$ 接近 0.42 的水平；当转换变量 $0.2 > am1_{it}$ 或大于 - 0.2 < 0.2 时，$am1_{it}$ 对 AM_{it} 的影响系数会有相当程度的提高，并且在附近达到峰值（约为 0.76）（见图 6 - 3）。

实证结果显示，龙头企业应计盈余管理水平处于异常水平（$am1_{it}$ < - 0.2 或 $am1_{it}$ > 0.2）时，企业应计盈余管理水平受其影响稳定在较低的水平；龙头企业应计盈余管理水平在小范围内变动（$0.2 > am1_{it} > - 0.2$）时，这种影响水平会出现大幅度的提高，并且在龙头企业应计盈余管理水平为零时，其影响最大。这体现了在龙头企业进行小范围的应计盈余管理时，企业会有很强的模仿倾向，这可能是因为应计盈余管理只对会计盈余进行调整，对现金流和真实的经营活动涉及比较少，企业可以模仿龙头企业在小范围内进行应计盈余管理，但龙头企业的应计盈余管理增大时，企业进行相应调整的风险增大，模仿的意愿也会下降。

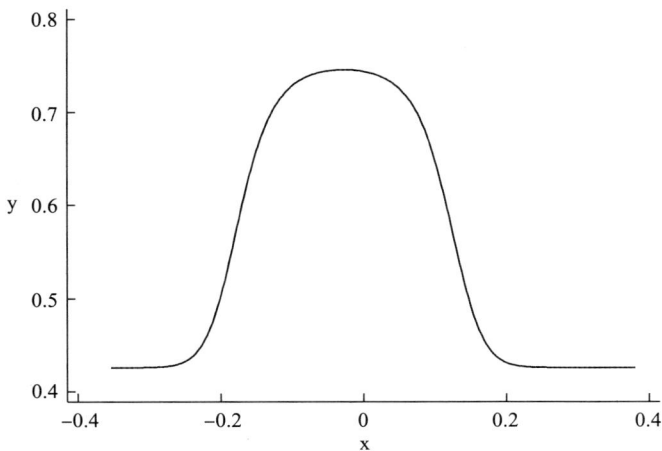

图 6 - 3　模型（6 - 3）龙头企业应计盈余管理水平对
企业应计盈余管理的影响系数的变化

（二）真实盈余管理的同群效应分析

模型（6 - 4）中，转换变量 $rm0_{it} < -0.5$ 时，$rm0_{it}$ 对 RM_{it} 的影响系数处于比较稳定的状态，约为 $0.400 + 0.951 \times G$ 接近 1.35 左右；当转换变量 $0 > rm0_{it} > -0.5 < 0$ 时，$rm0_{it}$ 对 RM_{it} 的影响系数则迅速下降，最低值约为 0.88；转换变量 $rm0_{it} > 0$ 时，影响系数迅速恢复到之前的较高水平（见图 6 - 4）。

实证结果表明，真实盈余管理的行业平均水平对企业的真实盈余管理有显著的影响效果。当整个行业进行负向的真实盈余管理（$rm0_{it} < -0.5$）时，其对企业真实盈余管理的影响稳定在较高水平；随着真实盈余管理的行业平均水平不断增加（$0 > rm0_{it} > -0.5 < 0$），其对企业的影响有明显的下降趋势，而当整个行业进行正向的真实盈余管理时，其对企业真实盈余管理的影响又回到之前的较高水平。这说明当整个行业出现发展机遇或者面临风险时，受行业环境的影响，企业为了抢占资源或者规避风险会进行相当程度的真实盈余管理，比如扩大生产、削减研发费用等。由于真实盈余管理的成本较大，在整个行业尚未出现风险时，企业进行真实盈余管理的意愿则显著降低。

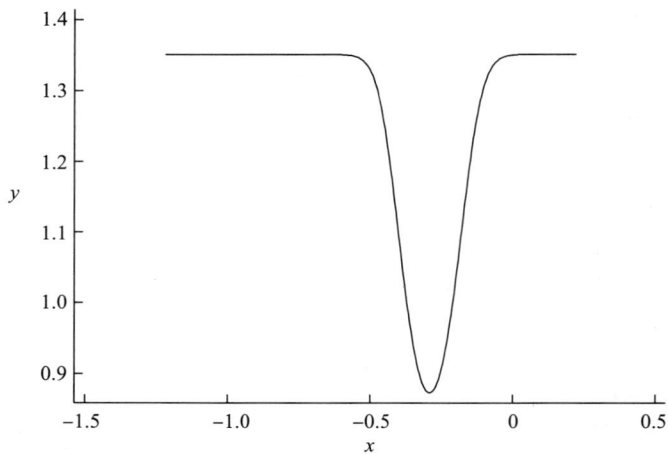

图 6 - 4　模型（6 - 4）行业平均水平对企业应真实盈余管理的影响系数的变化

模型（6 - 5）中，当转换变量 $rm1_{it} < 0.48$ 时，$rm1_{it}$ 对 R_{it} 的影响系数处于比较稳定的状态，约为 $0.0585 - 0.175 \times G$ 接近 0.58；当转换变量 $rm1_{it} > 0.48$ 时，$rm1_{it}$ 对 RM_{it} 的影响系数则急剧下降（见图 6 - 5）。

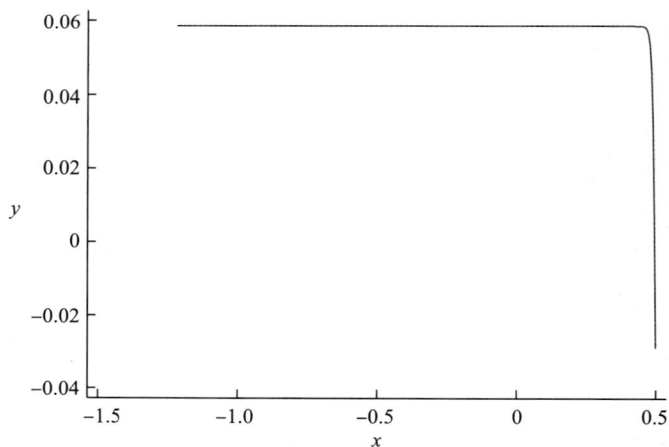

图 6 - 5　模型（6 - 5）龙头企业真实盈余管理水平对
企业真实盈余管理的影响系数的变化

实证结果显示，龙头企业真实盈余管理水平对企业盈余管理具有显著影响，当龙头企业真实盈余管理水平异常增加时，对企业的影响则迅速减小。这说明企业会模仿龙头企业，包括其真实的经营活动，但龙头企业真实盈余管理异常增加时，企业可能会基于监管成本等因素，不再模仿龙头企业的行为。

三　影响同群效应的因素分析

我们分别检验了公司多元化经营、客户集中度和第一大股东持股比例对同群效应的影响，加入上述因素后，线性分析如下。

（一）公司多元化经营对同群效应的影响

分析结果如表 6-7 所示，从表 6-7 中可以看出，公司多元化经营能削弱盈余管理的同群效应。

表 6-7　　　　　公司多元化经营对同群效应的线性分析

	AM	AM	RM	RM
am0	1.039 *** (13.59)			
HHI	0.00132 (0.22)			
am0HHI	-0.0589 (-0.75)			
am1		0.812 *** (9.38)		
HHI		-0.0140 * (-1.88)		
am1HHI		-0.293 *** (-3.29)		
rm0			0.716 *** (7.47)	
HHI			-0.00814 (-0.43)	

续表

	AM	AM	RM	RM
rm0HHI			0.0112	
			(0.12)	
rm1				0.0253
				(0.50)
HHI				-0.0101
				(-0.65)
rm1HHI				0.0420
				(0.80)
FSS	-0.0413***	-0.0478***	0.0225	0.0314
	(-3.91)	(-3.66)	(0.86)	(1.17)
DTA	-0.000185	0.0168**	-0.0265*	-0.0307**
	(-0.03)	(2.25)	(-1.78)	(-2.01)
ROA	0.181***	0.245***	-0.650***	-0.726***
	(13.27)	(14.53)	(-19.11)	(-20.89)
lnA	-0.000550	0.000812	0.0156***	0.0221***
	(-0.47)	(0.56)	(5.36)	(7.39)
Growth	0.0158***	0.0149***	-0.0980***	-0.106***
	(13.90)	(10.65)	(-34.68)	(-36.91)
_cons	0.0160	-0.0151	-0.327***	-0.555***
	(0.60)	(-0.46)	(-4.83)	(-8.09)
样本量	12105	12105	12105	12105
R^2	0.465	0.184	0.240	0.199

（二）客户集中度对同群效应的影响

客户集中度越高，说明公司经营独立性越低。分析结果如表6－8所示，客户集中度会增强企业的应计盈余管理的同群效应，但不会影响企业的真实盈余管理的同群效应。

表 6 - 8　　　　　　　客户集中度对同群效应的线性分析

	AM	AM	RM	RM
am0	0. 960 ***			
	（48. 82）			
CC1	− 0. 00385			
	（ − 0. 41）			
am0CC1	0. 153 *			
	（1. 66）			
am1		0. 493 ***		
		（18. 77）		
CC1		0. 00784		
		（ − 0. 66）		
am1CC1		0. 170 *		
		（1. 38）		
rm0			0. 706 ***	
			（20. 56）	
CC1			0. 0965 ***	
			（3. 72）	
rm0CC1			− 0. 159 *	
			（ − 1. 16）	
rm1				0. 105 ***
				（7. 83）
CC1				0. 122 ***
				（5. 14）
rm1CC1				− 0. 0117
				（ − 0. 17）
FSS	− 0. 0173	− 0. 0393 **	− 0. 0262	0. 0185
	（ − 1. 23）	（ − 2. 22）	（ − 0. 78）	（0. 53）
DTA	− 0. 0172 **	− 0. 00692	− 0. 00939	− 0. 0164
	（ − 2. 04）	（ − 0. 65）	（ − 0. 47）	（ − 0. 79）
ROA	0. 0796 ***	0. 0980 ***	− 0. 674 ***	− 0. 767 ***
	（4. 30）	（4. 21）	（ − 15. 10）	（ − 16. 62）

续表

	AM	AM	RM	RM
lnA	-0.00235	0.00270	-0.00156	0.00493
	(-1.38)	(1.26)	(-0.38)	(1.15)
Growth	0.0198***	0.0188***	-0.117***	-0.124***
	(13.90)	(10.47)	(-33.90)	(-34.98)
_cons	0.0597	-0.0595	0.0361	-0.203**
	(1.58)	(-1.25)	(0.39)	(-2.14)
样本量	8024	8024	8024	8024
R²	0.457	0.139	0.323	0.272

（三）第一大股东持股比例对同群效应的影响

第一大股东持股比例越高表明股权分散度越低。分析结果如表6-9所示，从表6-9中可以看出，第一大股东持股比例会增强企业真实盈余管理的同群效应和企业受龙头企业应计盈余管理的影响，但削弱企业应计盈余管理受行业均值的影响，这也跟公司治理与盈余管理相关文献相吻合。在家族企业中，所有者对社会财富和企业的控制权是风险厌恶的，即追求企业的信誉和企业的控制权，与非家族企业相比，会更少地采用盈余管理。

表6-9　　　　　第一大股东持股比例对同群效应的线性分析

	AM	AM	RM	RM
am0	1.074***			
	(51.00)			
am0FSS	-0.211***			
	(-4.12)			
am1		0.382***		
		(16.69)		
am1FSS		0.397***		
		(7.14)		

续表

	AM	AM	RM	RM
rm0			0.400 ***	
			(9.17)	
rm0FSS			0.951 ***	
			(9.66)	
rm1				− 0.0303 *
				(− 1.94)
rm1FSS				0.235 ***
				(6.04)
FSS	− 0.0187 ***	0.000547	0.123 ***	0.0856 ***
	(− 3.10)	(0.07)	(6.35)	(4.97)
DTA	0.000214	0.00659	− 0.0322 ***	− 0.0310 ***
	(0.05)	(1.32)	(− 2.98)	(− 2.77)
ROA	0.153 ***	0.181 ***	− 0.558 ***	− 0.652 ***
	(16.44)	(15.64)	(− 22.11)	(− 25.21)
lnA	− 0.00177 **	− 0.0000148	0.0203 ***	0.0287 ***
	(− 2.53)	(− 0.02)	(10.52)	(14.42)
Growth	0.0123 ***	0.0127 ***	− 0.0916 ***	− 0.0974 ***
	(14.22)	(11.90)	(− 39.34)	(− 40.71)
_ cons	0.0383 **	− 0.0218	− 0.473 ***	− 0.733 ***
	(2.51)	(− 1.15)	(− 11.18)	(− 16.85)
样本量	18587	18587	18587	18587
R^2	0.484	0.206	0.220	0.170

总体来说，企业盈余管理会受到行业平均水平和龙头企业盈余管理的影响，存在同群效应。并且，企业应计盈余管理和真实盈余管理受到的影响并不相同。具体表现为：行业应计盈余管理均值对企业的影响是线性的。龙头企业应计盈余管理水平处于较高水平（$am1_{it}$ < − 0.2 或 > 0.2）时，企业应计盈余管理水平受其影响稳定在较低的水平；龙头企业应计盈余管理水平在小范围内变动（0.2 > $am1_{it}$ > − 0.2）时，这种影响水平会出现大幅度的提高。当整个行业进行异

常的负向真实盈余管理（$rm0_{it} < -0.5$）或者正向的真实盈余管理（$rm0_{it} > 0$）时，其对企业真实盈余管理的影响稳定在较高水平，小范围的真实盈余管理的行业平均水平（$0 > rm0_{it} > -0.5$）对企业的影响则明显减弱；龙头企业真实盈余管理水平对企业盈余管理具有显著影响，当龙头企业真实盈余管理水平异常增加时，对企业的影响则迅速减小。

企业经营独立性会削弱盈余管理的同群效应。总体来讲，公司多元化经营会增强企业的应计盈余管理的同群效应，尤其是企业对龙头企业的模仿，但不会影响企业的真实盈余管理的同群效应。客户集中度会增强企业的应计盈余管理的同群效应，但不会影响企业的真实盈余管理的同群效应。

股权独立性会削弱盈余管理的同群效应。股东持股比例对企业盈余管理的同群效应具有显著的影响作用。从实证结果来看，第一大股东持股比例会增强企业真实盈余管理的同群效应和企业受龙头企业应计盈余管理的影响，但会削弱企业应计盈余管理受行业均值的影响。

四 模型稳健性检验

基于本书前述分析，公司会模仿与之相关联的公司或者规模相近的公司，因此，在对同群效应存在性的稳健性检验中，我们从公司规模角度出发，选择了公司规模最为接近的另一家公司来检验其对企业的影响。

线性分析结果如表 6-10 所示，其中，IV 是公司规模最接近的另一家公司的应计盈余管理水平，IV1 是公司规模最接近的另一家公司的真实盈余管理水平。

表 6-10　　　　相似规模工具变量对同群效应的线性分析

	AM	RM
IV	0.558 *** （87.71）	
IV1		0.0345 *** （5.94）

续表

	AM	RM
FSS	0. 00132	0. 0507 ***
	(0. 19)	(3. 03)
DTA	0. 00143	- 0. 0352 ***
	(0. 31)	(- 3. 14)
ROA	0. 132 ***	- 0. 662 ***
	(12. 46)	(- 25. 51)
lnA	- 0. 000371	0. 0324 ***
	(- 0. 47)	(16. 62)
Growth	0. 0127 ***	- 0. 0979 ***
	(13. 02)	(- 40. 79)
_ cons	- 0. 00748	- 0. 801 ***
	(- 0. 43)	(- 18. 79)
样本量	18531	18531
R^2	0. 337	0. 167

检验相似规模工具变量对同群效应的线性影响，结果如表 6 – 11 所示。

表 6 – 11　　相似规模工具变量对同群效应的非线性分析

	AM	RM
IV	0. 0456 **	
	(2. 07)	
IV1		- 0. 0532 ***
		(- 3. 85)
FSS	0. 00290	0. 0783 ***
	(0. 43)	(4. 56)
DTA	0. 00164	- 0. 0360 ***
	(0. 37)	(- 3. 22)
ROA	0. 139 ***	- 0. 661 ***
	(13. 33)	(- 25. 49)

续表

	AM	RM
lnA	−0.000461	0.0315***
	(−0.59)	(16.14)
Growth	0.0127***	−0.0978***
	(13.27)	(−40.80)
IV × G	0.782***	
	(24.33)	
IV1 × G		0.248***
		(7.00)
_cons	−0.00648	−0.791***
	(−0.38)	(−18.56)
样本量	18531	18531
R²	0.360	0.170

经过相似规模工具变量的分析，我们发现，相似规模企业的盈余管理对企业的盈余管理具有显著影响。企业真实盈余管理受行业均值的影响和企业真实盈余管理受相似规模企业的影响具有相同趋势。在应计盈余管理方面则存在差异，相似规模企业的应计盈余管理处于较高水平时，对企业的应计盈余管理会产生较大的影响。

对影响同群效应的因素的稳健性检验中，我们利用 Patatoukas（2013）、王雄元等（2014）和 Dhaliwal 等（2016）关于客户集中度的算法，采用本期供应商前五大客户各自营业收入占比的标准差（CC3）和前五大股东持股比例（VSS）来检验对盈余管理同群效应的影响。

其中，前五大供应商自营业收入占比的标准差（CC3）的线性分析如表6-12所示，本期供应商前五大客户各自营业收入占比的标准差（CC3）和本期供应商的第一大客户的营业收入占营业收入的比重（CC1）对盈余管理同群效应的影响趋势大致相同，都对企业应计盈余管理的同群效应具有增强作用，不同之处在于本期供应商前五大客户各自营业收入占比的标准差（CC3）会削弱企业真实盈余管理受行业均值的影响。

表 6 – 12　　　　前五大供应商自营业收入占比的
标准差对同群效应影响的线性分析

	AM	AM	RM	RM
am0	0. 995 ***			
	(52. 59)			
CC3	− 0. 804			
	(− 0. 39)			
am0CC3	13. 88			
	(0. 62)			
am1		0. 383 ***		
		(18. 48)		
CC3		− 0. 591		
		(− 0. 23)		
am1CC3		94. 18 ***		
		(3. 34)		
rm0			0. 771 ***	
			(20. 31)	
CC3			12. 95 **	
			(2. 36)	
rm0CC3			− 79. 92 **	
			(− 2. 46)	
rm1				0. 0806 ***
				(6. 02)
CC3				21. 92 ***
				(4. 34)
rm1CC3				− 3. 031
				(− 0. 20)
FSS	− 0. 0150	− 0. 0344 *	− 0. 0118	0. 0242
	(− 1. 04)	(− 1. 91)	(− 0. 35)	(0. 68)

续表

	AM	AM	RM	RM
DTA	-0.0185**	-0.00368	-0.00307	-0.0139
	(-2.15)	(-0.34)	(-0.15)	(-0.66)
ROA	0.0819***	0.123***	-0.668***	-0.778***
	(4.35)	(5.20)	(-14.75)	(-16.76)
lnA	-0.000563	0.000476	-0.00295	0.00637
	(-0.32)	(0.22)	(-0.70)	(1.46)
Growth	0.0208***	0.0199***	-0.119***	-0.127***
	(14.14)	(10.82)	(-33.79)	(-35.11)
_cons	0.0195	-0.0200	0.0694	-0.234**
	(0.51)	(-0.41)	(0.74)	(-2.41)
样本量	7954	7954	7954	7954
R^2	0.445	0.133	0.312	0.267

前五大股东持股比例（VSS）对同群效应的影响结果如表6-13所示，对同群效应具有显著的影响，前五大股东持股比例（VSS）与第一大股东持股比例（FSS）具有相同的影响趋势，对盈余管理的同群效应具有显著的影响，会增强企业真实盈余管理的同群效应和企业受龙头企业应计盈余管理的影响，也会削弱企业应计盈余管理受行业均值的影响。

表6-13　　　　　前五大股东 VSS 对同群效应的线性分析

	AM	AM	RM	RM
am0	1.059***			
	(36.47)			
am0VSS	-0.128**			
	(-2.44)			
am1		0.264***		
		(8.14)		

续表

	AM	AM	RM	RM
am1 VSS		0.498 ***		
		(8.55)		
rm0			0.218 ***	
			(4.11)	
rm0 VSS			1.055 ***	
			(11.42)	
rm1				− 0.110 ***
				(− 5.22)
rm1 VSS				0.313 ***
				(8.18)
VSS	− 0.00946 *	0.00121	0.0776 ***	0.0259
	(− 1.69)	(0.18)	(4.15)	(1.60)
DTA	0.000679	0.00732	− 0.0365 ***	− 0.0353 ***
	(0.17)	(1.45)	(− 3.35)	(− 3.13)
ROA	0.154 ***	0.184 ***	− 0.561 ***	− 0.655 ***
	(16.34)	(15.82)	(− 22.08)	(− 25.14)
lnA	− 0.00163 **	0.000198	0.0194 ***	0.0279 ***
	(− 2.32)	(0.23)	(10.07)	(13.99)
Growth	0.0119 ***	0.0121 ***	− 0.0908 ***	− 0.0974 ***
	(13.57)	(11.20)	(− 38.57)	(− 40.22)
_ cons	0.0331 **	− 0.0273	− 0.443 ***	− 0.695 ***
	(2.14)	(− 1.42)	(− 10.38)	(− 15.84)
样本量	18399	18399	18399	18399
R^2	0.481	0.206	0.224	0.173

第五节　结论及政策建议

一　结论

根据已有文献，企业进行财务决策时，存在显著的同群效应，即企业的财务决策显著受到同行业其他企业的影响。结合同群效应的理论依据——模仿效应，公司在进行盈余管理时，会同时受到行业平均水平和龙头企业的影响。同群效应的影响效果存在差异性，依企业的多元化经营、客户集中度和第一大股东持股比例不同而不同。

本章选取了 2002—2016 年沪深两市 A 股上市公司共 8024 个非平衡面板数据，理论分析和实证检验相结合，利用面板平滑转移自回归（PSTR）模型，分析了我国上市公司盈余管理的同群效应存在性，并探讨了公司多元化经营、客户集中度和第一大股东持股比例对盈余管理同群效应的影响，本章主要结论如下：

（1）企业的盈余管理决策存在同群效应，企业进行盈余管理时受行业平均水平的影响，并同时会模仿同行业的龙头企业。本章对全样本数据进行了回归，分析了滞后一期行业盈余管理均值和龙头企业盈余管理与企业盈余管理的关系。研究结果显示，行业应计盈余管理平均水平加大了企业作出同种行为的趋势，龙头企业应计盈余管理会在特定范围内对企业采取相同措施产生相对稳定的正向推动作用，行业真实盈余管理平均水平和龙头企业真实盈余管理对企业的相同行为产生了阻滞作用。

（2）企业多元化经营能显著影响企业盈余管理的同群效应。本章加入企业多元化经营因素后，发现同群效应有了较大变化。研究结果显示，企业多元化经营会削弱企业应计盈余管理受行业平均水平的影响，增强企业应计盈余管理受龙头企业相同行为的影响，平滑企业真实盈余管理受行业平均水平的影响，增强企业真实盈余管理受龙头企业相同行为的影响。

（3）客户集中度能显著影响企业盈余管理的同群效应。加入客户集中度因素后，研究结果显示，客户集中度能够削弱企业应计盈余管理受行业平均水平的影响，增强企业应计盈余管理受龙头企业相同行为的影响，增强企业真实盈余管理的同群效应。

（4）第一大股东持股比例能显著影响企业盈余管理的同群效应。加入第一大股东持股比例因素后，研究结果显示，该因素能削弱企业应计盈余管理的同群效应，对真实盈余管理同群效应的影响相对复杂，低水平的第一大股东持股比例对企业真实盈余管理的同群效应有阻滞作用，高水平的第一大股东持股比例则对其有正向的推动作用。

二　政策建议

基于本章的综合分析和实证结果，同行业企业盈余管理行为与企业盈余管理行为确实存在显著的相关关系，并且企业的不同特征也会明显改变这种同群效应的作用效果。因此，本章认为，同行业企业的盈余管理行为确实增加了企业盈余管理的可能性，即企业管理者在作出决策时，应该将同群效应纳入影响因素中。根据本章的研究结论，结合我国特有的新兴转轨市场特征，本章从政府对资本市场的有效治理和上市公司机制的完善两个方面，给出了以下两点建议。

（一）抑制盈余管理群聚性的不合理发生

从企业的盈余管理角度来讲，上市公司可能出于不同的目的进行盈余管理，在某些情形下，盈余管理有利于提高公众对公司真实价值的认可，但从我国目前的状况来看，上市公司主要还是从机会主义操纵动机出发进行盈余管理，这对提高我国的证券市场效率来讲是非常不利的。因此，政府及相关机构要时刻保持对盈余管理的有效监管。首先，不断完善我国的会计准则，将准则具体化、精细化，压缩会计政策和会计估计被企业不合理利用的空间，加强对上市公司报告盈余的外部审计等监督。其次，上市公司进行盈余管理的动因各不相同，盈余管理的操纵手段也越发隐蔽，相关机构应全方位、多角度对企业的盈余管理行为加以识别。最后，要提升盈余管理相关制度的威慑力，加大对不法盈余操纵的处罚力度，从准则出发，以制度为据，引导上市公司合理地进行财务管理。

从盈余管理的同群效应角度来讲，上市公司受同行业影响比较明显，政府和相关机构有必要从整个行业的全局角度实施有效的监管措施。基于此，本章认为，首先，建立严格的市场准入机制，降低不良企业扰乱市场的可能性，避免出现市场整体趋势下降的情形。同时，政府和相关机构还应引导上市公司合理有效改善业绩，追求长期的平稳经营，减少投资者对企业的消极反应。其次，政府和相关机构还应加强信息披露机制的建设，规范机构投资者和其他外部人员的相关行为，避免因信息失真而造成上市公司对其他企业的不合理学习和模仿，完善资本市场正常运行的法律制度。同时，监管机构还要防止上市公司的利益相关者假借同群效应之名，与其他关联人员投机取巧，获取不正当利益。最后，政府和相关机构要对盲目的、不合理的同群效应加以抑制，对于市场中正常的、合理的同群效应，则应该规范职责权限，让市场主动对同群效应作出相应调节。

从盈余管理的选择方式来讲，企业的不同特征使其受到的同行业影响也存在差异，企业会选择最有利的方式进行盈余管理，这就对监管机构提出了较高的监管要求，要合理分配资源，达到最好的监管效果。当出现行业盈余管理水平和龙头企业盈余管理水平都处于高位时，监管机构的监测中心就应该适当往应计盈余管理倾斜；反之则要侧重真实盈余管理的监测。

（二）完善上市公司的内部治理机制

为了应对不合理的盈余管理同群效应的影响，上市公司首先要有一个完善的内部治理机制。因此，企业管理人员要在公司内部建立和完善决策流程，决策时广泛接纳各管理人员的有效意见，避免盲目模仿和不合理追随其他企业的决策。同时，同群效应产生的原因之一就是信息不对称，为了尽可能降低不合理的同群效应带来的决策失真，企业管理人员决策时应该尽可能详细地收集信息，全面分析信息的有效性。

另外，完善的内部治理机制能够适当约束企业管理者，保证公司经营与股东利益的一致性，预防企业管理人员受同行业其他企业的不良影响而产生的对股东财富的侵占。在国内外关于股权结构的文献中，股权适度集中的公司，要比有绝对控股股东的公司，出现盈余管理的概率更低，内部治理更好，能有效地降低对小股东的利益侵占。因此，企业要加强内部治理机制建设，防止股权过于集中时，增加受同行业其他企业不良影响的风险。

第七章 公司股权价值估计偏离对盈余管理行为的引致效应

第一节 引言

由于信息的获取成本及解读偏好，市场对上市公司的价值估计往往会与其真实值产生偏差，即价值高估或低估。这种偏差可能反映了投资者对公司未来发展预期的提前变现，也可能是源于人为的市场操纵或炒作。而公司管理者对此的反应既可以无视市场的估值，依旧根据真实绩效报告公司盈余；也可以根据市场价值估计的偏差进行盈余管理来迎合投资者。

面对公司估值偏差引起的盈余管理行为，多数研究是从公司价值高估入手。如 Jensen（2005）提出的价值高估企业的委托—代理理论认为，公司管理者一般会选择人为地夸大公司的报告盈余以暂时满足市场的预期，维持高估的公司价值不至于大幅下跌。我国学者的研究成果也证实了股权价值高估企业与其应计盈余管理行为（刘睿智和丁远丙，2009；袁知柱等，2014）、真实盈余管理行为（张芫和张建平，2015）或两者兼而有之（刘佳和张建平，2016）具有显著关联性。

Kothari、Loutskina 和 Nikolaev（2006）以美国上市公司 1963—2004 年 42 年的数据为样本进行的研究表明，公司价值被高估的上市公司下一年度的会计总应计和操纵性应计均比价值低估的上市公司高。这间接地证明了价值低估引起的盈余管理行为虽然弱于价值高估公司，但其存在性是不容忽视的。由此推断公司价值被高估或低估并不是其是否选择盈余管理的分水岭，至多是其盈余管理程度的一个影响因素。而从公司价值高估或低估的视角人为地将公司估值偏差引致的盈余管理行为割裂来分析势必破坏了两者关系的整体性和关系变化的连续性。为此，本章将从公司价值偏离程度这一整体视角入手，来检验其对公司盈余管理行为的引致效果。从现有的文献来看，随着偏离程度的变化，偏离正负的转移，其引发的盈余管理行为和程度是存在变化且连续的，我们会相应选择一个能体现这一连续变化的平滑转移模型来拟合这一经济现象。

第二节　文献综述及研究假设

学术界对公司估值偏离与盈余管理关系的关注，最先开始于公司的盈余管理行为是否会引致股价估值偏离，特别是追求股价高估的动因之一。如希利和瓦伦（1999）证实了上市公司有动机通过盈余管理（特别是正向盈余管理）来歪曲财务信息，以使公司股票的市场价值上升。而随着研究视角的扩大，研究者发现，市场对公司估值的偏离也会导致公司管理者的战略决策改变及包括盈余管理在内的治理行为（Baker et al.，2002；Shleifer et al.，2003；Polk et al.，2004；Povel et al.，2007）。Jensen（2005）在其对高估股权价值企业的委托—代理成本研究中指出：在没有外部因素的影响下，被高估的公司股权价值势必会迅速回归其真实水平。这种公司价值大幅回落通常会使企业及其管理者承担短期的市场惩罚后果，如薪酬下调、工作安全度降低及经理人能力声誉受损（Weisbach，1988）。而盈余管理至少能短期内迎合投资者预期，进而避免市场价值迅速回落真实值而给管理者带来的诸多惩罚。为此，管理者有动机利用包括盈余管理在内的努力来避免或拖延股价的回落。Chi 等（2009）、Houmers 等（2010）、Badertsche（2011）、Skinner 和 Sloan（2002）、Graham 等（2005）等多数文献也证实了股价高估驱动的盈余管理行为的存在。

相反，对于低估股权价值企业而言，管理者追求的是股价尽快回归真实。虽然如实地向市场传递真实信息可以实现市场估值的矫正，但利用适当的盈余管理会加速这一过程，盈余管理后良好的公司业绩会加速扭转市场的悲观情绪。Wang 等（2012）也证实在股权价值低估驱动的盈余管理行为虽然较少，但确实存在。

因此，无论企业价值遭受市场的高估或者低估，都会触发该企业的盈余管理行为，只不过其程度不同而已。而现有文献在研究公司估值偏差引发盈余管理行为的差异时，往往人为设定一个分水岭，根据估值偏差程度可将公司分为两部分，通过对两者的盈余管理水平的比较来推断这一差异性的存在。在这一领域主流的股权价值估计偏差方法是 Rhodes - Kropf、Robinson 和 Viswanathan（RKRV，2005）模型。RKRV 模型通过计算公司市场价值与内在价值的比值 M/V，将样本内 M/V 最高的某一比例公司定义为股权价值高估公司，进而获得连续 i 年的股权价值高估公司，并通过设定虚拟变量将其与其他公司区分开来。Chi 等（2009）、Duong（2012）、Coulton（2012）以及我国学者袁知柱等（2014），张苃、张建平（2015）等均采用这一度量方法。刘睿智和丁远丙根据估值偏差正负将公司分为两组样本，分别测度其对盈余管理行为的触发。

以上研究只能向我们证实随着公司估值偏差幅度的变化，其引致的盈余管理强度在相应改变，估值偏差最高的某一比例公司或者估值偏差为正的公司的盈余管理行为显著区别于其他公司。但我们不能接受公司估值偏离程度对盈余管理的引致效应恰好在以上提及的分水岭发生改变，这一研究拐点是人为设置的，并不能被证实如实地拟合了两者之间的变化关系。刘睿智和丁远丙（2009）虽然在总样本中通过加入估值偏离平方项证明了公司估值偏离程度与盈余管理的非线性关系，但同样无法确定具体的拐点以及两者的动态变化过程。为此，我们拟通过引入平滑转换模型，基于数据自身而非人为经验寻找拐点，进而拟合公司估值偏差引致盈余管理行为的非线性关系。

进一步地，管理者操纵盈余时，既可以通过应计项目来调整会计盈余即应计盈余管理；也可以通过真实经济业务即真实盈余管理行为来实现。由于真实盈余管理是通过实际经营活动的改变来实现的，与基于应计项目调整的应计盈余管理相比成本过高，因此，一直没有受到研究者的特别关注。在股权估值偏差驱动下的公司盈余管理行为的研究中，大部分文献只着眼于应计盈余管理，如 Skinner 和 Sloan（2002），Graham 等（2005），Kothari、Loutskina 和 Nikolaev（2006），Chi 等（2009），Coulton（2012），刘睿智和丁远丙（2009）。而在为数不多的兼顾了真实盈余管理的研究中，也只是再次证实了真实盈余管理的高成本性使它只有在应计盈余管理实施受阻或盈余管理收益足够大时被使用。如 Badertscher（2011）发现，当股价高估前期有应计项目操纵空间时，公司会选择应计项目操纵，而到了后期当应计操纵受限后则转而采用真实经济业务操纵手段来达到盈余管理目标。Sawicki（2010）发现，《萨班斯法案》实施前后，股权价值高估企业均较少采用真实经济业务操纵手段来进行盈余管理，这主要是因为内部人交易收益并不足以抵消真实盈余操纵的经济成本。我国学者袁知柱等（2014）发现，在股价高估初期会偏好使用应计盈余管理，在后期高估严重时会偏好真实盈余管理。这也间接地证明了真实盈余管理的高成本性使它只有在情形很严重时才会采用。但刘佳和张建平（2016）的研究结果与之相反，认为无论是高估前期还是后期，企业会一直采用真实盈余管理方式来调减利润。在本章研究中，我们拟将公司盈余管理手段的选择纳入研究范围，即检验随着公司估值偏离幅度的变化，公司盈余管理手段的选择是否发生变化。

最后，我们还要回答公司市场估值偏离驱动下的盈余管理行为是否也受到估值偏离类型的影响？RKRV（2005）将市场估值偏离分解为源于公司自身特质和源于行业特质两种类型。刘睿智和丁远丙（2009）的非线性模型检验结果显示，公司管理者对公司特定因素造成的估值偏差更敏感，而对行业因素导致的估值偏差反应相对较弱。此外，这两类估值偏差对盈余管理的影响存在互为促进的关系，即一类估值偏差的增大会导致另一类估值偏差对盈余管理引致效应的增强。结合我国近年来的国情，由于新技术的出现、政策的倾斜、国内外市场的变化等因素，投资者可能会对某个行业增强关注，对突然增多的信息会出现解读不足或解读过度的现象。由此造成的市场估值偏离可能更多地源于经济环境而非公司自身，因此会作用于整个行业而非某一单个企业。此时公司在面对估值偏离回归后可能导致的管理者惩罚的忌惮就会削弱，即基于行业特质的估值偏差引致的公司盈余管理动机相对不足。而市场对公司自身信息（如管理者变动、战略调整、投资意向等）消化不完全或过度引致的估值偏差，公司就无法推卸于经济环境，必须独立面对。此时的估值回归导致的管理者惩罚压力要远大于行业特质性估值偏离情形。

基于以上分析，我们提出如下研究假设：

H7－1：公司股价估计偏差会非线性地引致公司盈余管理行为。

其中公司股价估计偏差按照 RKRV（2005）区分为源于公司自身特质和源于行业特质的估值偏差，公司盈余管理手段也分别用应计盈余管理和真实盈余管理来度量。

考虑到基于行业因素造成的估值偏差给公司管理者带来的压力要相对弱于公司因素造成的估值偏差，我们提出如下假设：

H7－2：基于公司特质的估值偏差对公司盈余管理行为的引致效应要强于基于行业特质的估值偏差。

估值偏差对盈余管理行为的引致效应越大，管理者摆脱盈余管理成本约束的动力越强，动用高成本盈余管理手段的概率越大，为此，我们提出如下假设：

H7－3：基于公司特质的估值偏差对公司真实盈余管理行为的引致效应要强于基于行业特质的估值偏差。

第三节　研究设计

（一）公司估值偏差的度量

公司的估值偏差指标最初使用托宾 Q 值（Tobin Q），但由于公司账面价值并不能完全反映公司的真实价值水平，Rhodes－Kropf 等（2005）将 Tobin Q 分为市场价值与内在价值的差和内在价值与账面价值的差两部分，前者被更广泛地用以衡量公司的估值偏差。我们进一步将其划分为基于公司特质和基于行业特质的估值偏差。

如果以 m 表示公司市场价值，v 表示内在价值，则有估值偏差 = $m - v = (m - \hat{m}) + (\hat{m} - v)$，其中，$m - \hat{m}$ 为源自公司特质的估值偏差，$\hat{m} - v$ 为源自行业特质的估值偏差。借鉴刘睿智（2009）补充下的 RKRV 模型（Rhodes – Kropf et al.，2005），我们来获得这两部分估值偏差的值。具体模型如下：

$$m = b + |ni| + I_{(<0)} |n_i| + LEV + LEV^2 + TR\_P + \varepsilon \qquad (7-1)$$

式中，m 为公司市场价值，等于股权市场价值与债权账面价值的对数；b 为公司账面总资产的对数；$|n_i|$ 为公司年度会计利润绝对值的对数；LEV 为公司负债资产比率，$I_{(<0)}$ 为哑变量，当公司净利润为负时取 1，否则取 0。TR_P 为流通股比例。ε 为残差项。

对模型（7-1）分行业分年份进行横截面 OLS 回归，可以得到残差项 ε 和 m 的估计值 $\hat{m}$。将分行业分年份回归后得到的各解释变量系数进行分行业求均值，代回模型（7-1）后求得的 m 估计值即为公司内在价值 v。残差项 ε 就是公司特质导致的估值偏差；$\hat{m} - v$ 是行业特质导致的估值偏差。

（二）控制变量

首先，前文研究表明，一些有关 CEO 的变量会驱使公司进行盈余管理，例如 CEO 是否为董事长、CEO 的基本薪酬水平和 CEO 的奖金与总报酬的比例等（Efendi et al.，2007；Cohen et al.，2008）。对于中国市场，公司行为相对于 CEO 特征来说更多地受到股权结构的影响。因此，我们选择第一大股东持股比例（FSS）来代表公司股权结构控制变量。

其次，现有研究发现，盈余管理与公司业绩相关（McNichols，2000），因此，我们采用资产收益率（ROA）和营业收入增长率（Growth）作为增长控制变量。基于 Barton 和 Simko（2002）及 Baber 等（2011）的研究表明，采取激进会计政策的公司更倾向于盈余管理，因此，我们使用资产负债率（LEV）作为运营稳定性控制变量。

最后，Becker 等（1998）和 Roychowdhury（2006）发现，公司规模会影响盈余管理，因此，我们使用产业调整后的总资产对数（lnA）

作为行业中相对公司规模的控制变量。考虑到公司管理者对市场估值及部分公司特征的反应滞后性，我们将公司估值偏差、公司资产负债率、公司规模取滞后一期值。具体的变量定义及描述见表7－1。

表7－1　　　　　　　　　变量定义及描述

变量类型		变量名称	变量内容
被解释变量		AM	应计盈余管理
		RM	真实盈余管理
解释变量		err_firm	基于公司特质的估值偏差
		err_indu	基于行业特质的估值偏差
控制变量	股权结构	FSS	第一大股东持股比例
	业绩增长	ROA	资产收益率
		Growth	营业收入增长率
		DTA	资产负债率
	公司规模	lnA	总资产对数

（三）样本选择与说明

本章选取2004—2014年沪深两市上市公司为样本。在对交叉上市公司、金融类上市公司、数据缺失值进行剔除后，最终获得总计13655家公司。数据来源于国泰安CSMAR数据库。实证检验基于Stata12完成。

（四）模型建立

为考察公司股价估计偏差对公司盈余管理行为的非线性引致效应，本章采用带有机制平滑转换特征的非线性回归模型——PSTR模型。PSTR模型利用引入一个连续转换函数来实现模型的系数随转换变量的变化而连续地变化，体制的转换表现为一个连续的、平滑的过程，由此体现拟合对象的非线性特征和转换渐进性的行为特征，更贴近于经济的现实情况。在PSTR模型机制转换分析框架下，可以对模型的相关参数进行灵活的设定，这不仅可以解决传统分组回归方法分析状态变化影响所产生的样本量减小、分组标准武断等缺点，还可以更好地刻画截面异质性。另外，Fouquau 等（2008）的仿真研究发现，PSTR 模型还能很好地解决由于模型的内生性所产生的参数估计量有偏的问题。

PSTR 模型方法近年来在经济相关研究领域中得到了广泛的应用。其中有代表性的包括：冈萨雷斯（2005）利用面板平滑转换（PSTR）模型研究在资本市场及信贷限制不完善条件下企业投资决策分析问题；Fouquau 等（2008）采用 PSTR 模型研究 24 个 OECD 的国家储蓄率和投资之间的相互关系；Bereau 等（2008）利用面板转换误差修正模型研究实际汇率的价值均衡问题。在国内，彭方平和王少平（2007）在国内首次利用 PSTR 模型，通过把我国上市公司作为横截面单元来建立非线性面板模型，从公司层面揭示和评价我国货币政策的微观效应。

PSTR 模型的一般形式设定如下：

$$y_{it} = u_i + x_{it}\phi + (x_{it}\theta)g(q_{it}; \lambda, c) + \varepsilon_{it}$$

式中，ϕ 和 θ 为参数向量，y_{it} 为被解释变量，x_{it} 为解释变量组成的向量。u_i 为面板模型的个体效应，ε_{it} 为随机变量，i 和 t 分别为样本个体的横截面单元和时间序列。$g(q_{it}; \lambda, c)$ 是转换函数，它是可观测状态变量（也被称为转换变量）q_{it} 的一个连续函数；参数 λ 决定了转换速度；c 为转换发生的位置参数。

对于面板数据模型，冈萨雷斯等（2005）给出了以下逻辑型转换函数设定形式，即：

$$g(q_{it}; \lambda, c) = \left\{ 1 + \exp \left[-\lambda \prod_{j=1}^{m} (q_{it} - c_j)/\delta_z \right] \right\}^{-1}, \quad c_1 \leq c_2 \cdots \leq c_m,$$
$$\lambda > 0$$

我们以公司股价估值偏差为转换变量，即检验随着公司估值偏差幅度的变化，其对公司盈余管理的引致效应是否会相应发生变化。具体构建模型（7-2）。

$$EM_{it} = err_{it-1} + FSS_{it} + DTA_{it-1} + ROA_{it} + \ln A_{it-1} + Growth_{it} + $$
$$(err_{it-1} + FSS_{it} + DTA_{it-1} + ROA_{it} + \ln A_{it-1} + Growth_{it}) \times$$
$$g(err_{it-1}; \lambda, c) + \varepsilon_{it} \qquad (7-2)$$

式中，EM_{it}为 i 公司在 t 年的盈余管理水平；err_{it-1} 为 i 公司在 $t-1$ 年的市场估值偏离水平。其他的控制变量分别为：FSS_{it} 是公司当年第一大股东持股比例；DTA_{it-1} 是公司滞后一年的资产负债率；ROA_{it} 是公司当年资产收益率；$\ln A_{it-1}$ 是公司滞后一年的总资产对数；$Growth_{it}$ 是公司当年营业收入增长率。

转换函数为：

$$g(err_{it-1};\ \lambda,\ c) = \left\{ 1 + \exp\left[-\lambda \prod_{j=1}^{m}(err_{it-1} - c_j) \right] \right\}^{-1}$$

式中，err_{it-1} 作为转换变量，$c = (c_1,\ \cdots,\ c_m)'$ 是一个临界参数的 m 维矩阵，斜率参数 $\lambda > 0$ 决定了转换的平滑度。转换函数 $g(err_{it-1};\ \lambda,\ c)$ 取值在 0—1 之间。在 λ 和 c_j 确定的前提下，err_{it-1} 的值决定了 $g(err_{it-1};\ \lambda,\ c)$ 的值。模型（7-1）中，err_{it-1} 与 $err_{it-1} \times g(err_{it-1};\ \lambda,\ c)$ 的系数共同决定了 err_{it-1} 与 EM_{it} 的关系。如果后者显著，则 err_{it-1} 非线性驱动着 EM_{it}；如果后者不显著而前者显著，则 err_{it-1} 线性驱动着 EM_{it}；如果两者都不显著，则 err_{it-1} 对 EM_{it} 的驱动不明显。

我们将分别检验用应计盈余管理（AM_{it}）和真实盈余管理（RM_{it}）指代 EM_{it}；基于公司自身特质的估值偏差（err_firm$_{it-1}$）和基于行业特质的估值偏差（err_indu$_{it-1}$）指代 err$_{it-1}$。具体的检验模型如式（7-3）至式（7-6）。

$$AM_{it} = err\_firm_{it-1} + FSS_{it} + DTA_{it-1} + ROA_{it} + \ln A_{it-1} + Growth_{it} +$$
$$(err\_firm_{it-1} + FSS_{it} + DTA_{it-1} + ROA_{it} + \ln A_{it-1} +$$
$$Growth_{it}) \times g(err\_firm_{it-1};\ \lambda,\ c) + \varepsilon_{it} \qquad (7-3)$$

$$RM_{it} = err\_firm_{it-1} + FSS_{it} + DTA_{it-1} + ROA_{it} + \ln A_{it-1} + Growth_{it} +$$
$$(err\_firm_{it-1} + FSS_{it} + DTA_{it-1} + ROA_{it} + \ln A_{it-1} +$$
$$Growth_{it}) \times g(err\_firm_{it-1};\ \lambda,\ c) + \varepsilon_{it} \qquad (7-4)$$

$$AM_{it} = err\_indu_{it-1} + FSS_{it} + DTA_{it-1} + ROA_{it} + \ln A_{it-1} + Growth_{it} +$$
$$(err_{it-1} + FSS_{it} + DTA_{it-1} + ROA_{it} + \ln A_{it-1} +$$
$$Growth_{it}) \times g(err\_indu_{it-1};\ \lambda,\ c) + \varepsilon_{it} \qquad (7-5)$$

$$RM_{it} = err\_indu_{it-1} + FSS_{it} + DTA_{it-1} + ROA_{it} + \ln A_{it-1} + Growth_{it} +$$
$$(err_{it-1} + FSS_{it} + DTA_{it-1} + ROA_{it} + \ln A_{it-1} +$$

$$Growth_{it}) \times g(err\_indu_{it-1}; \lambda, c) + \varepsilon_{it} \qquad (7-6)$$

第四节　实证结果

（一）描述性统计

表 7-2 是研究样本的描述性分析。所有指标变量都通过 1% 缩尾处理。

表 7-2　　　　　　　　　　描述性统计（n = 13655）

变量	均值	标准差	最小值	25%	中值	75%	最大值
AM	-0.0198	1.5655	-6.3826	-0.5018	-0.0402	0.4499	6.6037
RM	-0.0429	3.8144	-20.0908	-0.8313	0.0724	0.9384	14.5690
err_firm	0.0005	0.2194	-0.5907	-0.1283	-0.0068	0.1238	0.6450
err_indu	0.0140	0.3975	-1.0320	-0.2128	0.0018	0.2503	1.0208
FSS	0.3674	0.1561	0.0909	0.2428	0.3448	0.4876	0.7525
Growth	0.2021	0.5263	-0.7047	-0.0226	0.1223	0.2968	3.5668
ROA	0.0299	0.0666	-0.2976	0.0101	0.0302	0.0576	0.2070
lnA	0.1201	0.2263	-0.4849	0.0037	0.0915	0.2021	1.1569
DTA	0.0112	0.0869	-0.2994	-0.0264	0.0096	0.0501	0.3225

从表 7-2 中可以发现：真实盈余管理（RM）的值要略大于应计盈余管理（AM）。这与我国企业会计准则及投资者保护制度不断完善的大环境相一致。Roychowdhury（2006）、Cohen 等（2008）、Zang（2012）等研究也显示，伴随着会计制度的严格，经理人员通过会计手段进行盈余操纵的空间变小，因此会更频繁地采用真实经济业务操纵的方式进行盈余管理。此外，基于公司特质的估值偏差要明显整体小于基于行业特质的估值偏差。这也与我国处于经济转型期，产业调整、行业热点更迭较为明显的现状相一致。

我们采用二个步骤来估计模型（7-3）至模型（7-6）：一是估

计转换变量的阈值及转换速度，获得转换函数；二是估计模型（7 –
1）的各线性及非线性项的回归系数。

基于 Luukkonen、Saikkonen 和 Terasvirta（1988），模型（7 – 3）
至模型（7 – 6）可以扩展到围绕 $\gamma = 0$ 的一阶泰勒形式，如下：

$$EM_{it} = \mu_{it} + \beta_0(err_{it-1} + FSS_{it} + DTA_{it-1} + ROA_{it} + \ln A_{it-1} + Growth_{it}) +$$
$$\beta_1(err_{it-1} + FSS_{it} + DTA_{it-1} + ROA_{it} + \ln A_{it-1} + Growth_{it}) \times$$
$$err_{it-1} + \beta_2(err_{it-1} + FSS_{it} + DTA_{it-1} + ROA_{it} + \ln A_{it-1} +$$
$$Growth_{it}) \times err_{it-1}^2 + \beta_3(err_{it-1} + FSS_{it} + DTA_{it-1} + ROA_{it} +$$
$$\ln A_{it-1} + Growth_{it}) \times err_{it-1}^3 + \varepsilon_{it}$$

式中，β_0、β_1、β_2、β_3 为参数向量。

计算 LM 值完成下列序贯检验，$LM = \dfrac{TN(SSR_0 - SSR_1)}{SSR_0}$，其中，T
为样本时间长度，N 为截面的样本数量，SSR_0 为接受假设的残差，
SSR_1 为拒绝假设的残差。

H_0^1：$\beta_1 = \beta_2 = \beta_3 = 0$

H_0^2：$\beta_3 = 0$

H_0^3：$\beta_2 = 0 / \beta_3 = 0$

H_0^4：$\beta_1 = 0 / \beta_2 = \beta_3 = 0$

如果 H_0^1 被拒绝，则接受模型为非线性模型。继续测试，如果 H_0^3
被最小概率拒绝，我们接受转换函数中 m = 2，否则我们选择 m = 1。
表 7 – 3 为 H_0^1—H_0^4 测试结果。

表 7 – 3　　　　　　　　H_0^1—H_0^4 测试结果

LM 值	H_0^1	H_0^2	H_0^3	H_0^4
模型（7 – 3）	8. 4222 ***	3. 2655 ***	1. 8703 ***	3. 2880 ***
模型（7 – 4）	41. 6868 ***	24. 5297 ***	8. 6997 ***	8. 4936 ***
模型（7 – 5）	14. 4900 ***	1. 8556 ***	7. 4013 ***	5. 2376 ***
模型（7 – 6）	18. 0729 ***	4. 0596 ***	5. 4853 ***	8. 5355 ***

我们使用模拟退火法估计转换函数中的阈值参数 c 和转移速度 λ，
最终获得转换函数，如表 7 – 4 所示。

表 7 - 4 转移函数

模型 (7 - 3)	$g = \{1 + \exp[-12.6414 \times (err\_firm_{it-1} + 0.3635)/0.2193]\}^{-1}$
模型 (7 - 4)	$g = \{1 + \exp[-13.9852 \times (err\_firm_{it-1} + 0.1562)/0.2193]\}^{-1}$
模型 (7 - 5)	$g = \{1 + \exp[-10.8891 \times (err\_indu_{it-1} + 0.8001) \times (err\_indu_{it-1} - 0.6419)/0.3975]\}^{-1}$
模型 (7 - 6)	$g = \{1 + \exp[-20.4694 \times (err\_indu_{it-1} + 0.0941)/0.3975]\}^{-1}$

基于表 7 - 4，我们使用 OLS 回归估计模型 (7 - 3) 至模型 (7 - 6) 的其他参数，其中第二列基于线性模型，第三列基于非线性模型。

表 7 - 5 中，模型 (7 - 3) 和模型 (7 - 4) 分别检验了基于公司特质的估值偏差 (err_firm_{it-1}) 对应计盈余管理 (AM_{it}) 和真实盈余管理 (RM_{it}) 的引致效果。模型 (7 - 3) 显示，err_firm_{it-1} 对 AM_{it} 的线性或非线性引致效果均不显著。模型 (7 - 4) 中，err_firm_{it-1} 对 RM_{it} 的回归结果显著，且体现为非线性。图 7 - 1 显示，当转移变量 err_firm_{it-1} 属于高区制 (约大于 0) 时，转换函数 g 的值接近 1，err_firm_{it-1} 对 RM_{it} 的影响系数接近 0.24；当 err_firm_{it-1} 逐渐从高区制过渡到低区制 (约小于 0)，转换函数 g 的值迅速从 1 变为 0，err_firm_{it-1} 对 RM_{it} 的影响系数也从 0.2394 迅速下降到 0。

表 7 - 5 模型参数估计

变量	模型 (7 - 3)		模型 (7 - 4)	
	线性	非线性	线性	非线性
err_firm_{it-1}	0.0575 (0.91)	- 0.2443 (- 0.69)	- 0.0257 (- 0.17)	- 0.8172*** (- 1.61)
FSS_{it}	0.1172 (0.57)	- 0.6569 (- 1.36)	- 0.4132 (- 0.84)	- 0.3682 (- 0.60)
ROA_{it}	- 0.4050 (- 1.27)	0.5778 (0.58)	- 2.0466*** (- 2.66)	- 1.3219 (- 1.00)
$Growth_{it}$	0.0428 (1.40)	- 0.0225 (- 0.22)	- 0.0154 (- 0.21)	- 0.1627 (- 1.15)
DTA_{it-1}	0.3827** (1.98)	1.1530* (1.76)	- 0.0929 (- 0.20)	- 1.1625 (- 1.26)

续表

变量	模型（7－3）		模型（7－4）	
	线性	非线性	线性	非线性
$\ln A_{it-1}$	－0.2555***	－0.1171	0.3667*	0.3768
	（－3.19）	（－0.42）	（1.90）	（1.01）
$g \times err\_firm_{it-1}$		0.2394		0.2394**
		（0.66）		（2.23）
$g \times FSS_{it}$		0.8070*		0.0462
		（1.76）		（0.10）
$g \times ROA_{it}$		－1.0895		－1.0408
		（－1.05）		（－0.70）
$g \times Growth_{it}$		0.0756		0.2126
		（0.71）		（1.23）
$g \times DTA_{it-1}$		－0.8488		1.5099
		（－1.23）		（1.38）
$g \times \ln A_{it-1}$		－0.1339		－0.0582
		（－0.46）		（－0.13）
截距	－0.0330	－0.0371	0.1302	0.0250
	（－0.44）	（－0.49）	（0.71）	（0.13）
调整的 R^2	0.0019	0.0021	0.0029	0.0042
变量	模型（7－5）		模型（7－6）	
	线性	非线性	线性	非线性
err_indu_{it-1}	－0.0386	－0.1182**	0.0433	0.0083
	（－1.12）	（－2.42）	（0.52）	（0.04）
FSS_{it}	0.1010	0.0852	－0.3947	－0.4097
	（0.49）	（0.41）	（－0.80）	（－0.80）
ROA_{it}	－0.3907	－0.6549*	－2.0503***	－1.3219
	（－1.23）	（－1.85）	（－2.67）	（－1.11）
$Growth_{it}$	0.0427	0.0398	－0.0158	0.1599
	（1.40）	（1.16）	（－0.21）	（1.33）
DTA_{it-1}	0.3864**	0.3125	－0.0929	－0.2168
	（2.00）	（1.47）	（－0.20）	（－0.30）
DTA_{it-1}	0.3864**	0.3125	－0.0929	－0.2168
	（2.00）	（1.47）	（－0.20）	（－0.30）

续表

变量	模型（7-5）		模型（7-6）	
	线性	非线性	线性	非线性
LNA_{it-1}	-0.2694***	-0.2858***	0.3777**	0.4656
	(-3.37)	(-3.26)	(1.96)	(1.53)
$g \times err\_firm_{it-1}$		0.1860**		0.2757
		(2.33)		(1.00)
$g \times FSS_{it}$		-0.0730		0.0174
		(-0.45)		(0.06)
$g \times ROA_{it}$		1.1876*		-0.6159
		(1.64)		(-0.44)
$g \times Growth_{it}$		-0.0053		-0.3286**
		(-0.06)		(-2.07)
$g \times DTA_{it-1}$		0.5305		0.3005
		(0.98)		(0.31)
$g \times lnA_{it-1}$		0.1523		-0.2712
		(0.64)		(-0.67)
截距	-0.0253	-0.0141	0.1217	0.0800
	(-0.33)	(-0.18)	(0.66)	(0.42)
调整的 R^2	0.0020	0.0025	0.0030	0.0031

注：括号内为 t 值。

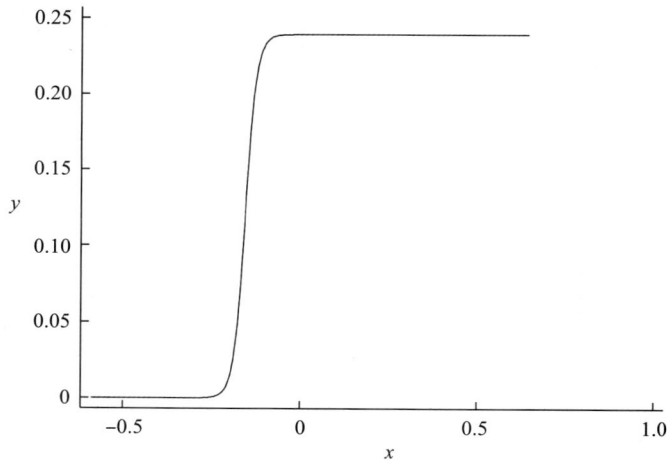

图 7-1　模型（7-4）中估值偏差影响系数的变化

注：x 为基于公司特质的估值偏差，y 为其对真实盈余管理的贡献系数。

　　表 7 - 5 中，模型（7 - 5）至模型（7 - 6）分别检验了基于行业特质的估值偏差（err_indu$_{it-1}$）对应计盈余管理（AM$_{it}$）和真实盈余管理（RM$_{it}$）的影响效果。结果显示，err_indu$_{it-1}$ 对 RM$_{it}$ 的线性或非线性影响效果均不显著。但 err_indu$_{it-1}$ 对 AM$_{it}$ 的回归结果显著，且体现为非线性。图 7 - 2 显示，当转移变量 err_indu$_{it-1}$ 属于低区制（约小于 - 0.9）或者高区制（约大于 0.8）时，转换函数 g 的值接近 1，err_indu$_{it-1}$ 对 AM$_{it}$ 的影响系数接近 0.0678；当 err_indu$_{it-1}$ 属于中间区制（- 0.9—0.8）时，g 的值从 1 迅速降到 0 再恢复到 1，err_indu$_{it-1}$ 对 AM$_{it}$ 的影响系数也从 0.0678 降到 - 0.1182 再恢复到 0.0678。

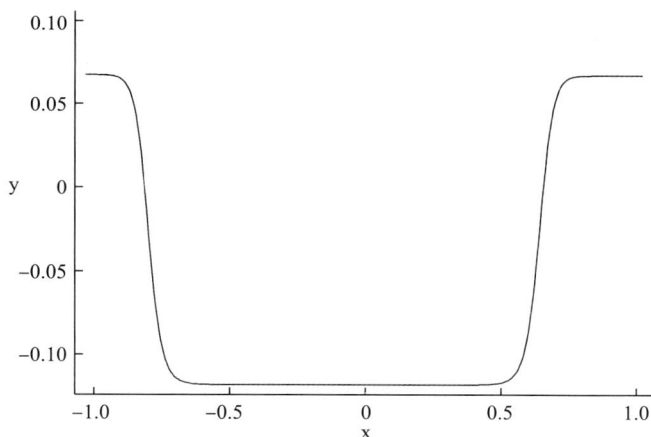

图 7 - 2　模型（7 - 5）估值偏差影响系数的变化

注：x 为基于行业特质的估值偏差，y 为其对应计盈余管理的贡献系数。

　　实证结果显示，基于公司特质的市场估值偏差偏好引致公司管理者的真实盈余管理行为，而基于行业特质的市场估值偏差偏好引致公司管理者的应计盈余管理行为，且前者的引致强度要明显大于后者。并且两者均体现为非线性关系。具体为：当市场基于公司自身特质信息低估公司价值时，不会引发公司显著的盈余管理行为；而当市场因为公司自身特质高估公司价值时，公司管理者会运用真实盈余管理来迎合这一市场现象。当市场估值偏差源于行业特质信息时，无论低估还是高估，公司管理者都会运用应计盈余管理手段对小幅度估值偏差进行纠正，对大幅度偏差进行迎合。

对应于我们上文的假设，实证结果支持 H7-1—H7-3，即公司股价估计偏差会非线性的引致公司盈余管理行为；基于公司特质的估值偏差对公司盈余管理行为的引致效应要强于基于行业特质的估值偏差；基于公司特质的估值偏差对公司真实盈余管理行为的引致效应要强于基于行业特质的估值偏差。

这一结论显示，在公司运用盈余管理对市场估值偏差做出反应时，市场估值基于什么类型的信息、公司价值被高估还是低估、估值偏离度较大还是较小，这些都会影响公司管理者对盈余管理方式的选择及操纵的力度。

第一，管理者对公司自身信息引起的市场估值偏差反应更强烈，管理盈余的成本约束也更小。这是因为，与行业信息引起的市场估值偏差相比，前者在面临价值回归时，市场会更多地将预期落差归因于公司自身因素造成，对公司经营不满进而迁怒管理者。而后者面临的价值回归是全行业共同面对的，市场会更理性地认识到其预期落差源于大环境而非公司一手造成，此时管理者的惩罚压力会小很多。这种基于不同类型信息的市场估值偏差引致了公司管理者的不同压力，继而导致管理者选择不同方式、不同幅度的盈余管理行为来规避这一压力。其中，基于公司特质的估值偏差带给的压力更大，因此，管理者被迫选择更大幅度、更高成本的真实盈余管理方式来规避估值偏差可能带来的不良后果。相反，基于行业特质的估值偏差带来的压力相对较小，管理者利用盈余管理进行规避该压力的举措也就表现得更为谨慎并受到更大的成本约束。

第二，在基于行业特质的市场估值偏差环境中，管理者对小幅度估值偏差会趋向利用盈余管理来纠正，而对大幅偏差会趋向迎合。因为基于行业特质的市场估值偏差本身给管理者带来的压力就偏小，而小幅度的偏差更削弱了这一压力，因此，管理者会更敢于选择对偏差直接纠正的行为。而当偏差幅度较大时，一方面市场预期大幅迅速回落的压力促使管理者选择迎合的态度；另一方面管理者不能忽视市场估值偏差本身所蕴含的对行业发展预测的信息含量，因而会将此纳入自身的决策信息群，所以，此时更多地体现为管理者选择迎合的行为。

第三，在基于公司特质的市场估值偏差环境中，管理者对高估现象采取积极迎合的态度，同时无视低估现象。这是因为，基于公司特质的市场估值偏差本身给管理者带来的压力就偏大，因此，对于高估现象公司管理者的首先反应是迎合，以此来规避市场预期迅速回落导致的管理者受惩罚的局面。但对于低估现象，考虑到真实盈余管理的高成本，管理者更多地选择不作为，即让市场自然的发现并回归真实价值的方式。

第五节　结论

公司估值偏离的类型，即估值偏差是基于公司自身因素还是基于行业因素形成的是否会影响公司管理者对盈余管理方式及强度的选择？这种影响是否具有动态变化特征？本章以 2004—2014 年沪深两市 13655 家上市公司为样本，利用 PSTR 模型拟合了公司盈余管理对市场估值偏差现象的反应，对这一问题进行了回答。

我们的研究结果显示，在公司运用盈余管理对市场估值偏差做出反应时，市场估值基于什么类型的信息、公司价值被高估还是低估、估值偏离度较大还是较小，这些都会影响公司管理者对盈余管理方式的选择及操纵的力度。具体来说，基于公司特质的市场估值偏差偏好引致公司管理者的真实盈余管理行为，而基于行业特质的市场估值偏差偏好引致公司管理者的应计盈余管理行为，前者的强度要明显大于后者。同时，两者均体现为非线性关系。当市场基于公司自身特质信息低估公司价值时，不会引发公司显著的盈余管理行为；而当市场因为公司自身特质高估公司价值时，公司管理者会运用真实盈余管理来迎合这一市场现象。当市场估值偏差是源于行业特质信息时，公司管理者会运用对小幅度估值偏差进行纠正，对大幅度偏差进行迎合。了解不同类型市场估值偏差对公司盈余管理行为的引致效果,不仅有助于市场投资者对公司公告盈余进行有调节的接受,而且有预警地向监管部门提示公司在某时期有操纵盈余的较大可能。

第八章　应计盈余管理对真实盈余
管理的修正作用

第一节　引言

盈余管理行为广泛存在于国内外公司中，被管理后的盈余信息在一定程度上丧失了高质量，并且会对市场秩序造成不良的影响，因此，盈余管理行为一直受到社会各界极大的关注。近年来，越来越多的文献指出，公司不仅可以通过应计项目操控盈余，也可以通过真实活动操控盈余（Roychowdhury，2006）；而且在操纵利润的时候，公司会替代性地采用应计盈余管理（后文以 AM 指代）和真实盈余管理（后文以 RM 指代）两种方式（Chen et al.，2012；Cohen et al.，2008；Cohen and Zarowin，2010；Badertscher，2011；Zang，2012）。

总的来说，RM 和 AM 都旨在操控公司利润的行为。RM 通过改变公司经营、投融资交易的结构或时间来实现，其行为可以遍布整个会计年度；AM 通过对某些既有事实下的业务改变企业会计核算方法或政策来实现，其行为更多地发生在会计年度末尾。由于这两种盈余管理方式的不同产生时间及不同成本，理论上说，管理者有两种策略来操纵利润。一是 AM 与 RM 互为补充、互为替代。管理者在会计年度初始阶段，基于一个确定的总预期盈余管理水平，考虑 AM 和 RM 各自的实施成本（Zang，2012），来统一规划 AM 和 RM 的使用组合。二是 AM 为 RM 起修正作用。管理者随着时间变化而不断调整 AM 使其与 RM 的实施效果相匹配。当 RM 与预期效应相比表现得不足或者过度，管理者通过对 AM 的调整来弥补 RM 的非预期实施结果，以使总盈余管理达到预期水平。AM 作为 RM 的一个修正工具，受到 RM 的影响，但并不能影响 RM。基于第一种策略不能解释公司利用 RM 来增加利润，再利用 AM 来压低利润（或反之）的公司行为（Chen et al.，2012）。在 AM 与 RM 的成本都非零的情况下，这一行为无疑是非理性的，然而，这一现象在以往研究的样本中却都有出现。因此，唯一的解释是公司管理者使用第二种策略或综合使用两种策略来实现盈余管理。

在第二种盈余管理策略中，AM 对 RM 的修正可以进一步细分为补充性和校正性。当使用 RM 的结果没有达到预期水平时，管理者可以利用 AM 作为一个补充工具将利润推高到预期水平。相反，当使用 RM 的结果超出了预期水平时，AM 作为一个校正工具可以将利润恢复到预期水平。我们感兴趣的是 AM 对于 RM 的补充和校正功能是否具有同样的强度。

第二节　文献综述及研究假设

关于盈余管理，研究者首先关注的是会计核算方法。一些研究表明，管理者对于会计核算方法的评价和选择导致了利润失真（Schipper，1989；Healy and Wahlen，1999）。随着后续研究的开展，例如 Baber 等（1991）、Dechow 和 Sloan（1991）、Cohen 和 Zarowin（2010），人们开始意识到通过操纵真实活动也会实现盈余管理。Graham 等（2005）对超过 400 位高管调查发现，管理者倾向于利用 RM 操控利润。Roychowdhury（2006）的研究也得出了相似的结论。

既然通过 AM 和 RM 都可以实现对利润的操纵，那么管理者就可以在它们之间做出选择。相关文献主要关注于两方面：一是管理者如何构造两种盈余管理方法的组合；二是这两种盈余管理方法之间的关系。

关于第一方面，研究者发现，盈余管理方式组合取决于其各自的成本（Barton，2001；Zang，2012；Chen et al.，2012）及是否处于一些特殊环境，例如，是否处于《萨班斯法案》的颁布年份（Cohen et al.，2008）；是否处于股票发行或增发年份（Cohen and Zarowin，2010）。Zang（2012）的实证数据表明，RM 受企业在市场中的竞争地位、财务状况、机构投资者监督等要素所制约，而 AM 则受到高质量审计师和公司会计弹性所制约。Chen 等（2012）的研究也验证了 AM 和 RM 的水平均受到其各自成本的影响。蔡春等（2013）认为，当公司面临的法律保护水平较低、处于管制行业、审计师为非国际"四大"时，更倾向选择真实盈余管理方式。谢柳芳等（2013）认为，我国退市制度的出台使上市公司的盈余管理方式从应计盈余管理向真实盈余管理转移。范经华等（2013）认为，高质量的内部控制有助于抑制公司的应计盈余管理行为，但对真实盈余管理的抑制作用较小；审计事务所的行业专长能同时抑制公司的应计和真实盈余管理行为。李增福等（2011）认为，预期税率上升使公司更倾向于实施真实活动操控的盈余管理，预期税率下降会使公司更倾向于实施应计项目操控的盈余管理。毕铭悦（2014）认为，较应计盈余管理，审计师对真实盈余管理有更大范围的容忍，审计师变更预警信号传递概率也相应较低。

关于第二方面，很多文献假设管理者同时对 AM 和 RM 进行决策（Beatty et al.，1995；Hunt et al.，1996；Gaver and Paterson，1999；Barton，2001；Pincus and Rajgopal，2002；Cohen et al.，2008；Cohen and Zarowin，2010），以及 AM 和 RM 之间相互影响并且可以互相替换。刘启亮等（2011）认为，应计与真实盈余管理是公司基于内外部环境进行综合权衡后的一个选择结果。如 Zang（2012）和 Chen 等（2012）检验了 RM 和 AM 之间的关系。但仍然有一些现象没有得到合理的解释。Zang（2012）发现，管理者基于 RM 和 AM 的相关成本来权衡选择。同时还发现，AM 与非预期的 RM 呈负相关关系，表明管理者根据已实现的 RM 水平来调整 AM，AM 是作为 RM 的一种补充工具而被采用。Chen 等（2012）发现，AM 和 RM 呈正相关关系，并且验证了两种盈余管理方式的互补关系假设。但两篇文献都没有对现实中 RM 与 AM 存在反向操作这一非理性现象给出合理的解释。

综合以上文献，我们认为，几乎所有的管理者都会在会计年度初始时基于 RM 和 AM 各自的成本大致构造盈余管理组合策略。但当会计年度末尾 RM 出现了非预期的结果时，管理者会通过调整 AM 水平来对 RM 进行修正。RM 与 AM 的替代关系和修正关系均存在，但是，最终的表现取决于哪种关系具有相对优势。因此，我们想了解在中国市场中 RM 和 AM 之间的替代关系和修正关系孰强孰弱。考虑到相对较低的盈余管理成本和较高的市场环境变化程度，管理者出于规避成本考虑而在 RM 与 AM 之间选择的可能性较小，而环境变化导致 RM 结果偏离预期，进而需要借助 AM 来修正的可能性较大。故提出本章的第一个假设：

H8-1：在中国市场中，RM 和 AM 之间表现出更强的修正关系。

如果第一个假设结论被证实，我们将检验下一个假设。由于 RM 和 AM 存在于不同的决策时间点，因此，我们考虑管理者会基于非预期的 RM 结果对 AM 水平进行调整。当 RM 没有达到预期水平时，管理者会利用 AM 作为一个补充工具来实现预期的盈余管理水平。当 RM 超出了预期水平，管理者会使用 AM 作为一个校正工具。理论上说，与补充工具相比，校正工具会花费管理者更多的资源，并且相反方向的 AM 和 RM 导致的矛盾行为会引起监管者对该企业操控利润的怀疑，从而增加了企业的审查压力。故提出本章的第二个假设：

H8-2：作为修正工具，AM 对 RM 的补充功能要强于校正功能。

RM 和 AM 之间的相关性可能随着市场环境、管理者盈余管理动机或盈余管理成本的变动而发生变化。具体来说，当 RM 和 AM 呈校正关系时，管理者有更强的意识将偏离较大的，特别是会给市场传递负面信号的盈余管理水平纠正过来，因此，对于大幅 RM 和负向 AM 的纠正动机会更为急迫，但相应承担的审查压力也更大。两者的关系要取决于动机效应和成本效应的强弱，AM 可能会因此体现为随着 RM 偏离值的增高而纠正强度更大或更小。当 RM 和 AM 呈补充关系时，管理者对大幅偏离预期值的、正向的 RM 水平补充动机更强，相应的操作成本也更小。AM 可能会因此体现为随着 RM 偏离值的增高而纠正强度变弱。因此，RM 和 AM 之间的补充关系和校正关系均可能是非线性的。随着 RM 偏离值的增大，AM 对其的校正功能可能增强或削弱，补充功能可能会增强。故提出本章的第三个假设：

H8 - 3：在中国市场中，AM 和 RM 的补充关系和校正关系均是非线性的。

第三节　研究设计

（一）控制变量

首先，先前研究表明，一些有关 CEO 的变量会驱使公司进行盈余管理，例如 CEO 是否为董事长、CEO 的基本薪酬水平和 CEO 的奖金与总报酬的比例等（Efendi et al.，2007；Cohen et al.，2008）。对于中国市场，公司行为相对于 CEO 特征来说更多地受到股权结构的影响。因此，我们选择第一大股东持股比例（FSS）作为公司股权结构控制变量。

其次，现有研究发现，盈余管理与公司业绩相关（McNichols，2000），因此，我们采用 ROE 和营业收入增长率（Growth）作为增长控制变量。基于 Barton 和 Simko（2002）、Baber 等（2011）的研究表明，采取激进会计政策的公司更倾向于盈余管理，因此，我们使用资产负债率（DTA）作为运营稳定性控制变量。

最后，Becker 等（1998）、Roychowdhury（2006）发现，公司规模会影响盈余管理，因此，我们使用产业调整后的总资产对数（lnA）作为行业中相对公司规模的控制变量。具体的变量定义及表述见表 8 - 1。

表 8 - 1　　　　　　　　　　变量定义及描述

变量类型	变量名称	变量内容
被解释变量	UAM	非预期应计盈余管理
解释变量	URM	非预期真实盈余管理

变量类型		变量名称	变量内容
控制 变量	股权结构	FSS	第一大股东持股比例
	业绩增长	ROE	股本收益率
		Growth	营业收入增长率
	运营情况	DTA	资产负债率
	公司规模	lnA	总资产对数

本章选取 2005—2012 年沪深两市 A 股上市公司为样本。在对交叉上市公司、金融类上市公司、数据缺失值进行剔除后，最终获得总计 7900 家公司。数据来源于国泰安 CSMAR 数据库。实证检验基于 Stata12 完成。

（二）模型建立

我们构建模型（8 - 1）用以检验假设 H8 - 1。

$$UAM_{it} = \mu_{it} + URM_{it} + FSS_{it} + DTA_{it} + ROE_{it} + \ln A_{it} + Growth_{it} + \varepsilon_{it}$$

$$(8 - 1)$$

如果 AM 和 RM 存在互为替代关系，则在模型（8 - 1）中 URM_{it} 应体现为既显著影响 UAM_{it}，又显著被 UAM_{it} 所影响（明显的内生性）。如果 UAM_{it} 和 URM_{it} 只存在修正关系，则体现为 URM_{it} 会影响 UAM_{it}，但不为 UAM_{it} 所影响，即 URM_{it} 在模型（8 - 1）中没有内生性现象。借鉴 Chen 等（2012），我们采用两阶段最小二乘法来检验 URM 的内生性问题，选择公司产能（C_PROD）和行业虚拟变量（IND_RD）两个工具变量。公司产能由固定资产与当期营业收入的比值来估计。行业虚拟变量反映该公司是否属于电力、生物、科技或软件行业。这两个工具变量都能反映公司的研发费用占比，从而与 URM 发生联系。

进一步地，我们利用 González、Teräsvirta 和 Van Dijk（2005）提出的面板平滑转换回归（PSTR）模型来检验假设 H8 - 2 和 H8 - 3。

$$UAM_{it} = \mu_{it} + URM_{it} + FSS_{it} + DTA_{it} + ROE_{it} + \ln A_{it} + Growth_{it} +$$
$$(URM_{it} + FSS_{it} + DTA_{it} + ROE_{it} + \ln A_{it} +$$

$$Growth_{it}) \times G(URM_{it};\ \lambda,\ c) + \varepsilon_{it} \qquad (8-2)$$

PSTR 模型中的转换函数包括逻辑型和指数型两种形式，逻辑型转换函数则更适合刻画具有非对称特征的非线性形式，而指数型转换函数更适合刻画具有对称特征的非线性形式。鉴于我们没有经验证据预判真实盈余管理对应计盈余管理具有对称特征的非线性影响，故选择模型（8-2）中的转换函数为逻辑型：

$$G(URM_{it};\ \lambda,\ c) = \left\{ 1 + \exp\left[-\lambda \prod_{j=1}^{m}(URM_{it} - c_j) \right] \right\}^{-1}$$

式中，URM_{it} 作为转换变量，$c = (c_1,\ \cdots,\ c_m)'$ 是一个临界参数的 m 维矩阵，斜率参数 $\lambda > 0$ 决定了转换的平滑度。转换函数 $G(URM_{it};\ \lambda,\ c)$ 取值在 0—1 之间。在 λ 和 c_j 确定的前提下，URM_{it} 的值决定了 $G(URM_{it};\ \lambda,\ c)$ 的值。$G(URM_{it};\ \lambda,\ c) \times URM_{it}$ 的显著性决定了 AM 和 RM 是否为非线性关系。

第四节　实证结果

（一）描述性统计

表 8-2 是研究样本的描述性分析。所有的非指标变量都通过 1% Winsorize 消除极端观测值。Panel A 包含总样本，Panel B 包含补充关系组（UAM 和 URM 同方向），Panel C 包含校正关系组（UAM 和 URM 反方向）。

表 8-2　　　　　　　　　　　　描述性统计

变量	均值	标准差	最小值	25%	中值	75%	最大值
Panel A（n = 7900）：总样本							
UAM	-0.0015	0.1392	-0.4635	-0.0693	-0.0021	0.0600	0.5005
URM	-0.0009	0.2007	-0.8961	-0.05336	0.0019	0.0594	0.8264
DTA	0.5197	0.1880	0.0826	0.3897	0.5344	0.6600	0.9101
FSS	0.3666	0.1569	0.09	0.2393	0.3444	0.4883	0.76

续表

变量	均值	标准差	最小值	25%	中值	75%	最大值
Panel A（n = 7900）：总样本							
ROE	0.0625	0.1681	− 1.0232	0.0267	0.0723	0.1277	0.4132
lnA	21.7056	1.1578	19.2885	20.8848	21.5895	22.3747	25.1867
Growth	0.2286	0.6055	− 0.7101	− 0.0111	0.1353	0.3085	4.5010
IND_RD	0.0993	0.2991	0	0	0	0	1
C_PROD	0.5804	0.7129	0.0090	0.1669	0.3537	0.7103	4.4870
Panel B（n = 4105）：补充关系组（UAM 和 URM 同方向）							
UAM	− 0.0003	0.1441	− 0.4635	− 0.0663	0.0007	0.0622	0.5005
URM	− 0.0035	0.2175	− 0.8961	− 0.0579	0.0005	0.0612	0.8264
DTA	0.5190	0.1880	0.0826	0.3859	0.5352	0.6600	0.9101
FSS	0.3697	0.1576	0.09	0.239	0.346	0.4905	0.76
ROE	0.0664	0.1563	− 1.0232	0.0267	0.0726	0.1267	0.4180
lnA	21.6747	1.1338	19.2885	20.8691	21.5596	22.3572	25.1867
Growth	0.2434	0.6329	− 0.7101	− 0.0067	0.1356	0.3146	4.5010
Panel C（n = 3795）：校正关系组（UAM 和 URM 反方向）							
UAM	− 0.0027	0.1338	− 0.4635	− 0.0656	− 0.0046	0.0581	0.5005
URM	0.0019	0.1807	− 0.8961	− 0.0499	0.0038	0.0567	0.8237
DTA	0.5205	0.1880	0.0826	0.3925	0.5322	0.6599	0.9101
FSS	0.3637	0.1561	0.09	0.2398	0.3411	0.4875	0.76
ROE	0.0591	0.1811	− 1.0232	0.0271	0.0722	0.1294	0.4180
lnA	21.7391	1.1783	19.2885	20.9065	21.6209	22.3979	25.1867
Growth	0.2127	0.5741	− 0.7101	− 0.0180	0.1346	0.3024	4.5010

根据表 8 − 2 中的 Panel B 和 Panel C，可以发现，补充关系组和校正关系组的样本数量非常接近，基本各自为总样本数的一半。这表明现实中 AM 对 RM 的补充功能和校正功能同时存在着。

1. H8 − 1 检验结果

表 8 − 3 Panel A 显示，URM_{it} 对 UAM_{it} 有显著的作用，在 Panel B 中没有体现 URM_{it} 存在内生性，即 URM_{it} 没有明显地受到 UAM_{it} 的影响，因此 H8 − 1 成立。

$$UAM_{it} = \mu_{it} + URM_{it} + FSS_{it} + DTA_{it} + ROE_{it} + \ln A_{it} + Growth_{it} + \varepsilon_{it} \tag{8-3}$$

$$UAM_{it} = \mu_{it} + URM_{it} + DTA_{it} + FSS_{it} + ROE_{it} + \ln A_{it} + Growth_{it} + resid_{it} + \varepsilon_{it} \tag{8-4}$$

$$UAM_{it} = \mu_{it} + URM_{it} + DTA_{it} + FSS_{it} + ROE_{it} + \ln A_{it} + Growth_{it} + IND\_RD_{it} + C\_PROD_{it} + \varepsilon_{it} \tag{8-5}$$

表 8 – 3　　　　　　　　　　　　RM 与 AM 关系检验

变量	Panel A		Panel B	
	系数	P 值	系数	P 值
截距项	0. 4907 ***	0. 000	0. 4901 ***	0. 000
URM	0. 0933 ***	0. 000	0. 0937 *	0. 077
DTA	0. 0250	0. 208	0. 0245	0. 218
FSS	0. 0162	0. 564	0. 0002	0. 540
ROE	0. 2187 ***	0. 000	0. 2188 ***	0. 000
lnA	− 0. 0240 ***	0. 000	− 0. 0240 ***	0. 000
Growth	− 0. 0167 ***	0. 000	− 0. 0167 ***	0. 000
resid			− 0. 0397	0. 263
调整的 R^2	0. 0445		0. 0448	

注：Panel A 显示对模型（8 – 3）的最小二乘估计结果；Panel B 显示对模型（8 – 4）的二阶段最小二乘估计结果，其中 resid 是模型（8 – 5）的残差项。

2. H8 – 2 和 H8 – 3 的检验结果

我们采用三个步骤来估计模型（8 – 2）：第一，估计转换变量的阈值及转换速度，获得转换函数；第二，估计模型的线性及非线性项的回归系数；第三，基于该系数比较补充组和校正组中 RM 对 AM 的作用大小。

模型可以扩展为基于 $\gamma = 0$ 的一阶泰勒形式，如下：

$$y_t = \beta_0 x'_t + \beta_1 x'_t s_t + \beta_2 x'_t s_t^2 + \beta_3 x'_t s_t^3 + \mu_t$$

$$UAM_{it} = \mu_{it} + \beta_0 (URM_{it} + FSS_{it} + DTA_{it} + ROE_{it} + \ln A_{it} + Growth_{it}) +$$

$$\beta_1 (URM_{it} + FSS_{it} + DTA_{it} + ROE_{it} + \ln A_{it} + Growth_{it}) \times$$
$$URM_{it} + \beta_2 (URM_{it} + FSS_{it} + DTA_{it} + ROE_{it} + \ln A_{it} +$$
$$Growth_{it}) \times URM_{it}^2 + \beta_3 (URM_{it} + FSS_{it} + DTA_{it} +$$
$$ROE_{it} + \ln A_{it} + Growth_{it}) \times URM_{it}^3 + \varepsilon_{it}$$

式中，β_0、β_1、β_2、β_3 为参数向量。

计算 LM 值完成下列序贯检验，$LM = \dfrac{TN(SSR_0 - SSR_1)}{SSR_0}$，其中，T 为样本时间长度，N 为截面的样本数量，SSR_0 为接受假设的残差，SSR_1 为拒绝假设的残差。

H_0^1：$\beta_1 = \beta_2 = \beta_3 = 0$

H_0^2：$\beta_3 = 0$

H_0^3：$\beta_2 = 0 / \beta_3 = 0$

H_0^4：$\beta_1 = 0 / \beta_2 = \beta_3 = 0$

如果 H_0^1 被拒绝，则接受模型（8-2）为非线性模型。继续测试 H_0^2—H_0^4，如果 H_0^3 被最小概率拒绝，我们接受转换函数中 m = 2，否则我们选择 m = 1。

表 8-4 显示了补充关系组和校正关系组对于假设 H_0^1—H_0^4 的测试结果，最终我们确定补充关系组和校正关系组中转换函数的 m = 2。

表 8-4　　　　　　　　　　测试结果

LM 值	H_0^1	H_0^2	H_0^3	H_0^4
补充关系组 （RM 与 AM 同向）	425. 2190 ***	15. 6266 ***	337. 8568 ***	79. 8490 ***
校正关系组 （RM 与 AM 反向）	314. 0917 ***	38. 4435 ***	225. 1774 ***	56. 1396 ***

我们使用模拟退火法估计了转换函数中的阈值参数 c 和转移速度 λ，最终获得转换函数，如表 8-5 所示。

表 8 - 5 转移函数

补充关系组	$= \{ 1 + \exp [- 12.68 \times (URM_{it} + 0.0593) \times (URM_{it} - 0.0493)/ 0.2175] \}^{-1}$
校正关系组	$= \{ 1 + \exp [- 13.34 \times (URM_{it} - 0.0040) \times (URM_{it} - 0.8264)/ 0.1807] \}^{-1}$

基于表 8 - 5，我们使用 OLS 回归估计模型（8 - 2）的其他参数，表 8 - 6 显示了利用补充关系组和校正关系组对模型（8 - 2）的回归结果，其中第二列基于线性模型；第三列基于非线性模型。

表 8 - 6 模型参数估计

Panel A：补充关系组				
	线性模型		非线性模型	
截距	0.3419 ***	0.000	0.3350 ***	0.000
URM	0.4481 ***	0.000	2.4005 ***	0.000
DTA	0.0274	0.248	0.1097 **	0.026
FSS	- 0.0002	0.513	- 0.0007	0.263
ROE	0.1582 ***	0.000	0.1908 ***	0.000
lnA	- 0.0164 ***	0.000	- 0.0173 ***	0.000
Growth	0.0086 **	0.017	- 0.0099	0.435
G × URM			- 2.0225 ***	0.000
G × DTA			- 0.1282 *	0.059
G × FSS			0.0012	0.142
G × ROE			- 0.0960	0.209
G × LNA			0.0014	0.521
G × Growth			0.0009	0.953
调整的 R^2	0.4297		0.5278	
Panel B：校正关系组				
截距	0.3063 ***	0.001	0.1963 **	0.023
URM	- 0.4696 ***	0.000	- 0.1443 ***	0.000
DTA	- 0.0352	0.148	- 0.0692 ***	0.009

续表

Panel B：校正关系组				
	线性模型		非线性模型	
FSS	− 0. 00003	0. 930	− 0. 0001	0. 705
ROE	0. 1415 ***	0. 000	0. 0629 ***	0. 000
lnA	− 0. 0136 ***	0. 002	− 0. 0113 ***	0. 005
Growth	0. 0066 *	0. 090	− 0. 0082	0. 114
G × URM			− 0. 1894 ***	0. 000
G × DTA			0. 0615 **	0. 015
G × FSS			0. 0002	0. 395
G × ROE			0. 0513 *	0. 067
G × LNA			0. 0048 ***	0. 000
G × Growth			0. 0042	0. 606
调整的 R^2	0. 3770		0. 5032	

在表 8 − 6 Panel A 的线性回归结果中，UAM 与 URM、公司业绩（ROE、Growth）呈显著正相关关系；与公司规模（lnA）呈显著负相关关系。在非线性回归结果中，以上关系基本维持不变，且 UAM 与 URM、DTA 的相关性还呈现非线性特征。图8 − 1（1）显示，当转移变量 URM 属于低区制（低于 − 0.4）或者高区制（约高于 0.4）时，转换函数 G 的值接近 1，URM 对 UAM 的影响系数（2.4005 − 2.0225 × G）接近 0.378；而当 URM 属于中间区制（− 0.4—0.4），G 的值从 1 降到 0.4576 再恢复到 1，URM 对 UAM 的影响系数从 0.378 上升到 1.475 再恢复到 0.378。相似地，图 8 − 1（2）显示，在高低两区制，DTA 对 UAM 的影响系数（0.1097 − 0.1282 × G）接近 − 0.0185；在中间区制，则从 − 0.0185 上升到 0.0510 再恢复到 − 0.0185。

在表 8 − 6 Panel B 的线性回归结果中，UAM 与 URM、公司业绩（ROE、Growth）呈显著正相关关系；与公司规模（lnA）呈显著负相关关系。在非线性回归结果中，UAM 与 URM、DTA、ROE、lnA 的

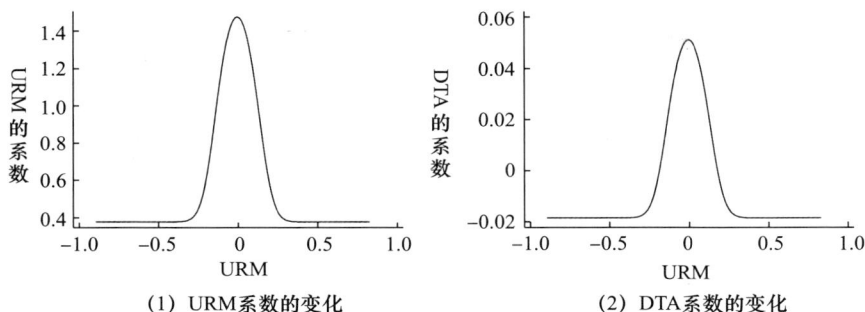

（1）URM系数的变化　　　　　　　（2）DTA系数的变化

图 8-1　模型（8-2）中的非线性项——基于补充关系组

相关性均显现出非线性特征。图 8-2（1）显示，当转移变量 URM 属于低区制（约低于 0）或者高区制（约高于 0.8）时，转换函数 G 的值接近 1，URM 对 UAM 的影响系数（-0.1443-0.1894×G）接近 -0.3337；而当 URM 属于中间区制（0—0.8），G 的值从 1 降到 0 再恢复到 1，URM 对 UAM 的影响系数从 -0.3337 上升到 -0.1443 再恢复到 -0.3337。相似地，图 8-2（2）显示，在高低两区制，DTA 对 UAM 的影响系数（-0.0692+0.0615×G）接近 -0.0077；在中间区制，则从 -0.0077 上升到 -0.0692 再恢复到 -0.0077。图 8-2（3）显示，在高低两区制，ROE 对 UAM 的影响系数（0.0629+0.0513×G）接近 0.1142；在中间区制，则从 0.1142 降至 0.0629 再恢复至 0.1142。图 8-2（4）显示，在高低两区制，lnA 对 UAM 的影响系数（-0.0113+0.0048×G）从 -0.0065 降至 -0.0113 再恢复至 -0.0113。

实证结果显示，AM 对 RM 的补充功能和校正功能均体现了非线性特征。在发挥补充功能时，AM 对较小规模的常规 RM（在 -0.4—0.4 之间）的补充力度较强；但对大规模异常 RM（< -0.4 或 >0.4）的补充力度较弱。在校正功能中，负向 RM 和超高的正向 RM（约 > 0.8）[1] 受到管理者更大的关注并得到高强度的纠正；而一般水平的正

---

[1]　由于在我们的样本中大于 0.8 的 URM 值近乎零，属于极少数公司行为，故在后续研究中省略对此的分析。

（1）URM系数的变化　　　　　　（2）DTA系数的变化

（3）ROE系数的变化　　　　　　（4）lnA系数的变化

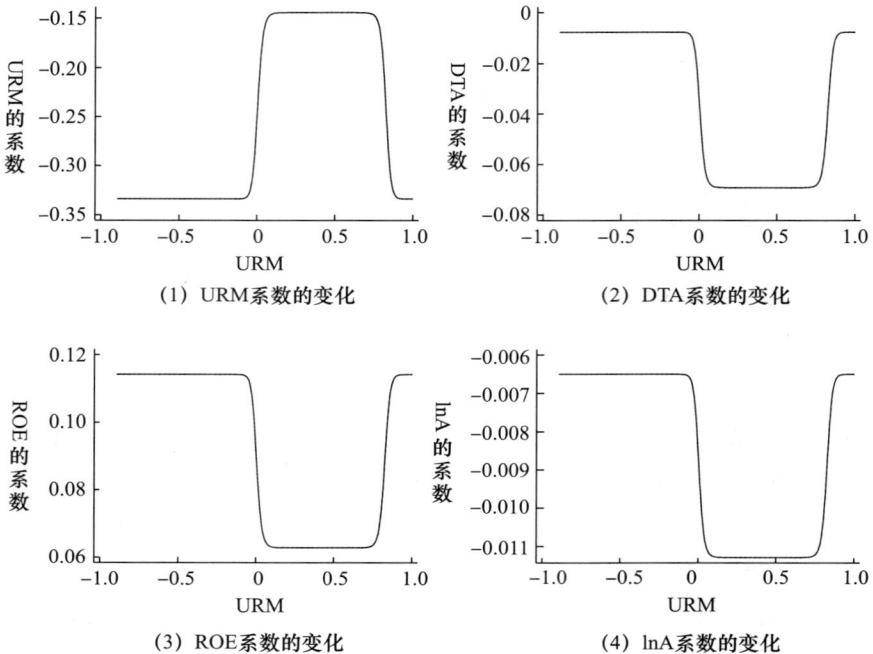

图 8 - 2　模型的非线性项——基于校正关系样本组

向 RM 的被纠正强度较弱。此外，两功能的整体影响比较也显现 AM
的补充力度要显著高于校正力度。

对于这个结论的理解可以从三个方面入手：第一，AM 发挥补充
功能往往意味着公司管理者认为 RM 水平不足；而 AM 发挥校正功能
则显示 RM 的过度操纵。较之不足操纵，过度操控更会导致包括监管
者和投资者在内的市场观察人士的警觉和反感。他们会猜疑公司利润
存在大量来自盲目乐观或悲观的管理者的干扰，从而认为财务数据是
不可信的。这导致 AM 校正功能面临着比补充功能更大的监管压力。
此外，RM 和 AM 表现为相反的方向时，会浪费管理者更多的时间、
精力和公司资源，进而校正盈余管理行为要比补充盈余管理行为承担
更高的成本。因此，AM 校正功能的强度普遍低于补充功能。第二，
常规 RM 受到的 AM 补充力度要明显强于异常 RM 情形。这可能是源
于异常 RM 往往引起市场的更大警觉，在此情形下进一步动用 AM 的

监管成本也就更大，进而导致公司管理者利用 AM 补充 RM 不足效果的实施力度降低。第三，负向的过度 RM 往往获得来自 AM 的最有力校正。这可能源于公司管理者普遍存在的报喜不报忧或少报忧的心态。管理者有更大动机向市场传递新的乐观预期，纠正以往的过度悲观预期效果。相反，纠正以往的过于乐观预期则相对迟缓和乏力。除非这一乐观预期异常膨胀，甚至面临着引致监管审查和投资者诉讼的风险，管理者才会以强有力的 AM 矫正它。

负债水平（DTA）对 UAM 的影响同样体现非线性。当 AM 发挥补充功能时，常规 RM 下公司负债水平正向影响 AM 值，即财务杠杆率越高的公司在盈余管理行为上表现得更激进；但异常 RM 下公司负债水平负向小幅度影响 AM 值，这意味着在异常 RM 已经引起市场警觉的情况下，激进型财务制度进一步加剧了来自市场的监管压力，进而公司管理者实施 AM 的成本增高。类似地，当 AM 发挥校正功能时，激进型财务制度削弱了 AM 对负向 RM 的纠正力度，但强化了对常规正向 RM 的纠正力度。即 AM 在正向操作以矫正 RM 行为时普遍受到抑制，但负向操作时受到强化。这体现了拥有激进财务制度公司承受着更大的监管压力，在向市场传递乐观情绪时更谨慎。

股本收益率（ROE）对 UAM 的非线性影响体现在：经营绩效指标强化了 AM 对 RM 负向的纠正力度，并弱化了对 RM 正向的纠正力度。这进一步说明了公司管理者的乐观情绪主要来自公司绩效。公司规模（lnA）对 UAM 的非线性影响体现在它弱化了 AM 对 RM 负向的纠正力度，同时强化了对 RM 正向的纠正力度，反映了规模大的公司在前景预期方面的谨慎态度。

第五节　研究结论与启示

本章以 2005—2012 年中国沪深两市 A 股上市公司为样本，实证检验公司两种盈余管理方法——应计盈余管理和真实盈余管理之间的关系。研究发现，中国上市公司更多地将应计盈余管理作为真实盈余管理的一个修正工具而非替代工具。进一步地，基于应计盈余管理和真实盈余管理的作用方向，我们将这种修正作用细分为补充功能和校正功能，并利用面板平滑转换模型（PSTR）来刻画应计盈余管理对真实盈余管理的修正功能的非线性特征。研究结果显示，常规水平的真实盈余管理受到应计盈余管理的补充力度要明显强于异常水平的真实盈余管理情形；负向的过度真实盈余管理往往获得来自应计盈余管理的更有力校正。此外，一些公司特征也影响了应计盈余管理的修正力度。会计制度激进的公司会强化应计盈余管理的补充功能但弱化其校正功能；经营绩效好的公司更为乐观，会强化应计盈余管理的正向操作幅度但弱化其负向操作幅度；规模大的公司则表现得更为谨慎，会强化应计盈余管理的负向操作幅度但弱化其正向操作幅度。这一研究结论可以帮助市场投资者和监管者更深入地了解公司盈余管理策略及手段，更有效地识别易于大幅度管理应计盈余的公司。

第九章 审计延迟对盈余管理的非线性影响

第一节 引言

为了给投资者提供更为有效的财务报告，减少上市公司的盈余管理，美国证券交易委员会（SEC）制定了 33—8128（2002）规则和 33—8644（2005）规则，将上市公司的年报披露期限由 90 天分别缩短为 60 天和 75 天。然而，中国上市公司的年报披露期限为会计年度结束后四个月内，大大超过了美国公司的年报披露期限，这意味着与美国上市公司相比，中国上市公司年报披露的时间压力对盈余管理的影响会更加复杂和不同。

盈余管理可以通过对真实经营行为的操纵和对权责发生制度的选择来实现。前者是在会计年度期间，通过改变公司经营和投融资交易的时间或结构来实现的；后者是在会计年度结束后，利用适当的会计方法，在会计准则允许范围内，通过对财务报表所反映的交易事项进行调整来实现的（Zang，2012）。本章中所说的盈余管理是以权责发生制为基础的盈余管理。

一般来说，盈余管理会受到时间压力的影响，本章选用审计延迟来反映时间压力。Ashton 等（1987）把审计延迟定义为财政年度结束日至审计报告签署日之间的审计延迟天数除以财政年度结束日至年报最晚披露日之间的天数。关于上市公司年报审计及披露日期之间的关系如图 9 - 1 所示。

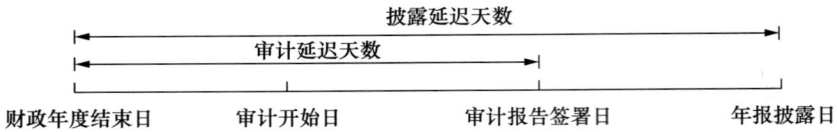

图 9-1 上市公司年报披露期间的重要时间段

如图 9-1 所示，在财政年度结束后，上市公司会准备财务报告，然后交由审计师进行审计，审计完成后上报 SEC 并进行披露。从财政年度结束日至审计开始日为管理者报表准备时间，该时间越长，管理者就有越多的时间来操纵报表，盈余管理的可能性就越高；从审计开始日至审计报告签署日为审计师审计时间，该时间越长，审计质量会越高，盈余管理的程度就会越低。以财政年度结束日至审计报告签署日来定义的审计延迟天数涵盖了管理者的年报准备时间（可增加盈余管理可能性）和审计时间（可降低盈余管理的可能性）两个时间段。这两个时间段共同存在的相反效应使我们无法直接得出审计延迟天数与盈余管理之间的关系。而本章的关注点在于通过观察审计延迟天数变化对这两种效应的影响，即哪一个对时间压力更敏感，来得出审计延迟与盈余管理之间的关系。

相比之下，年报披露延迟天数与审计延迟天数具有高度相关性但并不一致。一方面，审计报告签署后并不意味着年报立即披露（审计报告签署日不同于年报披露日）。特别是我国的年报预约披露制度使证券监管部门会依据信息发布密度等因素人为地调节年报披露时间。这导致管理者无法控制年报披露时间，并且年报审计签字后也无法利用等待披露的时间继续操纵会计数据。因此，审计延迟是较披露延迟更准确的盈余管理影响因素（Lee and Son, 2009）。另一方面，当证券监管部门意欲通过时间压力影响盈余管理程度时，他们往往通过限制最晚年报披露时间，进而限制审计延迟天数，最终影响盈余管理的（Coram et al., 2004；Salterio, 2011；Bennett et al., 2013；Doyle and Magilke, 2013）。因此，业界通过对年报披露时限施压来控制年报质量；而理论界则通过对审计延迟和盈余管理关系的检验来评价披露时限政策是否可行或有效。

美国 SEC 的 33—8128（2002）规则和 33—8644（2005）规则缩短了上市公司的年报披露期限后，理论界对其评价并不一致。相比之下，我国的年报披露期限为 120 天，远高于美国标准。我们是否也需要缩短年报披露期限？这样做是否能提高年报质量和市场效率？本章基于中国上市公司来分析审计延迟和盈余管理之间的内在联系，对美国加速披露年报的规则对中国及发展中国家市场的适用性做出评价。

第二节　理论回顾及研究假设

盈余管理是一个真实存在的会计现象。希利和瓦伦（1999）认为，管理者能够利用他们的商业知识和机会来选择财务报告的方法，从而估计和披露与公司业务相匹配的收益；由于审计不是完善的，所以，管理者会创造一些机会来进行盈余管理。围绕盈余管理的文献很多，主要基于动机、度量、反馈、成本等方面。由于本章的视角是审计延迟对盈余管理的影响，属于盈余管理的时间成本范畴，故文献综述也侧重于盈余管理的成本。

盈余管理成本是影响盈余管理实施效果的诸多因素之一，它的存在促使管理者在追逐盈余管理目标时考虑相应的代价或限制。机构投资者占比（Bushee，1998）、公司财务状况（Graham et al.，2005）、税收压力（Roychowdhury，2006）、会计制度灵活性（Cohen et al.，2008；Zang，2012）、审计强度及市场领导者地位（Zang，2012）等都是已受到关注的盈余管理成本。

从理论上讲，审计师需要收集适当和充分的证据来评价财务报告并对其发表审计观点（Arens et al.，2010）。自美国证券交易委员会（SEC）通过制定 33—8128（2002）规则和 33—8644（2005）规则，把披露延迟时间从 90 天分别缩短为 60 天和 75 天后，一些研究开始关注审计延迟对财务报告质量的作用是否受到披露延迟缩短的影响。Coram 等（2004）的实证研究发现，披露时间的缩短导致了审计延迟的缩短，使审计师无法获得充足的证据来调查降低财务报告质量的审计调整行为。Caramanis 和 Lennox（2008）及 Bennett 等（2013）发现，审计时间越短，管理者就越有能力报告更高的收益。McDaniel（1990）、De Zoort 和 Lord（1997）认为，增加的时间压力会对审计行为及其有效性产生不利影响并导致异常的审计行为。Lambert 等（2014）发现，那些不得不减少审计延迟以满足最新规定期限的公司有着较低的报告质量。Salterio（2011）和 Bennett 等（2013）发现，财务报告的加速披露增加了审计师和客户之间的谈判程度，并降低了报告的质量。以上研究说明审计延迟的缩短会导致报告质量下降，从而提高了盈余管理水平。

尽管大多数文献显示审计延迟和盈余管理之间存在负相关关系，但仍然有一些研究者展示了不同的证据。在一个关于 SEC 决定加速披露的早期测试中，Krishnan 和 Yang（2009）发现，在第一个截止日期改变时 [33—8218（2002）规则将年报披露期限由 90 天缩短为 60 天]，审计延迟和盈余管理之间没有联系。Impink 等（2011）研究发现，2003 年和 2006 年最晚披露日期的提前和财务报告延后披露的偶然增加是没有关系的。Doyle 和 Magilke（2013）研究发现，在披露期限缩短后，一些规模较大的公司的报告质量明显提高了，这说明审计延迟的缩短导致了盈余管理水平的下降。

为什么关于这个问题会出现两种不同的结论呢？我们认为，以上研究存在两个缺陷。

第一，大多数学者往往从审计师角度来研究审计延迟对盈余管理的影响（McDaniel，1990；Otley and Pierce，1996；Willett and Page，1996；Asare et al.，2000；Braun，2000；Coram et al.，2004；Bennett et al.，2013）。实际上，如前文所述，审计延迟这段时间并不是一直都在审计，只有后面一段时间，才是真正的审计师审计时间，公司的管理者会利用开始的一段时间来进行盈余管理。公司的管理者在进行盈余管理时，其考虑的主要方面有：会计方法的选择、能够被审计师和市场所接受的盈余管理水平的确定和潜在的诉讼风险等。审计延迟越长，审计师和管理者就越有时间来开展工作，这意味着审计师会有更多的时间来进行审计，报告的质量就会越高，盈余管理水平就会下降；也意味着管理者有更多的时间来选择合适的方法来进行盈余管理，这会导致报告质量的下降和盈余管理水平的上升。所以，审计延迟和盈余管理之间的关系是基于以上两种相反的效应的，仅从审计师的角度来解释是不合适的。

第二，之前的实证研究假设审计延迟和盈余管理之间的关系是线性的，但是，由于审计师和管理者的两种相反的效应，审计延迟和盈余管理之间的关系并不能提前被确定。

考虑到大部分文献认为审计延迟对于盈余管理具有线性的负向影响（McDaniel，1990；Coram et al.，2004；Bennett et al.，2013；Caramanis and Lennox，2008；Lambert et al.，2014），我们预测审计延迟和盈余管理之间存在线性关系。因此提出以下假设：

H9 - 1：审计延迟对盈余管理的影响是线性的。

如前文所述，审计延迟会通过两种相反的效应来影响盈余管理。一是通过审计师。这意味着审计延迟越长，审计报告的质量越高，盈余管理水平就越低。二是通过管理者。这意味着审计延迟越长，管理者就越有时间来选择会计方法并进行盈余管理，从而导致盈余管理水平提高。在这两种相反的作用下，假设审计延迟和盈余管理之间的关系是线性的做法就不再是合适的了。所以，基于 PSTR 模型，预测审计延迟和盈余管理之间存在非线性关系。因此提出以下假设：

H9 - 2：审计延迟对盈余管理的影响是非线性的。

H9 - 2 并不是对 H9 - 1 简单的否定，它是基于另一种方法对 H9 - 1 的举证。假如 PSTR 模型不能反映审计延迟和盈余管理之间的关系，那么 H9 - 1 在描述两者关系方面就更为合适，否则 H9 - 2 就是一个更合适的解释。另外，基于审计延迟和盈余管理之间的关系，我们想知道审计延迟是否反映了盈余管理。换句话说，我们是否可以基于一个公司的审计延迟来评估其盈余管理水平。所以，我们预测审计延迟较小的公司和审计延迟较大的公司，它们的盈余管理水平是明显不同的。最后，对于盈余管理方向不同的公司来说，正的盈余管理意味着公司管理者采取了强有力的行为，负的盈余管理意味着对公司未来的保守估计。审计师和管理者对这两种情况持有不同的态度和动机，这会导致审计延迟和盈余管理之间不同的关系。为了测试这种关系，本章把整个样本分为两组，一组是正的盈余管理，另一组是负的盈余管理。

综上所述，本章基于中国上市公司的样本数据，来分析审计延迟与盈余管理之间的关系。由于中国上市公司对于审计延迟有较少的时间限制，管理者和审计师都有较多的时间来进行相关活动，所以，本章所进行的实证分析可以展示审计延迟和盈余管理之间更加真实和原始的关系。在研究方法上，本章利用线性和非线性模型来研究审计延迟对盈余管理的影响，两者之间的关系是基于实证本身而不是研究者的假设。

第三节　研究设计及模型

（一）样本选择与数据来源

本章选择在中国深圳证券交易所上市的 1377 家 A 股公司 2007—2012 年的非平衡面板数据进行分析，在剔除了金融保险业和相关数据缺失的公司之后，共有 4908 个样本。

本章中的数据来源于 CSMAR 数据库。此外，为了避免极端值的影响，本章对所有变量前后 1% 数据进行了 Winsorize 处理。

（二）变量选取与计算

1. 被解释变量

盈余管理（AM）。本章参考 Jones（1991）、DeFond 和 Jiambalvo（1994）及 Dechow 等（1995）的方法来计算盈余管理值。相关的公式如下：

$$\frac{TAC_{it}}{A_{it-1}} = \alpha_1 \left(\frac{1}{A_{it-1}} \right) + \alpha_2 \left(\frac{\Delta REV_{it}}{A_{it-1}} \right) + \alpha_3 \left(\frac{PPE_{it}}{A_{it-1}} \right) + \varepsilon_{it}$$

$$\frac{NDA_{it}}{A_{it-1}} = \alpha_1 \left(\frac{1}{A_{it-1}} \right) + \alpha_2 \left(\frac{\Delta REV_{it} - \Delta REC_{it}}{A_{it-1}} \right) + \alpha_3 \left(\frac{PPE_{it}}{A_{it-1}} \right)$$

$$AM_{it} = \frac{TAC_{it}}{A_{it-1}} - \frac{NDA_{it}}{A_{it-1}}$$

式中，TAC 表示总应计利润，A 表示总资产，ΔREV 表示销售变动额，PPE 代表土地、厂房和设备，NDA 表示非操纵性应计利润，ΔREC 表示应收账款变动额，AM 表示盈余管理值，α_1、α_2 和 α_3 代表回归系数，ε 代表误差项，i 和 t 分别表示横截面和时间。

2. 解释变量

审计延迟（D）。审计延迟被定义为公司资产负债表日与审计报告签署日之间的审计延迟天数除以资产负债表日至年报最晚披露日之间的天数（对于中国，本章将该天数统一设定为 120 天）[①]（Ashton et al., 1987）。

3. 控制变量

第一，一些文献表明，公司的某些治理变量会影响盈余管理。Efendi 等（2007）、Cohen 等（2008）的研究证实，关于 CEO 的某些变量会影响公司的盈余管理状况，比如 CEO 是否是董事会主席、CEO 的底薪和 CEO 的奖金占其总薪酬的比率等。但是，对于中国上市公司来说，其更多的是受到股权结构和治理结构而不是 CEO 的控制，所以，我们选取董事会和监事会的会议次数（Meeting）、独立董事比例（IND）、第一大股东持股比例（FSS）和机构持股比例（IIS）表示公司的治理结构和股权结构。

第二，一些研究表明，盈余管理和公司业绩有关（McNichols，2000），所以，我们选择净资产收益率（ROE）和营业收入增长率（Growth）作为公司业绩的控制变量。

第三，Barton 和 Simko（2002）及 Baber 等（2011）认为，采取激进会计政策的公司会通过调整资产和负债来进行盈余管理，所以，我们选择资产负债率（DTA）作为控制变量。最后，Becker 等（1998）和 Roychowdhury（2006）发现，公司规模会对盈余管理产生

[①] 我国上市公司资产负债表日为每年的 12 月 31 日。中国证监会规定：上市公司必须在资产负债表日后的四个月内披露上一年的年报。所以，理论上说，上市公司最多拥有 120 天的时间来准备和审计年报。

影响，所以，我们用公司总资产对数（TA）和无形资产占总资产的比重（IA）来表示公司规模。

本章实证研究部分所使用的变量的描述性统计结果如表9－1表示。

表9－1　　　　　　　　　　　相关数据描述性统计

面板数据 A：总样本（N=4908）				
变量名称	平均值	中位数	标准差	25%分位数	75%分位数
AM	0.4030	0.3597	0.3888	0.1479	0.6353
D	0.7319	0.725	0.1774	0.6303	0.8908
TA	21.4831	21.3334	1.0735	20.7196	22.0859
Meeting	16.5202	16	5.1965	13	20
FSS	0.3534	0.3335	0.1474	0.2347	0.4557
IND	0.3673	0.3333	0.0510	0.3333	0.4000
ROE	0.0830	0.0797	0.1227	0.0370	0.1352
DTA	0.4204	0.4191	0.2165	0.2460	0.5901
Growth	0.2097	0.1458	0.4144	0.0004	0.3243
IIS	0.3246	0.2920	0.2310	0.1194	0.5008
IA	0.0475	0.0337	0.0483	0.0166	0.0612

面板数据 B：盈余管理为正组（N=4332）				
变量名称	平均值	中位数	标准差	25%分位数	75%分位数
AM	0.4827	0.4114	0.3344	0.2258	0.6756
D	0.7305	0.7250	0.1772	0.6303	0.8908
TA	21.4929	21.3292	1.0480	20.7389	22.0737
Meeting	16.4702	16	5.1744	13	19.5
FSS	0.3520	0.3335	0.1464	0.2344	0.4533
IND	0.3667	0.3333	0.0506	0.3333	0.3846
ROE	0.0789	0.0766	0.1169	0.0354	0.1293
DTA	0.4149	0.4123	0.2126	0.2453	0.5830
Growth	0.1636	0.1243	0.3416	−0.0182	0.2863
IIS	0.3205	0.2890	0.2271	0.1195	0.4946
IA	0.0490	0.0357	0.0473	0.0184	0.0630

面板数据 C：盈余管理为负组（N = 576）					
变量名称	平均值	中位数	标准差	25% 分位数	75% 分位数
AM	− 0. 1969	− 0. 1266	0. 1976	− 0. 2744	− 0. 0475
D	0. 7425	0. 7479	0. 1784	0. 6387	0. 8992
TA	21. 4092	21. 3521	1. 2471	20. 4820	22. 1584
Meeting	16. 8958	16	5. 2654	13	20
FSS	0. 3639	0. 3334	0. 1540	0. 2351	0. 4831
IND	0. 3718	0. 3333	0. 0534	0. 3333	0. 4286
ROE	0. 1134	0. 1087	0. 1561	0. 0500	0. 1807
DTA	0. 4604	0. 4791	0. 2405	0. 2578	0. 6674
Growth	0. 5537	0. 3775	0. 6725	0. 1905	0. 6532
IIS	0. 3552	0. 3106	0. 2567	0. 1184	0. 5663
IA	0. 0362	0. 0189	0. 0533	0. 0058	0. 0420

（三）审计延迟和盈余管理的关系模型

1. 线性模型

为了检验 H9 - 1，我们采用最小二乘估计法（OLS）来估计审计延迟和盈余管理之间的关系。所用的线性模型如下：

$$AM_{it} = u_{it} + b_0 D_{it} + b_1 TA_{it} + b_2 Meeting_{it} + b_3 FSS_{it} + b_4 IND_{it} +$$
$$b_5 ROE_{it} + b_6 DTA_{it} + b_7 Growth_{it} + b_8 IIS_{it} + b_9 IA_{it} + \varepsilon_{it} \qquad (9 - 1)$$

式中，$i = 1$，$\cdots$，N，$t = 1$，$\cdots$，T，N 和 T 分别表示横截面和时间。

2. 非线性模型

面板平滑转换回归（Panel Smooth Transition Regression，PSTR）模型。为了检验 H9 - 2，我们利用冈萨雷斯等（2005）提出的 PSTR 模型来检验审计延迟和盈余管理之间的非线性关系。PSTR 模型能够刻画变量在不同机制中或机制间的非线性平滑转换，这可以避免传统分组回归方法研究状态变化影响所带来的样本量减小、分组标准武断等缺陷。另外，通过 Fouquau 等（2008）的仿真研究发现，PSTR 模型可以有效地克服内生性所导致的参数估计量有偏的问题，从而有效地解决本章所建立的盈余管理模型可能存在的内生性问题。经过近年来的逐步发展，PSTR 模型已经成为研究者进行非线性经济行为分析的重要工具，是应用最为广泛的非线性模型之一。本章将 PSTR 模型运行过程归结为：模型的设定及非线性检验、转换参数的确定及模型的参数估计、模型的敏感性分析。具体为：

PSTR 模型一般设定如下：

$$y_{it} = u_i + x_{it}\phi + (x_{it}\theta)g(q_{it}; \lambda, c) + \varepsilon_{it} \tag{9-2}$$

式中，ϕ 和 θ 为参数向量，y_{it} 为被解释变量，x_{it} 为解释变量组成的向量，u_i 为面板模型的个体效应，ε_{it} 为随机变量，i 和 t 分别为样本个体的横截面单元和时间序列。$g(q_{it}; \lambda, c)$ 为转换函数，它是可观测状态变量（也被称为转换变量）q_{it} 的连续函数；参数 λ 决定了转换速度；c 为转换发生的位置参数。在时间序列模型方面，格兰杰等（1993）在理论上给出了一套可操作的设定检验程序来决定是选用逻辑转换函数还是指数转换函数。然而，对于面板数据模型，冈萨雷斯等（2005）给出了以下逻辑函数设定形式：

$$g(q_{it}; \lambda, c) = \left\{ 1 + \exp\left[-\lambda \prod_{j=1}^{m}(q_{it} - c_j)/\delta_z \right] \right\}^{-1}, \quad c_1 \leqslant c_2 \cdots \leqslant c_m,$$

$$\lambda > 0 \tag{9-3}$$

式中，δ_z 为 q_{it} 的标准差，由于参数 λ 不是一个自由标量，其值依赖于状态变量 q_{it} 的数量级，因此为更方便于解释参数 λ，通过除以 q_{it} 的标准差 δ_z 对状态变量 q_{it} 对位置参数的偏离进行标准化（Granger et al.，1993）。对于 m = 1，当状态变量过大或过小时，解释变量与被解释变量之间的关系具有非一致性。当状态变量过小时（此时转换函数值为 0），被称为低机制；当状态变量过大时（此时转换函数值为 1），被称为高机制；转换函数值在 0—1 之间平滑转换，从而体现了研究变量在上述两种不同机制间平滑转换。相应地，当 m = 2 时[①]，转换函数图形类似于一般指数转换函数图形。当状态变量过大或过小时（此时转换函数值为 1），解释变量与被解释变量之间的关系具有

---

① 冈萨雷斯等（2005）的研究认为，通常考虑 m = 1 和 m = 2 就足够了。

一致性，被称为外机制；当状态变量为 $q_{it} = (c_1 + c_2)/2$，转换函数达到最小值，解释变量与被解释变量的关系处于另外一种机制，被称为中间机制。

对模型（9-2）进行线性对非线性的检验，即对虚拟假设 H_0^1：$\lambda = 0$ 进行检验（Van Dijk et al.，2002）。由于模型中含有未识别参数 c_j，因此，不能直接基于模型（9-2）进行线性对非线性的检验，参考 Hanse（1996）、冈萨雷斯等（2005）及 Colletaz 和 Hurlin（2006）的做法，对模型（9-2）在 $\lambda = 0$ 处进行一阶泰勒展开，得到如下辅助模型：

$$y_{it} = u_i + \sum_{j=1}^{m+1} \gamma_j x_{it} q_{it}^{j-1} + \varepsilon_{it} \tag{9-4}$$

式中，$\gamma_j (j = 1, 2, \cdots, m+1)$ 为参数向量。

首先只有确定合适的阶数 m，才能基于模型（9-2）实现线性对非线性的检验。冈萨雷斯等（2005）建议 m 的初始值取 3，通过对辅助模型（9-4）中的参数做以下序贯检验并确定 $m=1$ 或 $m=2$，与此同时，实现非线性检验。具体检验过程如下：

H_0：$\gamma_2 = \gamma_3 = \gamma_4 = 0$

H_{01}：$\gamma_4 = 0$

H_{02}：$\gamma_3 = 0 / \gamma_4 = 0$

H_{03}：$\gamma_2 = 0 / \gamma_3 = \gamma_4 = 0$

若原假设 H_0 被拒绝，则 $\lambda \neq 0$，模型（9-2）为非线性模型。继续分别检验 H_{01}、H_{02}、H_{03}。若拒绝 H_{02} 最强，即对应的 P 值最小，则选取 $m=2$，其他情况下选取 $m=1$。实现上述序贯检验的 LM 统计量为：$LM = TN(SSR_0 - SSR_1)/SSR_0$。其中，T 为时间序列长度，N 为横截面单元个数，SSR_0 为受假设条件约束的回归残差平方和，SSR_1 为不受假设条件约束的回归残差平方和。

在我们的研究中，PSTR 模型如下：

$$\begin{aligned}
AM_{it} = {} & u_{it} + b_0 D_{it} + b_1 TA_{it} + b_2 Meeting_{it} + b_3 FSS_{it} + b_4 IND_{it} + \\
& b_5 ROE_{it} + b_6 DTA_{it} + b_7 Growth_{it} + b_8 IIS_{it} + b_9 IA_{it} + \\
& b_{10} D_{it} \times g(D_{it}; \lambda, c) + \varepsilon_{it}
\end{aligned} \tag{9-5}$$

式中，转换函数为：$g(D_{it};\lambda,c) = \{1 + \exp[-\lambda \prod_{j=1}^{m}(D_{it} - c_j)/\delta_z]\}^{-1}$

综上所述，本章先利用模型（9-1）来分析审计延迟与盈余管理之间的线性关系，然后利用模型（9-5）来分析审计延迟和盈余管理之间的非线性关系，并重点研究两者的敏感性。

第四节　实证结果及分析

我们首先采用 T 检验来验证对于审计延迟较短和审计延迟较长的公司来说，它们的盈余管理值是否显著不同。对于总样本，我们按照审计延迟的大小进行排序，对前 10% 和后 10% 的两组盈余管理值进行 T 检验，结果显示，T = 1.6783，双侧 P = 0.0936 < 0.10。所以，T 检验说明，对于审计延迟较小和较大的公司来说，它们的盈余管理值确实是不同的。接下来，本章分别利用线性模型和非线性模型来分析审计延迟和盈余管理之间的关系。

（一）线性模型实证结果与分析

首先对模型（9-1）进行 Hausman 检验，结果显示，样本 A 和样本 B 采用固定效应模型，样本 C 采用随机效应模型。估计结果如表 9-2 所示。

表 9-2　　　　　　　　　　线性模型参数估计结果

	样本 A 总样本（n = 4908）		样本 B AM 为正组（n = 4332）		样本 C AM 为负组（n = 576）	
	相关系数	P 值	相关系数	P 值	相关系数	P 值
D	0.0544 **	0.047	0.0511 **	0.041	0.0098	0.826
TA	0.0625 ***	0.000	0.0455 ***	0.000	0.0105	0.215
Meeting	-0.0022 **	0.019	-0.0010	0.214	-0.0013	0.362
FSS	0.0981	0.315	0.1802 **	0.048	-0.1301 **	0.019
IND	0.1641	0.211	0.1315	0.263	0.1174	0.438
ROE	0.0324 ***	0.010	0.0940 ***	0.000	-0.0276 ***	0.020

续表

	样本 A 总样本 （n = 4908）		样本 B AM 为正 组（n = 4332）		样本 C AM 为负 组（n = 576）	
	相关系数	P 值	相关系数	P 值	相关系数	P 值
DTA	− 0. 0608	0. 251	− 0. 0190	0. 694	− 0. 2037***	0. 000
Growth	− 0. 0001**	0. 022	0. 0102**	0. 000	− 0. 00003**	0. 015
IIS	− 0. 0400	0. 134	− 0. 0292	0. 228	0. 0540	0. 112
IA	0. 0276	0. 847	0. 1039	0. 476	0. 0244	0. 847

通过表 9 - 2 可以看出，对于样本 A，D 的系数显著大于 0（P = 0. 047），说明随着审计延迟的增加，公司的盈余管理程度在提高。控制变量系数的估计值和之前的研究结论并不完全一致。对于股权结构和治理结构的四个控制变量，Meeting 系数显著为负，说明董事会和监事会对公司的盈余管理有重要的抑制作用。IND、FSS 和 IIS 的系数都不显著，这说明中国上市公司的独立董事并没有发挥其在董事会中的作用，没有对公司的盈余管理活动产生影响，公司的股权结构也不会影响盈余管理。公司业绩变量 ROE 显著为正，这与 McNichols（2000）的结论相一致；而 Growth 却显著为负，但是其估计值却很小。对于会计政策变量，DTA 系数为负值，但是并不显著，这说明激进或者保守的会计政策不会影响盈余管理。关于公司规模变量，TA 对盈余管理具有显著的正影响，这与 Hu 等（2012）的研究结论并不一致。我们认为，这是由样本选择不同引起的。Hu 等（2012）的样本是 2002—2009 年的，但我们的样本是 2007—2012 年的。自从 2008 年北京奥运会举办以来，中国经济步入了一个快速发展阶段，规模越大的公司会获得更多的发展机会，会对未来产生更高的预期，所以，这些公司会有更高的盈余管理水平。另外，IA 不显著，这说明无形资产占比不会影响公司的盈余管理水平。

样本 B、样本 C 和样本 A 相比，Meeting 和 FSS 的估计结果略有不同。样本 B 和样本 C 的 Meeting 系数为负，但是并不显著。这说明董事会和监事会在公司盈余管理方面并没有起到一个很好的约束作用。

FSS 在样本 B 和样本 C 中都是显著的，这说明不管盈余管理值为正还是为负，第一大股东持股比例都会对其产生影响。另外，ROE 的系数在样本 B 中显著为正，在样本 C 中显著为负，这说明公司的盈利能力会影响盈余管理水平。最后，与样本 A 和 B 相比，样本 C 中 DTA 的系数显著为负，这意味着对于保守的公司来说，激进的会计政策加强了它们的悲观预期。

（二）非线性模型的实证结果与分析

1. 非线性存在性检验

基于表 9-2 可知，对于样本 A、样本 B 和样本 C，均接受 m = 1，意味着审计延迟和盈余管理之间存在着两机制的转换关系（见表 9-3）。

表 9-3   非线性存在性检验

	LM 值		
	样本 A	样本 B	样本 C
H_0	860.3969 ***	516.1375 ***	427.1151 ***
H_{01}	189.6541 ***	208.5829 ***	65.5791 ***
H_{02}	213.3805 ***	167.3081 ***	161.5897 ***
H_{03}	465.0800 ***	143.6593 ***	217.0895 ***

2. 非线性模型参数估计

为了估计模型（9-5），我们首先使用模拟退火算法估计转换速度参数 λ 和转换位置参数 c。该方法通过模拟热物理学有关金属缓慢退火使能量达到最低的原理来解决大规模的优化问题。与传统算法相比，它能够更有效地避免局部极点问题，而且搜寻也更为细密（Goffe et al., 1994）。具体而言，我们首先确定待估计参数 λ 和 c 的初始值（在这里，λ 的初始值取 20，c 的初始值取转换变量 D 的最小值0.2167），并将其对应代入模型（9-5）。其次，对所有变量进行组内去均值变换，以消除个体效应的影响。最后，对完成组内变换的模型执行普通最小二乘（OLS）估计，得到其残差平方和（RRS）。重复上述操作，最终得到残差平方和最小时所对应的参数 λ 和 c，即为所需要的参数估计值。我们采用 Stata11.0 软件编程实现上述过程，最终求得如下转换函数：

样本 A：$g(D_{it}; \lambda, c) = \{1 + \exp[-40.3332(D_{it} - 0.6302)/$
$$0.1774]\}^{-1}$$

样本 B：$g(D_{it}; \lambda, c) = \{1 + \exp[-35.7827(D_{it} - 0.7952)/$
$$0.1772]\}^{-1}$$

样本 C：$g(D_{it}; \lambda, c) = \{1 + \exp[-30.3166(D_{it} - 0.3334)/$
$$0.1784]\}^{-1}$$

非线性模型估计结果如表 9 - 4 所示。

表 9 - 4　　　　　　　　非线性模型估计结果

	样本 A（n = 4908）		样本 B（n = 4332）		样本 C（n = 576）	
	相关系数	P 值	相关系数	P 值	相关系数	P 值
D	- 0.0465	0.435	- 0.0284	0.478	- 0.4056 *	0.094
TA	0.0627 ***	0.000	0.0471 ***	0.000	0.0095	0.263
Meeting	- 0.0021 **	0.025	- 0.0011	0.203	- 0.0012	0.419
FSS	0.1030	0.291	0.1736 *	0.057	- 0.1224 **	0.028
IND	0.1639	0.212	0.1233	0.294	0.1326	0.382
ROE	0.0324 ***	0.010	0.0942 ***	0.000	- 0.0278 **	0.018
DTA	- 0.0630	0.234	- 0.0276	0.568	- 0.2011	0.000
Growth	- 0.0001 **	0.023	0.0103 ***	0.000	- 0.00003 **	0.017
IIS	- 0.0374	0.162	- 0.0285	0.239	0.0523	0.124
IA	0.0304	0.831	0.1049	0.471	0.0554	0.664
g（D_{it}；λ）	0.0546 *	0.056	0.0423 **	0.011	0.3679 *	0.081

3. 模型的敏感性分析

定义解释变量的影响系数：

$$y = b_0 + b_{10} \times g(D; \lambda, c)$$

式中，b_0 为线性部分，$b_{10} \times g(D; \lambda, c)$ 为非线性部分。D 表示审计延迟，y 表示审计延迟对盈余管理的影响系数。理论上说，D

取值范围为（0，1）（审计报告签署日期为1月1日时为0，审计报告签署日期为4月30日时为1）。经过计算，影响系数如表9-5所示。

表9-5 敏感性分析

	转换变量趋向0时	转换变量等于转换位置时	转换变量趋向1时
样本A影响系数	$y = 0$	$y = 0.5b_{10} = 0.0273$	$y = b_{10} = 0.0546$
样本B影响系数	$y = 0$	$y = 0.5b_{10} = 0.0212$	$y = b_{10} = 0.0423$
样本C影响系数	$y = b_0 = -0.4056$	$y = b_0 + 0.5b_{10} = -0.2217$	$y = b_0 + b_{10} = -0.0377$

注：若 b_0 或 b_{10} 不显著，则在计算影响系数时将其视为0。

从以上结果中可以看出，对于样本A，转换函数存在 $c = 0.6302$ 一个转换位置。当转换变量接近0时，转换函数 $g = 0$，影响系数为0；当转换变量等于转换位置 c 时，转换函数 $g = 0.5$，影响系数为0.0273；当转换变量接近1时，转换函数 $g = 1$，影响系数为0.0546。对于样本B，转换函数存在 $c = 0.7952$ 一个转换位置。当转换变量接近0时，转换函数 $g = 0$，影响系数为0；当转换变量等于转换位置 c 时，转换函数 $g = 0.5$，影响系数为0.0212；当转换变量接近1时，转换函数 $g = 1$，影响系数为0.0423。对于样本C，转换函数存在 $c = 0.3334$ 一个转换位置；当转换变量接近0时，转换函数 $g = 0$，影响系数为 -0.4056；当转换变量等于转换位置 c 时，转换函数 $g = 0.5$，影响系数为 -0.2217；当转换变量接近1时，转换函数 $g = 1$，影响系数为 -0.0377。

如图9-2所示，对于样本A，当审计延迟从0变为0.6302再变为1时，其对盈余管理的影响系数从0变为0.0273再变为0.0546。这意味着随着审计延迟的增加，其对盈余管理的影响程度在增加。当审计报告日期在3月15日之前，影响系数增长较慢（审计延迟对盈余管理的影响系数从0增加到0.0273大约需要75天的时间），在3月15日之后，影响系数增长较快（审计延迟对盈余管理的影响系数从0.0273增加到0.0546大约只需要45天的时间）。

(1) 样本A

(2) 样本B

(3) 样本C

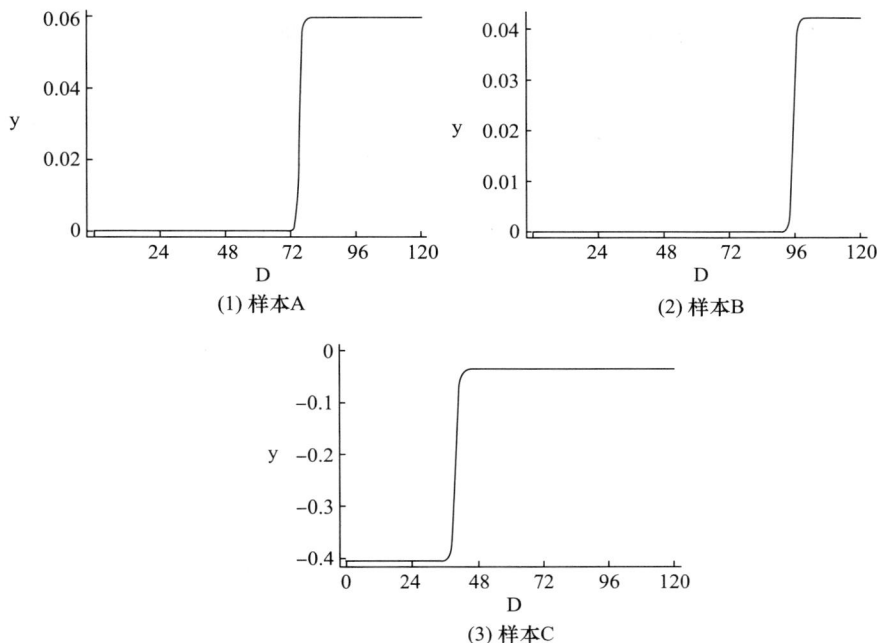

图 9－2　样本关系

对于样本 B，当审计延迟从 0 变为 0.7952 再变为 1 时，其对盈余管理的影响系数从 0 变为 0.0212 再变为 0.0423。这意味着随着审计延迟的增加，其对盈余管理的影响程度在增加。当审计报告日期在 4 月 5 日之前，影响系数增长较慢（审计延迟对盈余管理的影响系数从 0 增加到 0.0212 大约需要 95 天的时间），在 4 月 5 日之后，影响系数增长较快（审计延迟对盈余管理的影响系数从 0.0212 增加到 0.0423 大约只需要 25 天的时间）。

对于样本 C，当审计延迟从 0 变为 0.3334 再变为 1 时，其对盈余管理的影响系数从 － 0.4056 变为 － 0.2217 再变为 － 0.0377。这意味着随着审计延迟的增加，其对盈余管理的影响程度在减弱。当审计报告日期在 2 月 10 日之前，影响系数减弱得较快（审计延迟对盈余管理的影响系数从 － 0.4056 减弱到 － 0.2217 大约需要 40 天的时间），在 2 月 10 日之后，影响系数减弱得较慢（审计延迟对盈余管理的影

响系数从 −0.2217 减弱到 −0.0377 大约需要 80 天的时间）。

所以，基于上述结果，我们发现，对于盈余管理为正的样本 B 来说，审计延迟和盈余管理之间存在着突增的正相关关系。这说明随着审计延迟的增加，上市公司管理者对盈余管理的促进作用在增强，而审计师对盈余管理的约束作用在减弱，总的效应就是审计延迟对盈余管理正向影响在增强。对于盈余管理为负的样本 C 来说，审计延迟和盈余管理之间存在突弱的负相关关系。这说明随着审计延迟的增加，上市公司管理者对盈余管理的促进作用在减弱，审计师对盈余管理的约束作用在增强，总的效应就是审计延迟对盈余管理的负向影响在减弱。

出现上述现象的原因主要有以下两个方面：

第一，中国投资者更为谨慎，他们可以容忍积极的盈余管理而不是消极的盈余管理。他们认为，与消极管理相比，积极管理是上市公司的一大优点，所以，上市公司会花费大量的时间和精力来进行盈余管理，这样，审计延迟就会增加。与盈余管理为正的公司相比，盈余管理为负的公司受到的外部压力相对更小一些，所以，它们可以更加容易地进行盈余管理，审计延迟就会减小。

第二，中国审计业仍然处在一个相对较低的水平。为了获得更多的客户和收益，审计机构会和公司就某些事项进行协商，这就使其丧失了最基本的独立性，导致审计师对盈余管理的约束作用减弱甚至消失。另外，与盈余管理为正的公司相比，审计师对盈余管理为负的公司的影响较大。这是因为，随着 2008 年北京奥运会的举行，中国经济进入了一个快速发展阶段，投资机会大量涌现，公司盈利不断增加，于是许多公司故意通过再投资而不是分红来减少它们的受益，结果是尽管公司发展较快，但是，投资者却没有获得更多的回报。所以，与盈余管理为正的公司相比，盈余管理为负的公司的审计师进行审计时需更加谨慎。

基于上述情况，中国监管部门已经开始采取措施来限制上市公司的相关行为。

第五节　结论

中国上市公司的年报披露期限为 120 天，这甚至比 SEC 制定的 33—8128（2002）规则和 33—8644（2005）规则生效之前的美国上市公司还要长，这意味着中国上市公司和美国上市公司相比有更长的年报审计时间。中国上市公司关于年报披露期限的特殊规定可以为我们研究审计延迟和盈余管理关系提供一个独特的视角。

本章基于此前关于审计延迟的相关文献，结合对披露延迟进行限制的规则影响，总结出审计延迟会通过两种途径来影响盈余管理：一个途径是通过审计师，即审计延迟越长，审计师就有越多的时间进行审计，这会降低公司的盈余管理水平；另一个途径是通过管理者，即审计延迟越长，管理者就有更多的时间来进行盈余管理，这会导致盈余管理水平的提高。所以，审计延迟对盈余管理的总影响取决于这两种效应的强弱程度。

本章对中国上市公司审计延迟和盈余管理之间的关系进行了详细严谨的实证分析。本章首先对样本进行了 T 检验，证明审计延迟较小和较大的上市公司的盈余管理存在差别，然后分析了审计延迟和盈余管理之间的线性关系，并进一步利用 PSTR 模型来分析两者之间的非线性关系。实证结果显示，对于盈余管理为正的公司，审计延迟和盈余管理之间存在突增的正相关关系，但是，对于盈余管理为负的公司，两者存在突减的负相关关系。这表明在我国，对于盈余管理为正的公司，随着审计延迟的增加，管理者对盈余管理的促进作用在增强，审计师对于盈余管理的约束作用在减弱，总的影响就是审计延迟对盈余管理的正向作用在增强。盈余管理为负的公司正好相反，随着审计延迟的增加，管理者对盈余管理的促进作用在减弱，审计师对盈余管理的约束作用在增强，总的效应就是审计延迟对盈余管理的负向作用在减弱。

综上所述，根据本章的研究结果和关于披露延迟规则影响的相关文献，中国监管部门应当考虑遵循其他国家加速披露的相关制度，也更需要关注审计质量的提高。所以，本章的研究结论可以为当前一些发展中国家的监管部门制定和实施财务报告加速披露制度提供重要的实践指导和理论支持。

第十章　商业银行盈余管理行为对其债务融资成本的影响

第一节　绪论

一　选题背景

很多学者研究发现，大多数企业包括银行都存在盈余管理行为（黄丹，2014；陈丹，2007；邓海林，2013）。盈余管理是指为达到通过掩盖其真实经营业绩来满足利益相关者意愿的目的，管理者凭借自身优势，在法律法规可允许的范围内进行粉饰报表的操作行为。企业的利益相关者包括股权投资者与债权投资者，其所持的意愿包括企业盈余的持续性与增长性。关于企业进行盈余管理是否能满足利益相关者的意愿这一问题，国内外的研究比较多。例如，Leftwich（1983），Francis、LaFond 和 Olsson 等（2005）认为，上市公司进行盈余管理可以满足利益相关者的意愿；Beatty 等（2002）认为，上市公司进行盈余管理不会满足利益相关者的意愿。

对于商业银行，由于其经营业务的特殊性与不透明性，银行利益相关者对商业银行的盈余要求比较高，不仅体现在银行盈余的增长性与持续性上，还体现在规避风险上等（范红梅，2014）。程璐（2010）认为，股权投资者对于商业银行进行盈余管理的意愿也比较复杂，包括股利支付水平的支付要求、股票市值的稳定、银行业务规模的扩张等。相比股权投资者，薄澜（2013）指出，债务投资者的意愿相对简单，若商业银行通过盈余管理能够满足债务投资者降低投资风险的意愿，则债权人会要求较低的债务融资成本。关于商业银行盈余管理是否能有效地满足相关利益者意愿这一问题，国内外的研究比较少，并且仅是关于债务融资方面，例如，日本学者 Yukihiro（2004）、Wikil（2009）等对日本国内银行之间的借贷关系对其盈利预测的影响进行了研究。因此，本章将在前人对该问题研究的基础上，进一步探讨商业银行盈余管理是否能有效地满足债权投资者意愿，并降低商业银行债务融资成本这一问题。具体来说，我们会讨论国有性质、资产规模与上市情况三种因素对该问题的影响程度，关于这方面的研究，已有的文献做出了如下探讨：首先，范红梅（2014）认为，对比非上市商业银行，上市商业银行进行盈余管理的动机更大。其次，Brandt 和 Li（2003）认为，对比非国有上市公司，国有上市公司更容易获得银行贷款，其利率也会维持在低位。最后，由《中国银行业发展报告（2015）》摘要所披露的内容可知，由于我国银行业的市场结构正在进行逐步调整，中小型规模的商业银行所占市场份额持续上升，因此本章认为，商业银行的规模也是影响盈余管理与债务融资成本关系的一个重要因素。

基于以上背景分析，本章将探究商业银行盈余管理行为对债务融资成本的影响，并进一步探讨在国有性质、资产规模和上市情况三个影响因素下，商业银行盈余管理行为对债务融资成本的影响程度。

二 研究意义

近年来，我国债务资本市场发展快速，商业银行盈余管理的现象越来越普遍，因此，研究债务融资成本与盈余管理关系问题具有重要的理论和现实意义。

第一，对前人关于商业银行盈余管理动机方面的研究，本章进行了梳理和总结，完善了以往学术界关于商业银行盈余管理动机与效果的相关内容。

第二，关于商业银行盈余管理行为是否如预期般满足利益相关者需求这一问题，前人往往是从线性角度进行研究的，但是，由于资本市场的复杂性，商业银行盈余管理行为会受到较多因素的影响，商业银行盈余管理程度与债务融资成本之间的关系未必仅呈线性相关关系。因此，考虑到以上因素，本章将从非线性角度，采用 PSTR 模型，对该问题进行实证分析，并进一步探讨在国有性质、资产规模和上市情况三个影响因素下商业银行盈余管理行为对债务融资成本的影响程度。

本章对商业银行盈余管理程度的具体分析，有利于反映商业银行的真实经营状况。本章所讨论的盈余管理与商业银行融资成本的相关性，有利于投资者进一步了解与完善盈余管理的动机，从而增强市场投资者对于盈余管理的理解和辨析的能力。

本章为监管商业银行债券资本市场下的盈余管理行为提供了有效的依据。首先，若商业银行的盈余管理行为会降低债务融资成本，就表明资本市场无法识别商业银行的盈余管理行为，则有关部门需要付出较高的监管成本来控制商业银行盈余管理行为；反之，若商业银行的盈余管理行为对债务融资成本不会造成影响，就表明资本市场可以识别商业银行的盈余管理行为，则有关部门可放松对商业银行盈余管理行为的监管。其次，在国有性质、资产规模和上市情况三个因素的影响下商业银行盈余管理行为对债务融资成本的影响程度是不同的，这就为监管商业银行盈余管理行为提供了侧重点，即针对不同分类下的商业银行盈余管理行为，有关部门可提供不同程度的监管。

三　研究思路和方法

本章以我国商业银行盈余管理行为是否满足利益相关者需求这一问题为切入点，基于债务融资的资本市场动机与债务契约动机，将"利益相关者需求"具体到"债权人规避风险的意愿"，从而将该问题转变为"我国商业银行盈余管理行为是否能够满足债权人规避风险的意愿"。若债权人的意愿可以被满足，债权人就会要求较低借贷利率，那么银行的债务融资成本就会降低，因此，该问题又将转变为"商业银行盈余管理是否能降低债务融资成本"。与此同时，进一步考虑到以下几点因素：首先，目前我国已有数十家商业银行在沪深两市上市，上市商业银行为增加债权投资者的投资信心，会进行盈余管理。其次，国有商业银行在我国商业银行市场中占有较大份额，与此同时，为取得投资者对银行的投资信心，国有商业银行可能会进行盈余管理。最后，我国银行业市场结构正在进行逐步调整，中小规模的商业银行所占市场份额持续上升。因此，综合以上市场因素的变化，本章研究在国有性质、资产规模和上市情况三个影响因素下商业银行盈余管理对其债务融资成本的影响。

本章采用面板平滑转换回归模型即 PSTR 模型进行非线性研究。一般的非线性模型会通过经验值来界定最初的拐点，在不断的试错中寻找最终的拐点，这无疑加大了实证过程的工作量，同时也降低了实证结果的准确性。而 PSTR 模型与其他模型相比，能够通过程序运行来寻找数据的拐点，其实证结果只建立在数据的基础上，而不是依靠经验值，如此一来，既减少了实证过程的工作量，也保证了实证结果的准确性。对于商业银行盈余管理行为与债务融资成本之间关系的研究，目前，学术界能够提供的依据非常少，缺乏相关经验值，因此，本章选取 PSTR 模型来进行实证研究。

第二节　文献评述

对于商业银行盈余管理动机，Morgan（2002）、邓海林（2013）认为，可分为资本市场动机、契约动机与政治成本动机。基于本章所研究的问题，下面主要介绍商业银行盈余管理的资本市场动机。

程璐（2010）指出，商业银行的业务流程不透明，这使股权投资者与债权投资者无法准确地了解其业务流程。为保持利益相关者的信心，商业银行会通过盈余管理来减少盈利的波动性，这便是商业银行盈余管理资本市场动机。范红梅（2014）认为，商业银行盈余管理的资本市场动机主要体现如下：若盈余低于预期的业绩，管理者可以减少贷款损失准备金来提高自己的盈余；若盈余高于预期的业绩，管理者则可以增加贷款损失准备金的提取来降低自己的盈余。而 Morgan（2002）则指出，商业银行盈余管理的资本市场动机也可表现在利用资产替代来进行盈余管理。

很多学者认为，企业的盈余管理行为会对债务融资成本产生影响。靳秋峰（2013）认为，债权人在进行投资决策时，大部分是根据企业的会计信息来进行判断的。为降低相应的债务融资成本，公司会进行盈余管理，因此，企业的盈余管理行为会对债务融资成本产生影响。张倩（2015）基于靳秋峰（2013）等学者的理论，认为对这一影响的研究可以分为以下两种情况，即资本市场对盈余管理行为有识别能力和资本市场对盈余管理行为无识别能力。于敏（2014）将资本市场具体细化为债务融资，认为这一影响的研究可以分为债务契约与盈余管理呈正相关关系；债务契约与盈余管理呈负相关关系；债务契约与盈余管理呈非线性相关关系。本章将借鉴于敏（2014）的分类方法，具体阐述企业的盈余管理行为对债务融资成本产生影响。

第一类，一般企业的债务契约与盈余管理呈正相关关系，即债权人能识别企业进行的盈余管理，这种做法不会导致银行债务融资水平的降低。

最早，国外学者 Beatty 等（2002）与 Prevost 等（2008）的研究证实，如果企业要保留更多的会计灵活性，那么在和银行签订债务契约的时候，该企业将会承担更高的借贷成本。而 Bharath 等（2004）认为，贷款机构在发放贷款时，除了要求更高的借款利率，其愿意提供的长期贷款也相对较少，有时还会要求相关企业能够提供相对多的抵押。但他同时指出，由于银行能够识别企业的盈余管理行为，这无形中也对这些具有盈余管理行为的企业进行了有效的监督。此后，Francis 等（2005）又从企业的盈余管理质量角度对该问题进行研究，结果表明，若盈余管理质量比较低，应计利润中的风险波动程度比较高，那么债务成本也会比较高。我国学者姚立杰等（2009）也得出与 Francis 等（2005）相同的结论。他以 1999—2006 年的 A 股上市公司数据为样本进行研究，其结果显示，盈余质量与借款债务成本呈显著负相关关系，即盈余质量低的企业将受到较高利率惩罚。而我国学者戴璐等（2007）却指出，基于国外的发达资本市场为理论假说和经验证据的产生背景，企业的盈余管理程度与其债务融资成本成正比这一结论能够成立，但这种观点能否适用于我国的一些具有国有性质的企业还未知。

第二类，一般企业的债务契约与盈余管理呈负相关关系，即债权人不能识别企业进行的盈余管理，这种做法会导致银行债务融资水平的降低。

国外最早进行研究的是 Defond 和 Jiambalvo（1994）。他们选取违约的企业为样本进行研究，其结果显示，企业通常会选择正向的盈余管理调整来避免违反债务契约时所面临的违约风险。与此同时，Dichev 和 Skinner（2002）与 Liu 等（2010）选取一般企业为样本进行研究，其结果与 Defond 和 Jiambalvo（1994）一致，即公司发行债券前，其大多数有正向的盈余管理行为，并且具有相对较低的债务融资成本。除此之外，我国学者陆正飞等（2008）对这个问题也进行了研究，通过对我国 A 股上市公司样本做多元线性回归，分析了我国上市公司的盈余管理程度与银行信贷决策之间的影响情况。他认为，企业的盈余管理程度越高，其债务融资成本越低，即我国银行业不能识别债务人企业的盈余管理行为。但他们的研究也存在局限性，即不能仅从新增长期借款这一项来考察盈余管理程度与债务融资成本的关系，若银行在制定贷款利率的时候区别对待具有不同盈余管理程度的企业，即对较高盈余管理程度的企业要求较高借款成本，那么就能得出"银行能够识别借款企业的盈余管理行为"这一相反的结论。

第三类，一般企业的债务契约与盈余管理不构成线性相关关系或不具有相关性。De Angelo 和 Skinner（1994）发现，企业债务到期前并没有对利润进行盈余管理调整。此外，我国学者万红波等（2010）选取非金融上市公司的数据为样本进行相关研究，发现盈余管理程度与债务契约并非是线性关系。其中，盈余管理程度用应计盈余表示，债务融资成本以长短期债务之和除以期末总资产的数值为代表。

关于公司是否通过盈余管理如预期般降低了债务融资成本以及债权人是否洞察公司的盈余管理行为等类似的问题，目前学术界对公司的研究较多，而关于银行的证据却很少。

最早，Yukihiro（2004）通过对日本 20 世纪 90 年代绘制的股票价格数据进行研究，证明银行的风险与操控性应计利润呈负相关关系，表明投资者误解报告收益为银行财务健康有利信息的程度很高。

在 1997 年与 1998 年年底，三大银行的倒闭使投资者变得更加质疑银行经理对财务报表的盈利操纵，并开始重新合理地评估银行信息披露的真实性。随后，Wikil（2009）等通过对经济衰退期间日本银行经理人利用贷款损失准备金的方式进行盈余管理情况的调查，发现以日本银行为代表的以贷款损失准备金的方式进行调整的盈余管理，与外部融资需求呈正相关关系，并且伴随着带有证券收入的贷款损失准备金的调整会使权益资本和收入最大化。Hidetomo（2014）对日本国内银行之间的借贷关系对其盈利预测的影响进行研究，其实证结果表明，商业银行获得的信息优势是短期的，并且从长期来看，借贷的成本远远超过了信息优势。

关于盈余管理行为对债务融资成本的影响这一问题，基于以上文献综述，我们发现，支持"债务契约与盈余管理呈正相关关系"的观点的证据最多，即大多数学者认为，企业进行盈余管理会提高其债务融资水平。而支持"债务契约与盈余管理之间呈负相关关系、不构成线性相关关系或不具有相关性"的观点的证据相对较少。

第三节　商业银行盈余管理对债务融资成本影响的实证分析

一　研究假设

债权人在进行投资决策时，主要是根据企业的会计信息来进行判断的。若公司管理者通过会计操纵手段来使该企业所展示的盈余状况变好，满足了债权投资者规避风险的意愿，并且这种盈余管理行为并没有被债权投资者察觉，那么此时，债权人反而会对这种"健康"的企业，要求较低的资金回报，即企业进行盈余管理可使其债务融资成本降低。反之，若债权人发现企业的这种盈余管理行为，即报表所展示的盈余水平并不是企业经营业绩改善的结果，企业的风险水平并没有降低，那么债权投资者也必然会提高债务融资定价来保障自身利益，此时企业进行盈余管理并不能使其债务融资成本降低。

债权人作为公司资本的重要提供者，能否及时识别公司的盈余管理行为，并做出反应，首先，依赖于资本市场的效率。若资本市场的效率很高时，则债权人可完全识别公司的盈余管理行为，从而要求较高的贷款利率（薄澜，2013）。自 2014 年以来，我国银行业加快了国际化、综合化等战略转型，深化改革和转型发展初见成效，因此，银行市场的效率大大提高。其次，我们发现，支持"债务契约与盈余管理呈正相关关系"的观点的证据较多。Beatty 等（2002）与 Prevost 等（2008）、Bharath 等（2004）、Francis 等（2005）、姚立杰等（2009）学者都认为，债权人能够识别企业进行的盈余管理行为，即盈余管理行为会导致银行债务融资成本的提高。由此，本章提出以下假设：

H10 - 1：商业银行的盈余管理行为会提高债务融资成本。

进一步地，考虑到商业银行经营业务的复杂性、隐蔽性，在不同的市场因素影响下，商业银行的盈余管理行为对债务融资成本的影响程度可能会存在着非对称性的变化。例如，我国学者万红波等（2010）发现，在不同的市场因素影响下，盈余管理程度与债务契约并非是线性相关的。因此，本章提出以下假设：

H10 - 2：商业银行的盈余管理行为对其债务融资成本存在着非线性影响。

二 变量说明

（一）被解释变量——商业银行债务融资成本

对于商业银行债务融资成本的度量有以下三种方法。

（1）债务评级指标法。国外学者 Ahmed 等（2001）将不同等级的债务评级分别赋值来衡量债务成本的高低，但是，由于我国还缺乏完善债务融资评级体系，因此，该债务评级指标法并不适合我国企业债务融资成本的度量。

（2）利息支出与负债比率法。李光子等（2009）、蔚蓝（2008）、薄澜（2013）、祁婷（2014）认为，我国上市公司的债务融资成本可描述成利息支出与总负债的比例，而由于上市公司通常不会对因为举债产生的利息进行详细披露，利息费用是构成财务费用的主要因素，因此，方天添（2014）在蔚蓝（2008）等的研究基础上，将"利息支出"变为"财务费用",即财务费用除以总债务的值来反映企业的债务融资成本。

（3）替代变量法。大多数学者将债券信用利差作为融资成本的替代变量（张占文，2014；胡宇，2013）。但是，我国的债券市场发展程度较低，一般公司不会对外发行公司债券，因此，选取该替代量不符合我国实际。

针对商业银行债务融资成本的计算，我国学者杨晓莉（2013）提出，将"债务融资成本"定义为商业银行利息支出项目除以资金的来源，其中资金来源包括银行同业借款与存款及短期资金。笔者发现，银行同业借款包含中央银行借款，但有关中央银行借款的相关数据缺省值很多，容易造成实证样本数量较少以及实证结果的不准确。

因此，本章在杨晓莉（2013）所提出的债务融资成本计量方法上，结合李光子等（2009）和蔚蓝（2008）对债务融资成本的定义，提出将总利息支出项目除以其总负债的值作为商业银行的债务融资成本的测度，即商业银行债务融资成本 = 总利息/总负债。其中，总利息支出包括客户存款的利息费用、其他利息费用；总负债包括存款及短期资金、其他有息负债。

（二）解释变量——商业银行盈余管理程度

对于商业银行盈余管理的度量有以下四种方法。

首先是一般上市企业盈余管理的琼斯模型。江金锁、胡炎鑫（2010）提出，应用琼斯模型计算出操控性应计利润的绝对值，以此来代表商业银行盈余管理程度。张帆、郭斌（2011）在一般琼斯模型基础上提出修正琼斯模型，从公允价值角度对商业银行盈余管理程度进行测量。但是，该模型所用到的数据并不能充分体现出商业银行经营对象与经营业务的特殊性。

其次是单一变量指标。很多学者将单一变量 ROA 与 ROE 作为商业银行盈余管理程度的衡量指标（左晓慧、袁千惠，2012；胡欢欢、吕国柄，2010）。而赵胜民等（2011）将商业银行所计提的贷款损失准备占总资产比例作为商业银行盈余管理程度的测度标准。然而，单一指标往往过于简单，并没有考虑到能够影响商业银行盈余管理程度的其他因素。

再次是避免盈余损失计量模型。Burgstahler 和 Dichive（1997）最早提出利用避免盈余损失计量模型对商业银行盈余管理程度进行测量，随后徐枫和王伟（2012）利用 Z 检验方法得出商业银行为避免负向盈余进行盈余管理的结论。同时，林川和曹国华（2012）通过避免最小损失的 t – like 检验，得出我国商业银行确实存在盈余管理行为的结论。这种方法虽然数据较少比较好获得，但并没有考虑到坏账、贷款等相关因素。

最后是异常贷款损失拨备计量模型。一些学者提出，以异常贷款损失拨备计量模型测度商业银行盈余管理水平（Kanagaretnam，2004；艾琳，2013；范红梅，2014）。该模型包含不良贷款的相关事项，通过实际值与估算值之间的差额得出商业银行盈余管理程度，体现了商业银行以贷款为主要收入来源这一特点。考虑到该模型的以上优点，故本章采用该种模型方法对我国商业银行盈余管理程度进行测量。

利用异常贷款损失拨备计量模型，商业银行盈余管理程度的计算公式为：

$$
\begin{aligned}
LLP_t / A_{t-1} = & e \times (ELLP_t / A_{t-2}) + f \times (NPL_t / A_{t-1}) + \\
& g \times (\Delta NPL_t / A_{t-1}) + h \times (LOAN_t / A_{t-1}) + \\
& i \times (\Delta LOAN_t / A_{t-1}) + c + \varepsilon
\end{aligned} \tag{10-1}
$$

式中，被解释变量 LLP_t 为商业银行第 t 期贷款损失拨备金额，即银行在第 t 期提取的贷款损失准备金额，它是一个预期值，表示以第 $t-1$ 期的贷款情况为依据对第 t 期贷款损失情况进行预测；$ELLP_t$ 为商业银行第 $t-1$ 期的贷款损失拨备金额；NPL_t 为商业银行第 t 期不良贷款金额；ΔNPL_t 为商业银行第 t 期不良贷款的增加额；$LOAN_t$ 为商业银行第 t 期贷款总额；$\Delta LOAN_t$ 为商业银行第 t 期贷款总额的变动；A_t 为商业银行第 t 期的资产总额；A_{t-1} 为商业银行第 $t-1$ 期的资产总额；A_{t-2} 为商业银行第 $t-2$ 期的资产总额；c 为常数项；ε 为残差项。Cornett 等（2009）认为，贷款损失拨备金额为实际金额与估算金额之间的差额，其差额越大，贷款损失拨备金额越大，商业银行盈余管理程度也就相应地越大。在模型（10 – 1）中，残差项 ε 即为实际与估算金额之间的差额，但是，由于残差 ε 有正有负，故本章用残差 ε 的绝对值来代表商业银行盈余管理程度。

（三）控制变量

本章将根据债务融资成本的影响因素来选定相关控制变量。具体分析如下：第一，拥有较高负债水平的企业获得外部融资支持的概率相对较低，融资成本也较低（Sengupta，1998；李良坤，2015），因此，本章选取"资产负债率"这一控制变量来代表企业的负债水平。第二，具有较大规模的公司信息公开性较强，债权人可以了解到更多的信息，可以取得较低的债务融资成本（胡宇，2013），因此，本章选取"总资产"这一控制变量来代表企业的规模大小。第三，少量的自由现金流量以及低水平的成长率会使公司更倾向选择长期债务，其债务融资成本也会受到影响（肖作平，2005），因此，本章选取"营业收入"和"平均资产回报率"两个控制变量来代表企业的经营状况。第四，由于存款业务是商业银行负债的重要部分，因此，本章选取"存贷比率"这一控制变量来代表存款与贷款业务的比重。

由上述分析，本章的控制变量总结如下：资产负债率（$Bsrate_{it}$），用商业银行的总负债与总资产的比率来表示；规模大小（$Assets_{ii}$），用总资产的对数来表示；营业收入（$Income_{it}$），用实际营业收入的对数来表示；平均资产回报率（ROA_{it}）；存贷比率（DLP_{it}），用总贷款与总客户存款的比率来表示。本章相关变量如表 10 - 1 所示。

表 10 - 1　　　　　　　　　　变量说明

变量种类	变量名	字母表示
被解释变量	债务融资成本	$Cost_{it}$
解释变量	盈余管理程度	BEM_{it}
控制变量	资产负债率	$Bsrate_{it}$
	规模大小	$Assets_{ii}$
	营业收入	$Income_{it}$
	平均资产回报率	ROA_{it}
	存贷比率	DLP_{it}

三 模型设计

为考察盈余管理程度对商业银行债务融资成本的非线性影响，本章采用带有机制转换效用的非线性回归模型。该模型已被广泛应用于金融及资本市场等领域，其估计过程分为三步：第一，模型的设定及非线性检验；第二，转换参数的确定及模型的参数估计；第三，模型的敏感性分析。

第一，模型的设定。PSTR 模型的一般形式如下：

$$y_{it} = u_i + x_{it}\varphi + (x_{it}\theta)g(q_{it}; \lambda, c) + \varepsilon_{it} \tag{10-2}$$

式中，φ 与 θ 为参数向量，y_{it} 为被解释变量，x_{it} 为解释变量组成的向量。u_i 为面板模型的个体效应，ε_{it} 为随机变量，i 和 t 分别为样本个体的横截面单元和时间序列。$g(q_{it}; \lambda, c)$ 为转换函数，它是可观测状态变量 q_{it} 的一个连续函数。参数 λ 决定了转换速度。c 为转换发生的位置参数。

第二，非线性检验。对于面板数据模型，冈萨雷斯等（2005）给出了以下逻辑函数设定形式：

$$g(q_{it}; \lambda, c) = \left\{ 1 + \exp\left[-\lambda \prod_{j=1}^{m} (q_{it} - c_j)/\delta_z \right] \right\}^{-1}, \quad c_1 \leqslant c_2 \cdots \leqslant$$

$$c_m, \lambda > 0 \tag{10-3}$$

式中，δ_z 是 q_{it} 的标准差。

冈萨雷斯等（2005）认为，通常考虑 m = 1 和 m = 2 就足够了。当 m = 1 时，解释变量与被解释变量之间的关系具有非一致性。此时，若状态变量过小（转换函数值为 0）时，为低机制；若状态变量过大（转换函数值为 1）时，为高机制，转换函数值在 0—1 的平滑转换体现了研究变量在上述两种不同机制间平滑转换。当 m = 2，状态变量过大或过小（转换函数值为 1）时，解释变量与被解释变量之间的关系具有一致性，被称为外机制；当状态变量为 $q_{it} = (c_1 + c_2)/2$ 时，转换函数达到最小值，此时解释变量与被解释变量的关系处于中间机制。具体的检验过程如下：

$H_{00}: \gamma_2 = \gamma_3 = \gamma_4 = 0$

$H_{01}: \gamma_4 = 0$

H_{02}：$\gamma_3 = 0 / \gamma_4 = 0$

H_{03}：$\gamma_2 = 0 / \gamma_3 = \gamma_4 = 0$

若原假设 H_{00} 被拒绝，则 $\lambda \neq 0$，为非线性模型。继续分别检验 H_{01}、H_{02}、H_{03}。若拒绝 H_{02} 最强，即对应的 P 值最小，则选取 m = 2，其他情况下选取 m = 1。实现上述序贯检验的 LM 统计量为：

$$LM = TN(SSR_0 - SSR_1)/SSR_0 \qquad (10-4)$$

式中，T 为时间序列长度，N 为横截面单元个数，SSR_0 为受假设条件约束的回归残差平方和，SSR_1 为不受假设条件约束的回归残差平方和。

第三，转换参数的确定及模型的参数估计。对于模型中转换速度 λ 和转换位置 c，最常用的估计方法包括迭代法和非线性目标函数的最优算法，其中目标函数最优算法包含模拟退火算法及网格搜索法（劳敬礼，2014）。模拟退火算法最早是由 Metropolis（1953）提出来的，而后 Laarhovbn 和 Aarts（1987）在《模拟退火的理论和应用》一书中对模拟退火算法进行了比较系统的总结，基于前人对该方面的研究，Deck 和 Scheuer（1990）研究了模拟退火算法中的初始临界值的确定方法。由于模拟退火算法不必预先对待估参数的搜索范围进行限制，具有简单、良好的稳健性、较广的应用范围等优点，所以，本章主要应用的是模拟退火算法来进行转换参数的确定及模型的参数估计。

第四，模型的敏感性分析。该部分中，基于前三步骤的研究，借助画图工具，判断被解释变量与解释变量之间的非线性关系是否显著。

四　样本选择与描述性统计

（一）盈余管理的存在性判定

我们选取我国 130 家商业银行 2002—2014 年的相关数据，依据异常贷款损失拨备计量模型，对我国 2002—2014 年 130 家商业银行的盈余管理程度进行测度，共得到 555 个样本。总样本中，上市银行共计 102 个样本，非上市银行共计 453 个样本；国有商业银行共计 114 个样本，非国有银行共计 441 个样本；大型商业银行共计 52 个样本；中型商业银行共计 102 个样本；小型银行共计 401 个样本。

下面对不同情况下商业银行盈余管理的存在性进行判断。首先，将 2002—2014 年我国商业银行总体样本的盈余管理程度进行均值是否为 0 的 T 检验，检验结果表明，残差项绝对值的 T 检验 P 值为 0.000，残差是明显存在的，即 2002—2014 年我国商业银行存在利用贷款损失准备而进行盈余管理的现象。其次，对各年度商业银行盈余管理程度均值进行是否为 0 进行 T 检验，检验结果表明，P 值为 0.0025，即 2002—2014 年我国商业银行在各年度存在利用贷款损失准备而进行盈余管理的现象。

（二）商业银行盈余管理的会计年度分布

首先，对我国 2002—2014 年 130 家商业银行盈余管理程度的总体样本进行年度均值测量，得到的结果如表 10 - 2 所示。

表 10 - 2　　　　商业银行盈余管理程度年度均值分布

年份	2002	2003	2004	2005	2006	2007	2008
结果	0.0044	0.0046	0.0036	0.0012	0.0036	0.0011	0.0007
年份	2009	2010	2011	2012	2013	2014	总体
结果	0.0115	0.0032	0.0005	0.0011	0.0010	0.0007	0.0009

其次，对样本银行各年度盈余管理程度均值进行折线图描绘（见图 10 - 1）。

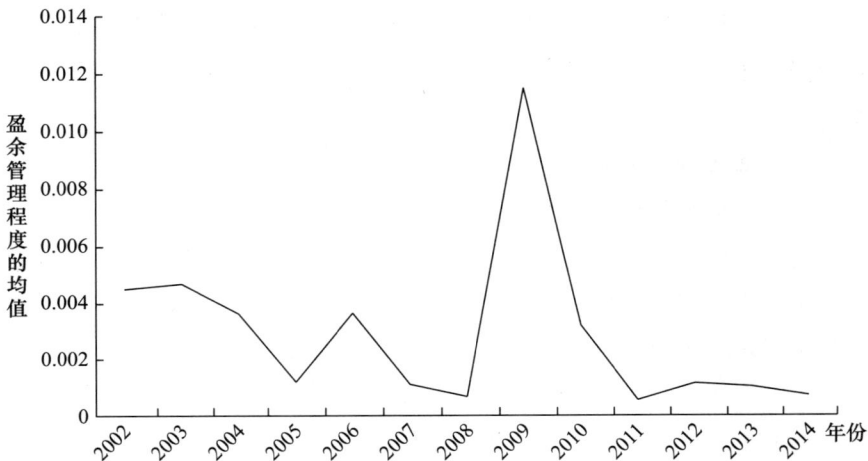

图 10 - 1　商业银行盈余管理程度年度均值分布

最后，根据以上商业银行盈余管理程度的年度均值分析可知，盈余管理程度的整体均值为 0.0009，也就是说，总体而言，盈余管理程度集中分布在 0 值的右侧附近。而从各年度的盈余管理程度均值来看，这种通过异常贷款损失拔备计量的盈余管理行为存在不稳定的变动性。由折线图 10 - 1 可知，商业银行盈余管理程度的趋势变化可分为四个阶段：2002—2008 年，商业银行的盈余管理程度呈波浪式下降趋势；2008—2009 年，商业银行盈余管理程度呈快速上涨的趋势，直到 2009 年达到峰值，这说明自从我国大范围内实行新会计准则以来，我国商业银行的盈余管理行为逐渐增加，新会计准则在某些方面有利于一些商业银行进行盈余管理；2009—2011 年，商业银行的盈余管理程度呈快速下降趋势；2011—2014 年，商业银行的盈余管理程度趋势呈小幅度波动趋势。

（三）商业银行盈余管理的上市情况分布

首先，以上市商业银行与非上市商业银行为样本，计算其年度盈余管理程度均值，以此来代表上市商业银行与非上市商业银行年度盈余管理程度的大小。

其次，由折线图 10 - 2 可知，上市商业银行与非上市商业银行盈

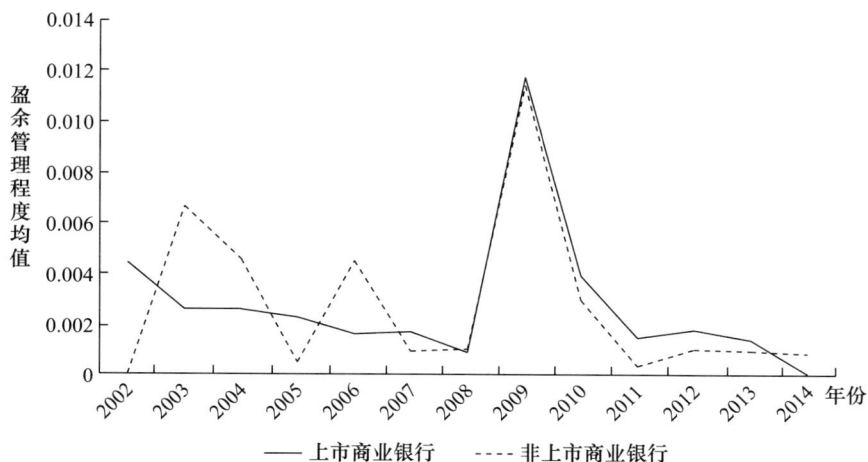

图 10 - 2　上市商业银行与非上市商业银行盈余管理程度分布情况

余管理程度可分为四个阶段：2002—2008 年，上市商业银行的盈余管理程度呈持续下降趋势，非上市商业银行则呈波浪式下降趋势；2008—2009 年，上市商业银行与非上市商业银行盈余管理程度呈快速上涨的趋势，直到 2009 年达到峰值；2009—2011 年，上市商业银行的盈余管理程度略大于非上市商业银行，并且呈快速下降趋势；2011—2014 年，上市商业银行的盈余管理程度呈缓慢下降状态，非上市商业银行的盈余管理程度则呈缓慢上升趋势。由此可知，2009 年上市银行与非上市商业银行的盈余管理程度最高，这表明在世界范围内的金融危机及国内证券市场萎靡的情况下，上市商业银行与非上市商业银行同样面临失去投资者资金支持的困境，因此，为保持足够的盈利状况以及良好的经营形象，会进行一定程度上的盈余管理。

最后，利用两个独立样本的 T 检验，来比较上市商业银行与非上市商业银行盈余管理程度的年度均值。T 检验的结果显示，P 值为 0.9283，大于 0.05，说明检验结果接受原假设，即两总体之间不存在显著差异。因此由上述结果可知，上市商业银行与非上市商业银行的年度盈余管理程度不存在显著差异。

（四）商业银行盈余管理程度的性质分布

首先，以国有商业银行与非国有商业银行为样本，计算其年度盈余管理程度均值，以此来代表国有商业银行与非国有商业银行年度盈余管理程度的大小。

其次，由图 10 - 3 可知，国有商业银行与非国有商业银行盈余管理程度可分为四个阶段：2002—2008 年，国有商业银行的盈余管理程度呈持续下降趋势，非国有商业银行则呈波浪式下降趋势；2008—2009 年间，国有商业银行与非国有商业银行的盈余管理程度呈快速上涨趋势，直到 2009 年达到峰值，且国有商业银行盈余管理程度的增长速度大于非国有商业银行盈余管理程度的增长速度；2009—2011 年，国有商业银行的盈余管理程度略大于非国有商业银行，并且呈快速下降趋势；2011—2014 年，国有商业银行与非国有商业银行的盈余管理程度呈平稳状态，并且两者下降的趋势形态相接近。

最后，利用两个独立样本的 T 检验，来比较国有商业银行与非国有商业银行盈余管理程度的年度均值。T 检验的结果显示，P 值为 0.9831，大于 0.05，说明检验结果接受原假设，即两总体之间不存在显著差异。因此，由上述结果可知，国有商业银行与非国有商业银行的年度盈余管理程度不存在显著差异。

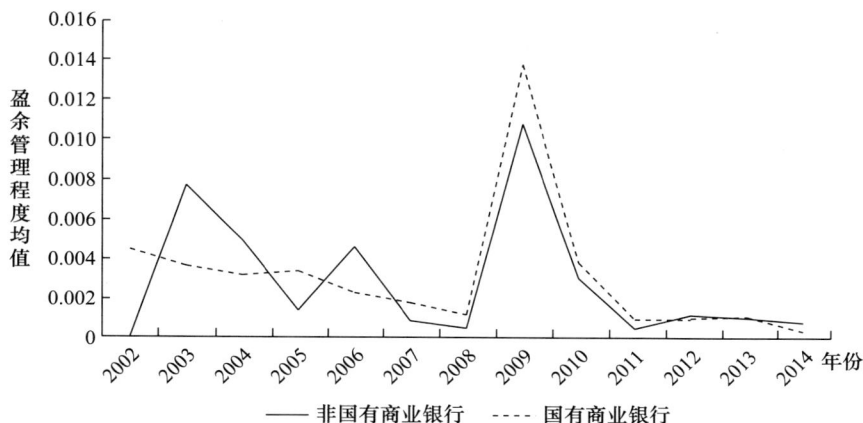

图 10 - 3　国有商业银行与非国有商业银行盈余管理程度分布情况

（五）商业银行年度盈余管理程度规模分布

首先，以大型商业银行、中型商业银行与小型商业银行为样本，计算其年度盈余管理程度均值（见表 10 - 3），以此来代表大型商业银行、中型商业银行与小型商业银行年度盈余管理程度的大小。

表 10 - 3　　　　大型商业银行、中型商业银行与小型商业银行
盈余管理程度年度均值分布

规模	2002 年	2003 年	2004 年	2005 年	2006 年	2007 年	2008 年
大型商业银行				0.0059	0.0017	0.0019	0.0008
中型商业银行		0.0056	0.0034	0.0033	0.0033	0.0020	0.0012
小型商业银行	0.0044	0.0043	0.0033	0.0013	0.0004	0.0021	0.0007
规模	2009	2010	2011	2012	2013	2014	所有年度均值
大型商业银行	0.0128	0.0043	0.0017	0.0013	0.00180	0.0004	0.0006
中型商业银行	0.0129	0.0039	0.0007	0.0010	0.0003	0.0004	0.0007
小型商业银行	0.0110	0.0029	0.0004	0.0011	0.0010	0.0008	0.0005

其次，由折线图 10 - 4 可知，按规模分类的商业银行盈余管理程度增长情况可分为四个阶段：2002—2008 年，大型商业银行、中型商业银行与小型商业银行的盈余管理程度大体呈下降趋势，而其中型商业银行与小型商业银行的盈余管理程度在 2007 年略有反弹，但总体上仍然处于下降趋势；2008—2009 年，大型商业银行、中型商业银行与小型商业银行的盈余管理程度呈快速上涨趋势，直到 2009 年达到峰值，且大型商业银行与中型商业银行盈余管理程度的增长速度大于小型商业银行盈余管理程度的增长速度；2009—2011 年，大型商业银行与中型商业银行的盈余管理程度略大于小型商业银行，并且呈快速下降趋势；2011—2014 年，大型商业银行、中型商业银行与小型商业银行的盈余管理程度呈平稳状态，有较小幅度的波动。

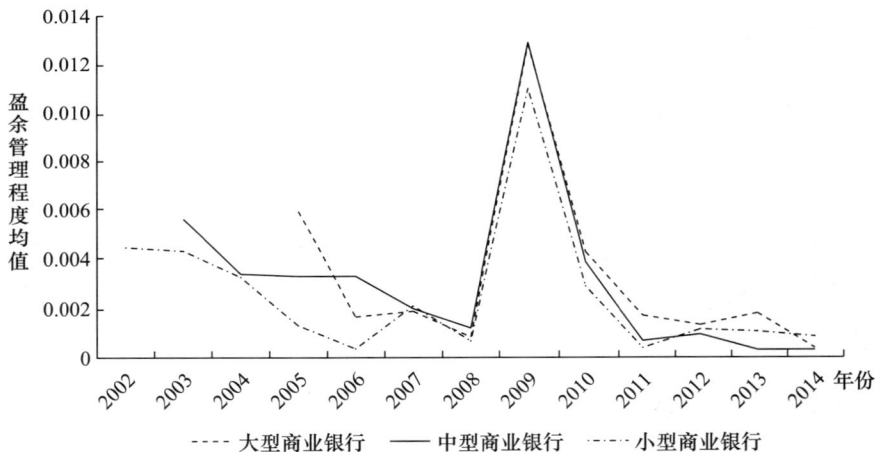

图 10 - 4　商业银行盈余管理程度规模分布

最后，利用方差分析方法，将大型商业银行、中型商业银行与小型商业银行盈余管理程度的年度均值分组进行方差分析，以此来研究大型商业银行、中型商业银行与小型商业银行年度盈余管理程度有无显著差异。由 Bonferroni 统计检验结果表明：由于各 P 值均等于 1，各组之间均数无显著性差异，因此，大型商业银行、中型商业银行与小型商业银行年度盈余管理程度无显著差异。

（六）相关变量描述性统计

本章选取我国 130 家商业银行 2002—2014 年的相关数据，共计509 个样本。通过 Excel 与 Stata12.0 统计软件进行相关处理，组成非平衡面板数据。其样本数据均来源于 Bankscope 数据库。各变量的描述性分析如表 10 - 4 所示。

表 10 - 4　　　　　　　　　　变量描述性分析

变量名称	个数	平均值	标准差	最小值	最大值
Cost	509	3.2918	0.9834	2.1262	6.8919
BEM	509	3.2730	3.2441	0.0387	17.1478
ROA	509	6.7190	0.7242	3.8067	7.7553
Income	509	9.3990	0.1890	8.8974	9.75930
Assets	509	9.7456	0.1139	9.5366	9.9826
Bsrate	509	6.8287	0.0385	6.6584	6.8894
DLP	509	7.1752	0.5873	4.3857	7.8429

由描述性统计可以发现，对商业银行整体而言，其盈余管理程度最小值为 0.0387，最大值为 17.1478，而标准差为 3.2441。这说明，从整体来看，商业银行盈余管理程度的波动幅度较大，这与近几年我国商业银行不断进行盈余管理的现象有关。而就债务融资成本来说，其标准差为 0.9834，因此，近几年我国商业银行的债务融资成本的波动幅度较小，由此进一步推断商业银行盈余管理的波动程度对债务融资成本的影响并不明显。

五　实证结果分析

第一，进行模型的设定。在我们的研究中所使用的 PSTR 模型如下：

$$Cost_{it} = \mu_i + BEM_{it} + ROA_{it} + Income_{it} + Assets_{it} + Bsrate_{it} +$$

$$DLP_{it} + BEM_{it} \times g(BEM_{it}; \lambda, c) \qquad (10 - 5)$$

式中，BEM_{it} 为转换变量，$g(BEM_{it};\lambda,c)$ 为转换函数，λ 为转换速度，c 为转换发生的位置参数，μ_i 为随机变量。

其中，转换函数为：

$$g(BEM_{it};\lambda,c) = \left\{1 + \exp\left[-\lambda\prod_{j=1}^{m}(BEM_{it}-c_j)\Big/\delta_z\right]\right\}^{-1}$$

$$(10-6)$$

第二，进行模型的设定检验，结果如表 10-5 所示。

表 10-5　　　　　　　　　　LM 值

H_{00}	208.2247
H_{01}	59.9332
H_{02}	47.4195
H_{03}	133.0593

表 10-5 的检验结果表明，H_{00} 被拒绝，说明存在非线性，其中拒绝 H_{03} 的显著性最强，因此接受 m = 1。

第三，进行转换参数的确定。首先，利用可避免局部极点问题的模拟退火算法来估计转换位置参数 c 及转换速度参数 λ（在这里，λ 的初始值都取 10，c 的初始值取转换变量 BEM_{it} 的最小值 0.0387，并将其对应代入模型（10-6）；其次，将所有变量全部进行组内去均值变换来消除个体效应的影响；再次，将完成组内变换的以上模型全部执行普通最小二乘（OLS）估计，从而得到其残差平方和（RRS）；最后，重复上述操作，得到残差平方和最小时所对应的参数 λ 和 c，即为该非线性模型所需的参数估计值。我们采用 Stata12.0 软件编程实现上述过程，最终求得如下转换函数：

$$g(BEM_{it};\lambda,c) = \{1 + \exp[-25.6391 \times (BEM_{it}-7.2924)/$$
$$3.2441]\}^{-1} \qquad (10-7)$$

式中，$c = 7.2924$；$\lambda = 25.6391$。

第四，对模型的参数进行估计。将上面估计的转换函数代入模型（10-7），采用非线性最小二乘法估计模型，其结果如表 10-6 所示。

表 10 - 6 系数估计结果

	变量系数	估计结果
BEM_{it}	0.0113	0.653（0.45）
ROA_{it}	0.8318 ***	0.000（5.78）
$Income_{it}$	2.2552 ***	0.000（3.61）
$Assets_{it}$	7.5286 ***	0.000（7.70）
$Bsrate_{it}$	− 15.1961 ***	0.000（− 10.49）
DLP_{it}	0.7781 ***	0.000（5.00）
$BEM_{it} \times g(BEM_{it}；\lambda，c)$	0.3681 ***	0.000（8.64）

注：括号内为 T 检验值。

第五，进行模型的敏感性分析。

定义解释变量的影响系数：

$$y = BEM_1 + BEM_2 \times g(x；\lambda；c) \tag{10 - 8}$$

式中，BEM_1（如果 BEM_1 不显著，则将其视为 0）为线性部分的相关系数的估计结果，BEM_2（如果 BEM_2 不显著，则将其视为 0）为非线性部分的相关系数估计结果。理论上说，x 取值范围为（0，+ ∞）。

经过计算，由非线性模型（10 - 8）得出解释变量的影响系数如表 10 - 7 所示。

表 10 - 7 影响系数

	转换变量趋向 0 时	转换变量等于转换位置时	转换变量趋向于正无穷时
BEM 影响系数	0	0.1841	0.3681

从估计结果表 10 - 7 中可以看出：转换函数仅存在 $c = 7.2924$ 一个转换位置。如图 10 - 5 所示，当转换变量趋向 0 时，转换函数 $g = 0$，影响系数为 0；当转换变量等于转换位置 c 时，转换函数 $g = 0.5$，影响系数为 0.1841；当转换变量过大时，转换函数 $g = 1$，影响系数为 0.3681。

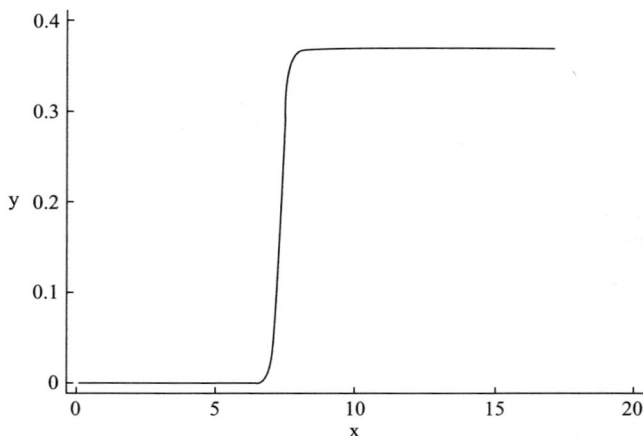

图 10 - 5 债务融资成本与影响系数

对整体商业银行盈余管理程度而言，其对商业银行债务融资成本呈现着非线性结构动态变化的正向影响。具体表现可分为三个阶段进行描述：当盈余管理程度小于转换位置 $c = 7.2924$ 且大于 0 时，其对商业银行债务融资成本的贡献度为 0；当盈余管理程度等于转换位置 $c = 7.2924$ 时，其对商业银行债务融资成本的贡献度为 0.1841；当盈余管理程度大于转换位置 $c = 7.2924$ 时，其对商业银行债务融资成本的贡献度为 0.3681。

实证结果在一定程度上验证了本章之前所提出的假设 H10 - 1，即从银行整体的角度来看，有时商业银行的盈余管理行为会促使商业银行债务融资成本的提高。与此同时，由图 10 - 5 可知，商业银行的盈余管理程度对其债务融资成本有着非线性的两机制影响，这在一定程度上验证了假设 H10 - 2，即商业银行盈余管理对其债务融资成本有着非线性的影响。

由图 10 - 5 可知，当商业银行对异常收益进行合理的小范围的操纵时，这种盈余管理行为对其债务融资成本的贡献度很小，几乎接近于零。这说明商业银行对于粉饰盈利的动机不是很强时，债权人不能针对商业银行小幅度的盈余管理行为进行识别并做出正确的反应，因此，债权人会对这种具有较低盈余管理程度的商业银行要求正常的资金回报。此时说明，商业银行的盈余管理行为并不会对商业银行债务融资成本造成影响。

而一旦商业银行的盈余管理程度超出一定范围时，其对商业银行债务融资成本的贡献度很大，且商业银行的盈余管理程度会正向促进商业银行债务融资成本的提高。这说明当商业银行具有强烈动机来粉饰报表时，债权人就能够识别商业银行的一系列盈余管理调整行为，并且相应地要求较高的融资成本。此时说明，商业银行的盈余管理行为会使其债务融资成本提高。

第四节　商业银行盈余管理对债务融资成本影响的分类分析

一　分类研究假设

基于前文得出的商业银行盈余管理行为对债务融资成本呈非线性影响的结论，下面将进一步探索究竟是哪些因素会对这一非线性关系产生影响，并根据相关因素分析提出相应的假设。

（一）上市情况

我国现已有数十家商业银行在沪深两市上市，上市使商业银行的融资渠道更加多样化，为增加股权与债权投资者的信心，商业银行的盈余管理行为也越来越普遍。蔚蓝（2008）指出，信息不对称与个人私利造成了管理者和债权人之间的冲突，债权人为了保护自身利益会提高利息率。对比非上市商业银行，上市商业银行的信息不对称性要相对低一些，因此，上市商业银行可能会被债权人要求更低的利率。而我国学者于富生等（2007）通过对部分上市公司债务融资成本以及相关信息披露质量两个变量进行了研究，发现具有高质量信息披露公司，其相应的债务融资成本也会很低。

上市虽然拓宽了商业银行的融资渠道，但同时也使行业监管部门对其的约束更加严格，因此，为通过政府监管部门的审查，商业银行会进行相应的盈余管理。Beatty（1995）和张立群（2011）指出，拥有较低资本充足率的商业银行可通过多提取本期的贷款损失准备金到累计贷款损失准备金中来提高资本充足率，以此来降低监管资本。程璐（2010）也指出，金融类企业的行业监管与财务数据关联更为紧密，如银行的资本充足比率、不良贷款比率、流动比率等，这些财务指标必须满足一定的要求，因此，金融类企业通过盈余管理来避免违反行业监管规定。

基于上述理论，类比上市公司盈余管理与债务融资成本之间的关系，考虑到上市商业银行对比非上市商业银行拥有更多的高质量信息披露，会受到行业方面更加严厉的监管，因此本章提出以下假设：

H10－3：对比非上市商业银行，上市商业银行进行盈余管理对债务融资成本的影响程度较小。

（二）产权性质

我国国有商业银行在商业银行市场中占有较大份额。Brandt 和 Li（2003）经过研究发现，因带有国有性质的企业承担一定的社会功能，在国有上市公司出现经营困难时，政府考虑到长远利益，会通过国有银行帮助这些企业获得贷款支持，因此，对比非国有上市公司，国有上市公司更容易获得银行贷款。同时，我国学者孙铮等（2005）、祁婷（2014）提出，国有企业相比于一般民营企业，国有产权性质可作为一种债务隐性担保，更加具备债务偿还信用度上的优势，因此，国有企业可获得较大的贷款额度以及较宽松的还款期限。崔伟（2008）通过对深交所 A 股上市公司进行研究，得出国有控股情况对公司债务融资成本具有一定影响。

基于上述理论，本章提出以下假设：

H10－4：对比非国有商业银行，国有商业银行进行盈余管理对债务融资成本的影响程度较小。

（三）银行规模

近些年，我国中小型商业银行所占市场份额比重持续上升。一部分学者认为，公司的规模越大，其所承担的债务融资成本越高。其中，Anderson 等（2004）通过对标准普尔 500 公司的董事会特征与债务成本之间的关系进行研究，研究表明，公司的规模越大，董事会独立性越强，其所承担的债务融资成本越高。

一部分学者认为，公司的规模越大，其所承担的债务融资成本越小。胡宇（2013）指出，具有较大规模的公司信息公开性较强，债权人可以了解到更多的信息，更容易信任大公司，并且其经营形式多样化，经营风险能够更好地分散开来，破产的可能性就更小，因此，大公司可以取得较低的债务融资成本。而 Bhojraj 和 Sengupta（2003）认为，大公司具有高度独立性的董事会，其对公司管理者的监管具有显著效用，如此一来，既保护了债权人作为外部投资者的切身利益，又提高了其对公司的信心，即降低公司债务融资成本。

经过研究发现，商业银行的规模也是影响盈余管理与债务融资成本关系的一个重要因素，因此，本章提出以下假设：

H10 - 5：商业银行规模越大，其进行盈余管理对债务融资成本的影响程度越小。

二　变量说明与模型设计

该部分的相关变量说明同银行整体实证研究，回归模型的设计同银行整体实证分析。

三　分类样本选择与描述性统计

（一）上市情况

在该部分中，通过 Excel 与 Stata12.0 统计软件对我国 130 家商业银行 2002—2014 年的整体数据进行上市情况分类，分为上市商业银行与非上市商业银行两部分。其中上市商业银行共计 17 家，103 个样本；非上市商业银行共计 113 家，406 个样本。

关于上市商业银行，各变量的描述性统计如表 10 - 8 所示。

表 10 - 8　　　　　　　　变量描述性统计

变量名称	个数	平均值	标准差	最小值	最大值
Cost	103	3.2540	1.0907	2.3526	6.8819
BEM	103	2.7668	2.9706	0.0537	17.1478
ROA	103	6.9200	0.3922	5.0434	7.2964

续表

变量名称	个数	平均值	标准差	最小值	最大值
Income	103	9.4232	0.1687	9.0806	9.7593
Assets	103	9.8887	0.0689	9.7342	9.9826
Bsrate	103	6.8471	0.0140	6.8159	6.8873
DLP	103	7.3027	0.1108	7.0684	7.6537

关于非上市商业银行，各变量的描述性统计如表 10 - 9 所示。

表 10 - 9　　　　　　　　变量描述性统计

变量名称	个数	平均值	标准差	最小值	最大值
Cost	406	3.3014	0.9555	2.1262	6.8919
BEM	406	3.4015	3.3010	0.0387	17.1478
ROA	406	6.6681	0.7787	3.8067	7.7553
Income	406	9.3927	0.1930	8.8974	9.7593
Assets	406	9.7093	0.0925	9.5366	9.9639
Bsrate	406	6.8241	0.04127	6.6584	6.8894
DLP	406	7.1429	0.6514	4.3857	7.8429

由描述性统计可以发现，上市商业银行盈余管理程度的平均值为
2.7668，非上市商业银行盈余管理程度的平均值为 3.4015；上市商业
银行盈余管理程度的标准差为 2.9706，非上市商业银行盈余管理程度
的标准差为 3.3010。这说明，从整体来看，对比非上市商业银行，上
市商业银行盈余管理的平均程度与波动的幅度较大，这可能是因为上
市商业银行拥有更多的高质量信息披露，会受到行业方面更加严厉的
监管。而就债务融资成本来说，上市商业银行债务融资成本的平均值
为 3.2540，非上市商业银行债务融资成本的平均值为 3.3014，由此
进一步推断，对比非上市商业银行，上市商业银行进行盈余管理对债
务融资成本的影响程度较小。

（二）产权性质

在该部分中，通过 Excel 与 Stata12.0 统计软件对我国 130 家商业

银行 2002—2014 年的整体数据进行产权性质分类，分为国有商业银行与非国有商业银行两部分。本章采用的国有银行是指国有银行和国有法人单位的总和，共有 15 家，分别为国家开发银行、中国进出口银行、中国农业发展银行、中国工商银行、中国农业银行、中国银行、中国建设银行、交通银行、招商银行、上海浦东发展银行、中信银行、中国光大银行、华夏银行、兴业银行、广发银行；其他为非国有商业银行，共计 115 家。

关于国有商业银行，共计 115 个样本。各变量的描述性统计如表 10 - 10 所示。

表 10 - 10　　　　　　　　　变量描述性统计

变量名称	个数	平均值	标准差	最小值	最大值
Cost	115	3. 3601	1. 1215	2. 3526	6. 8854
BEM	115	3. 5889	3. 6743	0. 0537	17. 1478
ROA	115	6. 6943	0. 7033	3. 8067	7. 2964
Income	115	9. 3996	0. 1674	8. 9182	9. 7593
Assets	115	9. 8988	0. 0584	9. 7342	9. 9826
Bsrate	115	6. 8518	0. 0190	6. 7791	6. 8894
DLP	115	6. 7512	1. 0500	4. 3857	7. 5021

关于非国有商业银行，共计 394 个样本。各变量的描述性统计如表 10 - 11 所示。

表 10 - 11　　　　　　　　　变量描述性统计

变量名称	个数	平均值	标准差	最小值	最大值
Cost	394	3. 2719	0. 9400	2. 1262	6. 8919
BEM	394	3. 1809	3. 1065	0. 03867	17. 1478
ROA	394	6. 7262	0. 7309	3. 8067	7. 7553
ncome	394	9. 3986	0. 1945	8. 8974	9. 7593
Assets	394	9. 7008	0. 0831	9. 5366	9. 9220
Bsrate	394	6. 8212	0. 0401	6. 6584	6. 8894
DLP	394	7. 2988	0. 2418	5. 9249	7. 8429

由描述性统计可以发现，国有商业银行盈余管理程度的平均值为3.5889，非国有商业银行盈余管理程度的平均值为3.1809；国有商业银行盈余管理程度的标准差为3.6743，非国有商业银行盈余管理程度的标准差为3.1065。这说明从整体来看，对比非国有商业银行，国有商业银行盈余管理的平均程度与波动的幅度较大。而就债务融资成本来说，国有商业银行债务融资成本的平均值为3.3601，非国有商业银行债务融资成本的平均值为3.2719，由此进一步推断，国有商业银行与非国有商业银行进行盈余管理的行为，对其债务融资成本会产生影响，具体的影响程度还要通过实证来判断。

（三）银行规模

在该部分中，通过 Excel 与 Stata12.0 统计软件对我国 130 家商业银行 2002—2014 年的整体数据进行规模分类，分为大型商业银行、中型商业银行与小型商业银行三部分。根据 2015 年 9 月 28 日公布的金融业企业划型标准规定，银行业存款机构资产总额 4 万亿元以上的为大型企业，共计 13 家；资产总额 4 万亿元以下的为中小微型企业，其中，资产总额 5000 亿元及以上的为中型企业，共计 28 家；资产总额 50 亿元及以上的为小型企业，共计 85 家；资产总额 50 亿元以下的为微型企业，共计 4 家。由于微型企业数量较少，因此，本节中微型企业的数据忽略不计。

关于小型商业银行，共计 355 个样本。各变量的描述性统计如表10 – 12 所示。

表 10 – 12 　　　　　　　　　变量描述性统计

变量名称	个数	平均值	标准差	最小值	最大值
Cost	355	3.2562	0.9478	2.1262	6.8919
BEM	355	3.3220	3.1802	0.0387	17.1478
ROA	355	6.6821	0.751	3.8067	7.7554
Income	355	9.3903	0.1940	8.8974	9.7593
Assets	355	9.6850	0.0653	9.5365	9.8177
Bsrate	355	6.8218	0.0406	6.6584	6.8894
DLP	355	7.3003	0.2457	5.9249	7.8429

关于中型商业银行，共计 95 个样本。各变量的描述性统计如表 10-13 所示。

表 10-13　　　　　　　　变量描述性统计

变量名称	个数	平均值	标准差	最小值	最大值
Cost	95	3.4646	1.0678	2.1262	6.885
BEM	95	3.5018	3.7965	0.1006	17.1478
ROA	95	6.6764	0.7330	3.8067	7.4541
Income	95	9.4164	0.1717	8.9182	9.7383
Assets	95	9.8597	0.0332	9.8064	9.9191
Bsrate	95	6.8506	0.0228	6.7791	6.8894
DLP	95	6.7765	1.0166	4.3857	7.8370

关于大型商业银行，共计 56 个样本。各变量的描述性统计如表 10-14 所示。

表 10-14　　　　　　　　变量描述性统计

变量名称	个数	平均值	标准差	最小值	最大值
Cost	56	3.2537	1.0581	2.1262	6.8819
BEM	56	2.6126	2.5866	0.0537	11.5330
ROA	56	7.0378	0.1800	6.4938	7.2964
Income	56	9.4199	0.1692	9.0806	9.7593
Assets	56	9.9472	0.0257	9.8915	9.9826
Bsrate	56	6.8413	0.0102	6.8029	6.8684
DLP	56	7.0650	0.7958	4.3857	7.5021

由描述性统计可以发现，按照商业银行盈余管理的平均程度由大到小排列，为中型商业银行、小型商业银行、大型商业银行；按照商业银行盈余管理程度的浮动程度由大到小排列，为中型商业银行、小型商业银行、大型商业银行，这说明，从整体来看，中型商业银行盈余管理的平均程度与波动的幅度最大。

就债务融资成本来说，按照商业银行债务融资成本的平均程度由大到小排列，为中型商业银行、小型商业银行、大型商业银行；按照商业银行债务融资成本的浮动程度由大到小排列，为中型商业银行、大型商业银行、小型商业银行，这说明从整体来看，中型商业银行盈余管理的平均程度与波动的幅度最大。由此进一步推断，不同规模的商业银行进行盈余管理，对其债务融资成本会产生不同的影响，具体的影响程度还要通过实证来判断。

四　分类实证结果分析

（一）按上市情况分类实证分析

第一，进行模型的设定。在此小节中，我们所使用的 PSTR 模型与上文相一致。

第二，进行模型的设定检验，根据商业银行上市情况相关数据，模型设定检验结果如表 10 – 15 所示。

表 10 – 15　　　　　　　　　模型设定检验结果

	上市商业银行 LM 值	非上市商业银行 LM 值
H_{00}	99.0709	141.6978
H_{01}	83.7807	52.5206
H_{02}	64.2316	119.3294
H_{03}	47.0565	87.2520

表 10 – 15 检验结果表明，关于上市商业银行，H_{00} 被拒绝，说明存在非线性，其中拒绝 H_{01} 的显著性最强，因此接受 m = 1；关于非上市商业银行，H_{00} 被拒绝，说明存在非线性，其中拒绝 H_{03} 的显著性最强，因此接受 m = 2。

第三，进行转换参数的确定。本节采用模拟退火算法，估计转换位置参数 c 及转换速度参数 λ。在这里，λ 的初始值都取 10，c 的初始值依次取转换变量 BEM_{it} 的最小值 0.0537、0.0387。求得如下转换函数：

上市商业银行：

$$g(BEM_{it}; \lambda, c) = \{1 + \exp[-20.0149 \times (BEM_{it} - 6.2254)/2.9706]\}^{-1}$$

$$(10 - 9)$$

式中，$c = 6.2254$；$\lambda = 20.0149$。

非上市商业银行：

$$g(BEM_{it}; \lambda, c) = \{1 + \exp[-0.4820 \times (BEM_{it} - 2.3678) \times (BEM_{it} - 1.9799)/3.3010/3.3010]\}^{-1} \quad (10-10)$$

式中，$c_1 = 1.9799$；$c_2 = 2.3678$；$\lambda = 0.4820$。

第四，对模型的参数进行估计。将上面的转换函数代入非线性模型，采用非线性最小二乘法进行估计，其结果如表10-16所示。

表10-16　　　　　　　　　非线性模型估计结果

	上市商业银行系数估计结果		非上市商业银行系数估计结果	
	变量系数	P值	变量系数	P值
BEM_{it}	-0.1087***	0.000（-5.88）	-0.3461***	0.000（-4.61）
ROA_{it}	-0.1633	0.439（-1.64）	1.7074***	0.000（4.23）
$Income_{it}$	-1.0145	0.358（-4.69）	7.3375***	0.000（3.80）
$Assets_{it}$	0.4561	0.607（3.12）	15.5447***	0.000（3.58）
$Bsrate_{it}$	0.3838	0.806（0.41）	-36.0773***	0.000（-5.58）
DLP_{it}	1.0111**	0.011（0.45）	1.8185***	0.000（3.56）
$BEM_{it} \times g$ （BEM_{it}；λ，c）	0.0996**	0.019（3.52）	0.6904***	0.000（7.28）

注：括号内为t检验值。

第五，进行模型的敏感性分析。与上文商业银行总体样本的敏感性检验过程一致，经过计算，得出解释变量的影响系数如表10-17所示。

表10-17　　　　　　　　　商业银行影响系数

上市商业银行影响系数			
BEM_{it}	转换变量趋向0时	转换变量等于转换位置时	转换变量趋向于正无穷时
BEM影响系数	-0.1087	-0.0589	-0.0091

非上市商业银行影响系数				
BEM_{it}	趋向0.0387时	等于c_1	等于（$c_1 + c_2$）/2	等于c_2	趋向于17.1478时
BEM影响系数	0.0357	-0.0009	-0.0012	-0.0009	0.3443

从估计结果表 10 - 17 中可以看出：

上市商业银行：转换函数仅存在 $c = 6.2254$ 一个转换位置。当转换变量趋向 0 时，转换函数 $g = 0$，影响系数趋向 -0.1087；当转换变量等于转换位置 c 时，转换函数 $g = 0.5$，影响系数为 -0.0589；当转换变量过大时，转换函数 $g = 1$，影响系数为 -0.0091，如图 10 - 6 所示。

非上市商业银行：转换函数仅存在 $c_1 = 1.9799$；$c_2 = 2.3678$ 两个转换位置，且关于 $(c_1 + c_2)/2 = 2.1739$ 对称。当转换变量等于转换位置 c_1 时，转换函数 $g = 0.5$，影响系数为 -0.0009；当转换变量等于 $(c_1 + c_2)/2$ 时，转换函数 $g = 0.4996$，影响系数为 -0.0012；当转换变量等于 c_2 时，转换函数 $g = 0.5$，影响系数为 -0.0009，如图 10 - 7 所示。

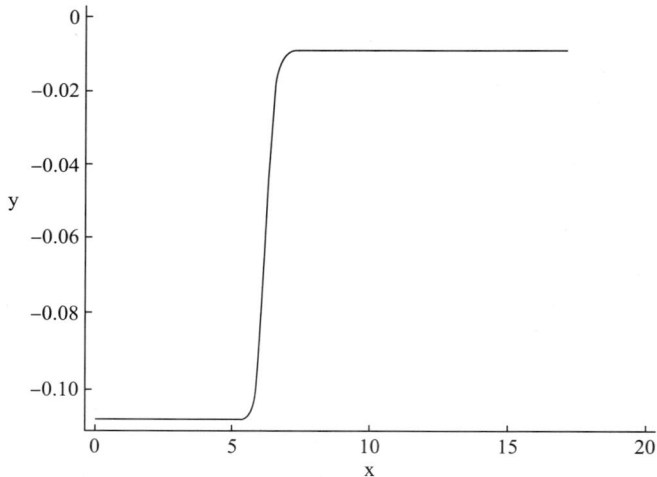

图 10 - 6　上市商业银行非线性敏感性分析

对于上市商业银行盈余管理程度而言，其对商业银行债务融资成本都呈现着非线性结构动态变化的负向影响。具体可分三个阶段进行描述：当盈余管理程度小于转换位置 $c = 6.2254$ 且大于 0 时，其对商业银行债务融资成本的贡献度为 -0.1087；当盈余管理程度等于转换位置 c = 6.2254 时，其对商业银行债务融资成本的贡献度为 − 0.0589；当盈余管理程度大于转换位置 c = 6.2254 时，其对商业银行债务融资成本的贡献度为 − 0.0091。

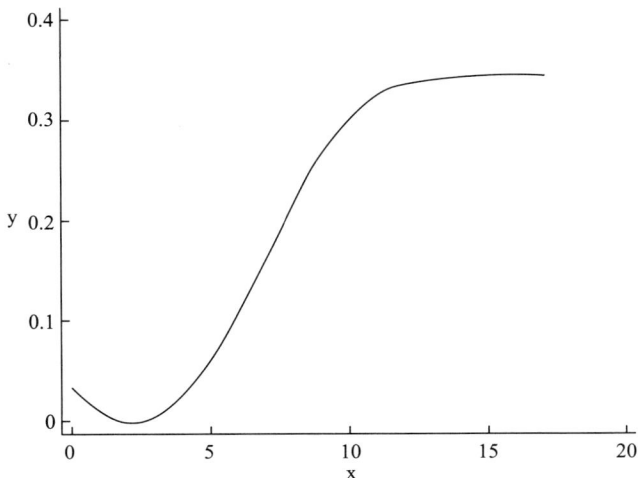

图 10 − 7　非上市商业银行非线性敏感性分析

对于非上市商业银行盈余管理程度而言，其对商业银行债务融资成本都呈现着非线性结构动态变化的正向影响。具体可分两个阶段进行描述：当盈余管理程度由 2.1739 下降到 1.9799 并继续下降到最小值 0.0387 时，其对商业银行债务融资成本的贡献度由 − 0.0012 上升到 − 0.0009 并继续上升至 0.0357；当盈余管理程度由 2.1739 上升到 2.3678 并继续上升至最大值 17.1478 时，其对商业银行债务融资成本的贡献度由 − 0.0012 上升到 − 0.0009，继续爬升到 0.3443。

以上结果说明：

对于上市商业银行而言，其实证结果虽然与假设 H10 − 1 相反，即上市商业银行进行盈余管理可导致其债务融资成本的小幅度降低，但是，随着盈余管理程度的增大，商业银行债务融资成本的降低程度就会越小，最后几乎接近零；对于非上市商业银行而言，其实证结果与假设 H10 - 1 相同，进行盈余管理几乎不会导致其债务融资成本的降低，其对商业银行债务融资成本都呈现着非线性结构动态变化的正向影响。

与此同时，经过对比发现，在同样的盈余管理程度范围内，上市商业银行的债务融资成本的波动范围为（- 0.1087，- 0.0091），非上市商业银行的债务融资成本的波动范围为（- 0.0012，0.3443），由此可知，该实证结果也验证了本章之前对该部分所提出的假设 H10 - 3：对比非上市商业银行，上市商业银行进行盈余管理对债务融资成本的影响程度较小。

产生此现象的原因可能是财务信息披露对比非上市银行要充分很多，其受到各方的约束也较多，盈余操纵也更容易被债权人察觉，这就使其进行盈余操纵来满足相关利益者的满足程度降低，因此，对比非上市商业银行，上市商业银行进行盈余管理虽可导致其债务融资成本的小幅度降低，但对债务融资成本的影响程度较小。

（二）按商业银行性质分类实证分析

第一，进行模型的设定。在此小节中，我们所使用的 PSTR 模型与上文相一致。

第二，进行模型的设定检验，根据上文产权性质中的商业银行相关数据，模型设定检验结果如表 10 - 18 所示。

表 10 - 18 模型设定检验结果

	国有商业银行 LM 值	非国有商业银行 LM 值
H_{00}	95.9209	147.4411
H_{01}	56.5451	39.1200
H_{02}	59.3617	10.5081
H_{03}	49.2380	112.7611

表 10 - 18 检验结果表明，关于国有商业银行，H_{00} 被拒绝，说明存在非线性，其中拒绝 H_{02} 的显著性最强，因此接受 m = 2；关于非国有商业银行，H_{00} 被拒绝，说明存在非线性，其中拒绝 H_{03} 的显著性最

强，因此接受 m = 1。

第三，进行转换参数的确定。本节采用模拟退火算法，估计转换位置参数 c 及转换速度参数 λ。在这里，λ 的初始值都取 10，c 的初始值依次取转换变量 BEM_{it} 的最小值 0.0537、0.0387。求得如下转换函数：

国有商业银行：

$$g(BEM_{it};\ \lambda,\ c) = \{1 + \exp[-8.1028 \times (BEM_{it} - 0.0538) \times$$
$$(BEM_{it} - 7.4030)/3.6743/3.6743]\}^{-1} \qquad (10-11)$$

式中，$c_1 = 0.0538$；$c_2 = 7.4030$；$\lambda = 8.1028$

非国有商业银行：

$$g(BEM_{it};\ \lambda,\ c) = \{1 + \exp[-18.3216 \times (BEM_{it} - 7.2293)/$$
$$3.1065]\}^{-1} \qquad (10-12)$$

式中，$c = 7.2293$；$\lambda = 18.3216$

第四，对模型的参数进行估计。将上面的转换函数代入非线性模型，采用非线性最小二乘法进行估计，其结果如表 10 - 19 所示。

表 10 - 19　　　　　　　　　　非线性模型估计结果

	国有商业银行系数估计结果		非国有商业银行系数估计结果	
	变量系数	P 值	变量系数	P 值
BEM_{it}	- 0.0482（- 1.57）	0.120	0.01367（0.44）	0.658
ROA_{it}	- 1.0540 *** （- 3.60）	0.001	1.1158 *** （6.72）	0.000
$Income_{it}$	- 4.3555 *** （- 5.67）	0.000	3.3316 *** （4.65）	0.000
$Assets_{it}$	11.9645 *** （5.55）	0.000	7.6276 *** （4.94）	0.000
$Bsrate_{it}$	- 11.7947 *** （- 4.04）	0.000	- 17.6905 *** （- 7.54）	0.000
DLP_{it}	1.5078 *** （12.86）	0.000	0.8005（1.47）	0.142

注：括号内为 t 检验值。

第五，进行模型的敏感性分析。得出解释变量的影响系数如表 10 - 20 所示。

表 10 - 20　　　　　　　　　商业银行影响系数

国有商业银行影响系数				
BEM_{it}	趋向于 0.0537	等于 c_1	等于 $(c_1 + c_2)/2$	等于 c_2	趋向于 17.1478
BEM 影响系数	0.1592	0.1592	0.0001	0.1592	0.3732

非国有银行影响系数		
BEM_{it}	转换变量趋向 0 时	转换变量等于转换位置时	转换变量趋向于正无穷时
BEM 影响系数	0	0.2138	0.4276

从估计结果表 10 - 20 中可以看出:

国有商业银行:转换函数仅存在 $c_1 = 0.0538$; $c_2 = 7.4030$ 两个转换位置,且关于 $(c_1 + c_2)/2 = 3.7284$ 对称。当转换变量等于转换位置 c_1 时,转换函数 g = 0.5,影响系数为 0.1592;当转换变量等于 $(c_1 + c_2)/2$ 时,转换函数 g = 0.0002,影响系数为 0.0001;当转换变量等于 c_2 时,转换函数 g = 0.5,影响系数为 0.1592,如图 10 - 8 所示。

非国有商业银行:转换函数仅存在 c = 7.2293 一个转换位置。当转换变量趋向 0 时,转换函数 g = 0,影响系数趋向 0;当转换变量等于转换位置 c 时,转换函数 g = 0.5,影响系数为 0.2138;当转换变量过大时,转换函数 g = 1,影响系数为 0.4276,如图 10 - 9 所示。

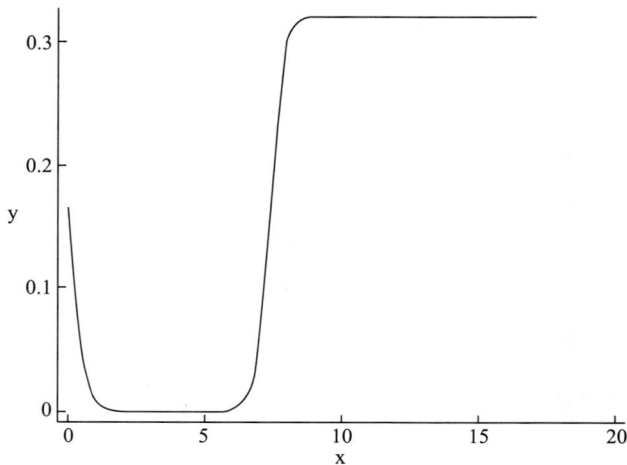

图 10 - 8　国有商业银行非线性敏感性分析

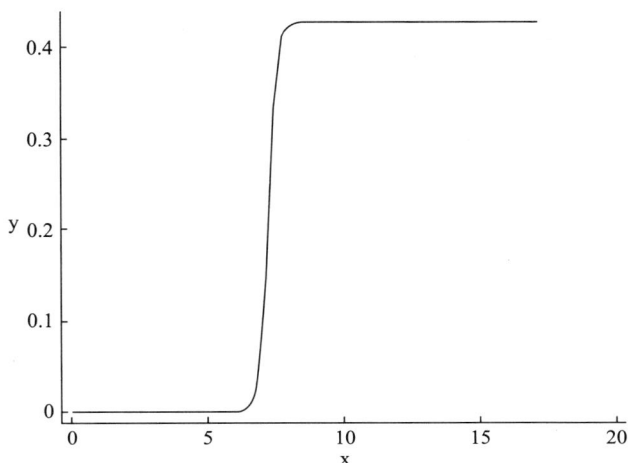

图 10 - 9　非国有商业银行非线性敏感性分析

对于国有商业银行盈余管理程度而言，其对商业银行债务融资成本都呈现非线性结构动态变化的正向影响。具体可分两个阶段进行描述：当盈余管理程度由 3.7284 下降到 0.0538 并继续下降时，其对商业银行债务融资成本的贡献度由 0.0001 上升到 0.1592；当盈余管理程度由 3.7284 上升到 7.4030 并继续上升时，其对商业银行债务融资成本的贡献度由 0.0001 上升到 0.1592，并继续上升达到最大值 0.3732。

对于非国有商业银行盈余管理程度而言，其对商业银行债务融资成本都呈现非线性结构动态变化的正向影响。具体可分三个阶段进行描述：当盈余管理程度小于转换位置 c = 7.2293 且大于 0 时，其对商业银行债务融资成本的贡献度为 0；当盈余管理程度等于转换位置 c = 7.2293 时，其对商业银行债务融资成本的贡献度为 0.2138；当盈余管理程度大于转换位置 c = 7.2293 时，其对商业银行债务融资成本的贡献度为 0.4276。

以上结果说明：

对于国有商业银行与非国有商业银行而言，其盈余管理行为对商业银行债务融资成本呈显著非线性结构动态变化的正向影响。这与银

行整体分析假设 H_{10-} 的结果相一致。但经过对比发现，在同样的盈余管理程度范围内，国有商业银行的债务融资成本的波动范围为（0.0001，0.3732），非国有商业银行的债务融资成本的波动范围为（0，0.4276），由此可见，非国有商业银行的债务融资成本受到盈余管理的影响程度更大。

产生此现象的原因可能由于带有国有性质的企业会承担一定的社会功能，在国有商业银行出现经营困难时，政府考虑到长远利益，会通过帮助其获得贷款支持，因此，对比非国有商业银行，国有商业银行的利率也会维持在低位，债务融资成本也会很低。该实证结果也验证了本章之前对该部分所提出的假设 H10 - 4：对比非国有商业银行，国有商业银行进行盈余管理对债务融资成本的影响程度较小。

（三）按商业银行规模分类实证分析

第一，进行模型的设定。与上文设定的 PSTR 模型相一致。

第二，进行模型的设定检验，根据规模大、小、中型商业银行的相关数据，模型设定检验结果如表 10 - 21 所示。

表 10 - 21　　　　　　　　模型设定检验结果

	小型商业银行 LM 值	中型商业银行 LM 值	大型商业银行 LM 值
H_{00}	127.7132	80.8638	55.2339
H_{01}	23.2782	56.7015	40.7395
H_{02}	103.3726	59.7763	47.9861
H_{03}	102.2424	21.3400	36.3557

表 10 - 21 检验结果表明，关于小型商业银行，H_{00} 被拒绝，说明存在非线性，其中拒绝 H_{02} 的显著性最强，因此接受 m = 2；关于中型商业银行，H_{00} 被拒绝，说明存在非线性，其中拒绝 H_{02} 的显著性最强，因此接受 m = 2；关于大型商业银行，H_{00} 被拒绝，说明存在非线性，其中拒绝 H_{02} 的显著性最强，因此接受 m = 2。

第三，进行转换参数的确定。采用模拟退火算法，估计转换位置参数 c 及转换速度参数 λ。在这里，λ 的初始值都取 10，c 的初始值依次取转换变量 BEM_{it} 的最小值 0.1006 和均值 0.5375。求得如下转换函数：

小型商业银行：

$$g(BEM_{it}; \lambda, c) = \{1 + \exp[-0.4392 \times (BEM_{it} - 0.2894) \times (BEM_{it} - 4.9090)/3.1802/3.1802]\}^{-1} \quad (10-13)$$

式中，$c_1 = 0.2894$；$c_2 = 4.9090$；$\lambda = 0.4392$。

中型商业银行：

$$g(BEM_{it}; \lambda, c) = \{1 + \exp[-25.8034 \times (BEM_{it} - 0.1006) \times (BEM_{it} - 7.2209)/3.7965/3.7965]\}^{-1} \quad (10-14)$$

式中，$c_1 = 0.1006$；$c_2 = 7.2209$；$\lambda = 25.8034$。

大型商业银行：

$$g(BEM_{it}; \lambda, c) = \{1 + \exp[-19.1010 \times (BEM_{it} - 0.0537) \times (BEM_{it} - 8.6855)/2.5866/2.5866]\}^{-1} \quad (10-15)$$

式中，$c_1 = 0.0537$；$c_2 = 8.6855$；$\lambda = 19.1010$。

第四，对模型的参数进行估计。将上面的转换函数代入非线性模型，采用非线性最小二乘法进行估计，其结果如表 10-22 所示。

表 10-22　　　　　　　　商业银行系数估计结果

	小型商业银行系数估计结果		中型商业银行系数估计结果		大型商业银行系数估计结果	
	变量参数	P 值	变量参数	P 值	变量参数	P 值
BEM_{it}	-0.3616 *** (-5.34)	0.000	-0.0756 * (-1.85)	0.069	-0.0463 ** (-2.47)	0.016
ROA_{it}	2.3271 *** (5.60)	0.000	-2.5536 *** (-5.78)	0.000	-0.9769 (-2.49)	0.571
$Income_{it}$	9.8780 *** (4.86)	0.000	-6.3055 *** (-5.59)	0.000	-0.1856 (-0.70)	0.881
$Assets_{it}$	8.7456 * (1.67)	0.096	34.0607 *** (7.85)	0.000	-10.3875 (-2.21)	0.601
$Bsrate_{it}$	-32.4876 *** (-4.24)	0.000	-40.0277 *** (-7.37)	0.000	19.3838 (3.20)	0.458

续表

	小型商业银行系数估计结果		中型商业银行系数估计结果		大型商业银行系数估计结果	
	变量参数	P 值	变量参数	P 值	变量参数	P 值
DLP_{it}	3.4699 *** (2.17)	0.000	2.2848 *** (10.86)	0.000	− 2.7257 *** (−4.64)	0.000
$BEM_{it} \times$ g（BEM_{it}；1，c）	0.7880 *** (7.92)	0.000	0.2480 *** (4.05)	0.000	0.3696 ** (18.76)	0.000

注：括号内为 t 检验值。

第五，进行模型的敏感性分析。得出解释变量的商业银行影响系数如表10 – 23 所示。

表 10 – 23　　　　　　　　　商业银行影响系数

小型商业银行影响系数					
BEM_{it}	趋向于 0.0387	等于 c_1	等于（$c_1 + c_2$）/2	等于 c_2	趋向于 17.1478
BEM 影响系数	0.04284	0.0324	− 0.0130	0.0324	0.4264
中型商业银行影响系数					
BEM_{it}	趋向于 0.1006	等于 c_1	等于（$c_1 + c_2$）/2	等于 c_2	趋向于 17.1478
BEM 影响系数	0.0484	0.0484	− 0.0756	0.0484	0.1724
大型商业银行影响系数					
BEM_{it}	趋向于 0.0537	等于 c_1	等于（$c_1 + c_2$）/2	等于 c_2	趋向 11.533
BEM 影响系数	0.1385	0.1385	− 0.0463	0.1385	0.3233

从估计结果表10 – 23 中可以看出：

小型商业银行：转换函数仅存在 $c_1 = 0.2894$；$c_2 = 4.9090$ 两个转换位置，且关于（$c_1 + c_2$）/2 = 2.5992 对称。当转换变量等于转换位置 c_1 时，转换函数 g = 0.5，影响系数为 0.0324；当转换变量等于（$c_1 + c_2$）/2 时，转换函数 g = 0.4423，影响系数为 − 0.0130；当转换变量等于 c_2 时，转换函数 g = 0.5，影响系数为 0.0324，如图 10 – 10 所示。

中型商业银行：转换函数仅存在 $c_1 = 0.1006$；$c_2 = 7.2209$ 两个转

换位置，且关于（$c_1 + c_2$）/2 = 3.6608 对称。当转换变量等于转换位置 c_1 时，转换函数 g = 0.5，影响系数为 0.0484；当转换变量等于（$c_1 + c_2$）/2 时，转换函数 g = 0，影响系数为 − 0.0756；当转换变量等于 c_2 时，转换函数 g = 0.5，影响系数为 0.0484，如图 10 − 11 所示。

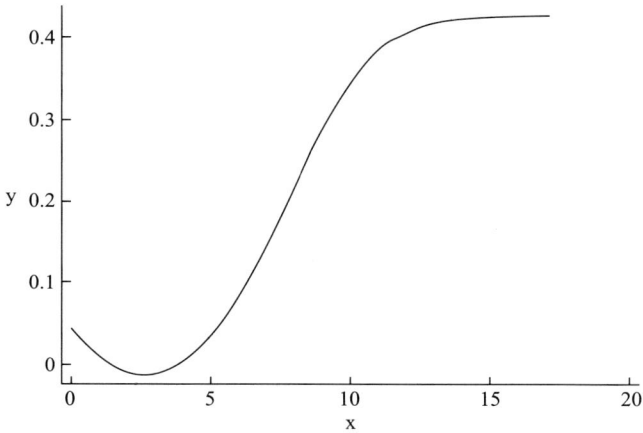

图 10 − 10　小型商业银行非线性敏感性分析

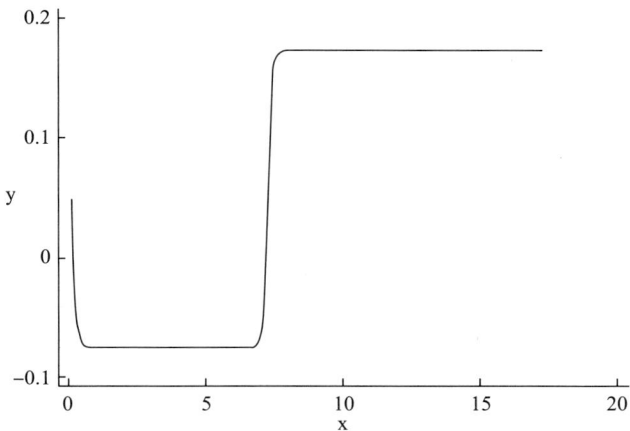

图 10 − 11　中型商业银行非线性敏感性分析

大型商业银行：转换函数仅存在 $c_1 = 0.0537$，$c_2 = 8.6855$ 两个转换位置，且关于（$c_1 + c_2$）$/2 = 4.3696$ 对称。当转换变量等于转换位置 c_1 时，转换函数 $g = 0.5$，影响系数为 0.1385；当转换变量等于（$c_1 + c_2$）$/2$ 时，转换函数 $g = 0$，影响系数为 -0.0463；当转换变量等于 c_2 时，转换函数 $g = 0.5$，影响系数为 0.3233，如图 $10-12$ 所示。

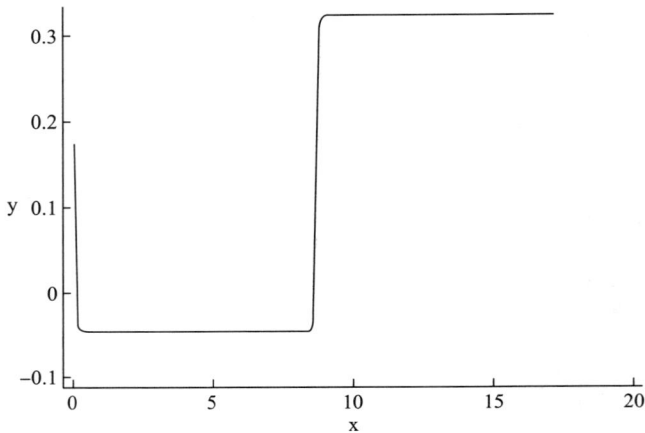

图 10 - 12　大型商业银行非线性敏感性分析

对于小型商业银行盈余管理程度而言，其对商业银行债务融资成本都呈现着非线性动态影响。具体可分两个阶段进行描述：当盈余管理程度由 2.9552 下降到 0.2894 并继续下降到 0.0387 时，其对商业银行债务融资成本的贡献度由 -0.0130 上升到 0.0324，并继续上升到 0.04284；当盈余管理程度由 3.7284 上升到 4.9090 并继续上升到最大值 17.1478 时，其对商业银行债务融资成本的贡献度由 -0.0130 上升到 0.0324，并达到最大值 0.4264。

对于中型商业银行盈余管理程度而言，其对商业银行债务融资成本都呈现着非线性动态影响。具体可分两个阶段进行描述：当盈余管理程度由 3.6608 下降到 0.1006 时，其对商业银行债务融资成本的贡献度由 -0.0756 上升到 0.0484；当盈余管理程度由 3.6608 上升到 7.2209 并继续上升到最大值 17.1478 时，其对商业银行债务融资成本

的贡献度由 -0.0756 上升到 0.0484，并达到最大值 0.1724。

对于大型商业银行盈余管理程度而言，其对商业银行债务融资成本都呈现着非线性动态影响。具体表现可分为三个阶段进行描述：当盈余管理程度由 4.3696 下降到 0.0537 时，其对商业银行债务融资成本的贡献度由 -0.0463 上升到 0.1385；当盈余管理程度由 4.3696 上升到 8.6855 并继续上升到最大值 11.533 时，其对商业银行债务融资成本的贡献度由 -0.0463 上升到 0.1385，并达到最大值 0.3233。

以上结果说明：

对于大中小型商业银行而言，其盈余管理行为对商业银行债务融资成本呈现着显著非线性结构动态变化的正向影响。这与银行整体分析假设 H10 - 1 的结果相一致。但经过对比发现，在同样的盈余管理程度范围内，小型商业银行的债务融资成本的波动范围为（ -0.0130，0.4284）；中型商业银行的债务融资成本的波动范围为（ -0.0756，0.1724）；大型商业银行的债务融资成本的波动范围为（ -0.0463，0.3233），由此可知，小型商业银行的债务融资成本受到盈余管理的影响程度最大，中型商业银行的债务融资成本受到盈余管理的影响程度小于大型商业银行，因此，该实证结果否定了本章之前对该部分所提出的研究假设 H10 - 5：即并不是商业银行规模越大其进行盈余管理对债务融资成本的影响程度越小。产生此现象的原因可能是资本市场本身的复杂性，债务融资成本所受的影响因素比较多，因此，规模这一因素对盈余管理对债务融资成本的影响程度是有限的。

第五节　结论及政策建议

一　结论

本章基于我国 130 家商业银行 2002—2014 年的非平衡面板数据，利用面板平滑转移回归模型，分别从银行整体和银行分类两个角度来分析银行盈余管理和债务融资成本之间的关系，得到的主要结论如下：

（1）从银行整体的角度来看，非线性回归系数都为正，即盈余管理会使银行债务融资水平提高；从银行分类的角度来看，上市商业银行的非线性回归系数都为负，即上市商业银行盈余管理会使债务融资水平降低；非上市商业银行、国有商业银行、大中小型商业银行的非线性回归系数都为正，即商业银行盈余管理会使得债务融资水平提高。

（2）从银行整体的角度来看，商业银行的盈余管理程度对其债务融资成本有着非线性的两机制影响，这说明商业银行盈余管理对其债务融资成本存在非对称影响，具体表现如下：当商业银行对于异常收益进行合理的小范围的操纵时，其对商业银行债务融资成本的贡献度很小，几乎接近于零；而一旦商业银行的盈余管理程度超出一定范围时，其对商业银行债务融资成本的贡献度很大。

（3）从银行分类的角度来看，有如下结论：对比非上市商业银行，上市商业银行进行盈余管理对债务融资成本的影响程度较小；对比非国有商业银行，国有商业银行进行盈余管理对债务融资成本的影响程度较小；商业银行规模对其进行盈余管理对债务融资成本的影响程度不具有明显的规律性，其中，小型商业银行的债务融资成本受到盈余管理的影响程度最大，中型商业银行的债务融资成本受到盈余管理的影响程度最小。

二 政策建议

债权人角度：

第一，本章的研究表明，我国商业银行中的确存在一定程度的盈余管理行为，因此，对于债权投资者而言，不要单纯地依赖盈利指标来评估商业银行，签订契约前，要对商业银行的盈余管理进行事前考量，并加强对商业银行盈余管理行为的识别能力。

第二，首先，由于非上市商业银行财务信息披露得不充分，其进行盈余管理对债务融资成本的影响程度较大，因此，债权人在进行投资时，应该注意非上市商业银行进行盈余管理的可能性更大；其次，由于国有商业银行的特殊产权性质，债权人进行投资时可多加关注非国有商业银行的盈余管理行为；最后，对于小型商业银行，由于其规模限制以及发展受限，因此，债权人在进行投资时有必要更加注意其盈余管理行为。

银行管理者角度：

第一，从实证研究结果可以看出，虽然盈余管理行为能为商业银行带来短期的利益，但其债务融资成本并没有如预期般降低，而且从长期发展来看，盈余管理不会充分满足债权投资者的意愿。因此，为了公司能够长期持续发展，建议银行管理者增强利益保护意识。

第二，对于非上市商业银行、非国有商业银行与小型商业银行而言，建议银行管理者完善内部控制制度，发挥内部审计职能，保证相关部门能够及时监督、检查和评价业务流程中容易进行盈余管理的关键环节。

监管部门角度：

第一，债权人以法律手段介入银行的内部治理。由于商业银行经营对象的特殊性与经营过程的不透明性，债权人很难参与银行内部的治理。我国现在还缺少有效的途径来监控银行债务人的经营状况，并且目前的法律制度环境往往保护了债务人的不合理动机，这使债权人消极参与银行的监督，不利于整体市场的健康发展。因此本章建议，监管部门应该及时完善和补充《中华人民共和国公司法》等相关的法律法规，鼓励大债权人适度进入银行的治理结构。

第二，加强对商业银行盈余管理方面的治理。过度的盈余管理行为不仅不利于商业银行的长期发展，同时还违背了会计信息的中立性与真实性原则，因此，相关监管部门有必要加强对于这方面的监管，而由于财务披露方面与规模方面的原因，监管的重点则应该放在非上市商业银行、非国有商业银行、小型商业银行等方面。

参考文献

[1] Arens, A. A., Elder, R. J. and Beasley, M. S., 2010, "Auditing and Assurance Services, an Integrated Approach", *Upper Saddle River*, NJ: Prentice Hall.

[2] Asare, S. K., Trompeter, G. M. and Wright, A. M., 2000, "The Effect of Accountability and Time Budgets on Auditors' Testing Strategies"[J]. *Contemporary Accounting Research*, 17 (4), pp. 539 – 560.

[3] Ashton, R. H., Willingham, J. J. and Elliott, R. K., 1987, "An Empirical Analysis of Audit Delay"[J]. *Journal of Accounting Research*, 25 (2), pp. 275 – 292.

[4] Aaker, D. A. and Jacobson, R., 1987, "The role of risk in explaining differences in profitability" [J]. *Academy of Management Journal*, Vol. 30, pp. 277 – 296.

[5] Andres, G., Timo, T. and Dick, V. D., 2005, *Panel Smooth Transition Regression Models*, University of Technology Sydney Working Paper, p. 307.

[6] Baker, M. and Wurgler, J., "Market Timing and Capital Structure" [J]. *Journal of Finance*, 2002, 57 (1): 1 – 32.

[7] Badertscher, B., "Overvaluation and the Choice of Alternative Earnings Management Mechanisms" [J]. *The Accounting Review*, 2011, 86 (September), pp. 1491 – 1518.

[8] Barton, J. and Simko, P., "The Balance Sheet as an Earnings Management Constraint" [J]. *The Accounting Review*, 2002, 77 (Supplement), pp. 1 – 27.

[9] Becker, C. L. , Defond, M. L. and Jiambalvo, J. , "The Effect of Audit Quality on Earnings Management" [J] . *Contemporary Accounting Research*, 1998, 15, pp. 1 – 24.

[10] Baber, W. , Kang, S. and Li, Y. , "Modeling Discretionary Accrual Reversal and the Balance Sheet as an Earnings Management Constraint" [J] . *The Accounting Review*, 2011, 86 (4), pp. 1189 – 1212.

[11] Baber, W. , Fairfield, P. and Haggard, J. , 1991, "The Effect of Concern about Reported Income on Discretionary Spending Decisions: The Case of Research and Development" [J] . *The Accounting Review*, 66 (4), pp. 818 – 829.

[12] Barton, J. , 2001, "Does the Use of Financial Derivatives Affect Earnings Management Decisions? " [J] . *The Accounting Review*, 76 (1), pp. 1 – 26.

[13] Beatty, A. , Chamberlain, S. and Magliolo, J. , 1995, "Managing Financial Reports of Commercial Banks: The Influence of Taxes Regulatory Capital, and Earnings" [J] . *Journal of Accounting Research*, 33 (2), pp. 231 – 261.

[14] Bennett, V. M. , Pierce, L. , Snyder, A. J. and Toffel, M. W. , 2013, "Customer – driven Misconduct: How Competition Corrupts Business Practices" [J] . *Management Science*, 59 (8), pp. 1725 – 1742.

[15] Braun, R. L. , 2000, "The Effect of Time Pressure on Auditor Attention to Qualitative Aspects of Misstatements Indicative of Potential Fraudulent Financial Reporting" [J] . *Accounting, Organizations and Society*, 20, pp. 243 – 259.

[16] Bushee, B. , 1998, "The Influence of Institutional Investors on Myopic R&D Investment Behavior" [J] . *The Accounting Review*, 73 (3), pp. 305 – 333.

[17] Barton, J. amd Simko, P. , 2002, "The Balance Sheet as an Earn-

ings Management Constraint" [J] . *The Accounting Review*, Vol. 77, pp. 1 – 27.

[18] Bereau, S. , Villavicencio, A. L. and Mignon, V. , 2010, "Nonlinear Adjustment of the Real Exchange Rate Towards its Equilibrium Value: A Panel Smooth Transition Error Correction Modelling" [J] . *Economic Modelling*, Vol. 361 (1), pp. 404 – 416.

[19] Bergstresser, D. and Philippon, T. , 2006, "CEO Incentive and Earnings Management" [J] . *Journal of Financial Economics*, Vol. 80, pp. 11 – 529.

[20] Bhattacharya, S. , 1979, "Imperfect Information, Dividend Policy, and The Bird in the hand Fallacy The Bell" [J] . *Journal of Economics*, Vol. 10, pp. 259 – 270.

[21] Bolton, P. and Scharfstein, D. , 1990, A Theory of Predation Based on Agency Problems in Financial Contracting [J] . *American Economic Review*, 80 (1): 93 – 106.

[22] Booth, L. , Varouj, A. , Asli, D. and Vojislav, M. , 2001, "Capital Structure in Devolping Country" [J] . *The Journal of Finance*, Vol. 1, pp. 87 – 130

[23] Brav, A. , Graham, J. and Harvey, C. et al. , 2005, "Payout policy in the 21st century" [J] . *Journal of Financial Economics*, Vol. (77), pp. 483 – 527.

[24] Brennan, M. J. and Thakor, A. V. , 1990, "Shareholder preferences and dividend policy" [J] . *Journal of Finance*, Vol. 45, pp. 993 – 1018.

[25] Bruce G. Cohen, 1970, Deposit Demand and Pricing of Demand Deposits [J] . *The Quqterly Journal of Economics*, Vol. 84, 523 – 529.

[26] Chen, C. L. , Huang, S. H. and Fan, H. S. , 2012, "Complementary Association between Real Activities and Accruals – Based Manipulation in Earnings Reporting" [J] . *Journal of Economic Policy Reform*, 15 (2), pp. 93 – 108.

[27] Cohen, D. , Dey, A. and Lys, T. , 2008, "Real and Accrual –

Based Earnings Management in the Pre – and Post – Sarbanes – Oxley Period" [J] . *The Accounting Review*, 83 (3), pp. 757 – 787.

[28] Cohen, D. and Zarowin, P., 2010, "Accrual – Based and Real Earnings Management Activities Around Seasoned Equity Offerings" [J] . *Journal of Accounting & Economics*, 50 (1), pp. 2 – 19.

[29] Chi, J. and Gupta, M., "Overvaluation and Earnings Management" [J] . *Journal of Banking & Finance*, 2009, 33 (9), pp. 1652 – 1663

[30] Coulton, J., Saune, N. and Taylor, S., "Overvalued Equity, Benchmark Beating and Unexpected Accruals: Australian Evidence" [D] . *Working Paper*, University of New South Wales, 2012.

[31] Caramanis, C. and C. Lennox, 2008, "Audit Effort and Earnings Management" [J] . *Journal of Accounting and Economics*, 45, pp. 116 – 138.

[32] Colletaz, G. and Hurlin, C., 2006, "Threshold Effect of the Public Capital Productivity: An International Panel Smooth Transition Approach" [J] . Document de Recherche du Laboratoired' Economie d' Orleans, 1.

[33] Coram, P., Ng, J. and Woodliff, D. R., 2004, "The Effect of Risk of Misstatement on the Propensity to Commit Reduced Audit Quality Acts Under Time Budget Pressure" [J] . *Auditing: A Journal of Practice and Theory*, 23, pp. 159 – 167.

[34] Cahan, S., 1992, "The Effect of Antitrust Investigations on Discretionary Accruals: A Refined Test of the Political Cost Hypothesis" [J] . *Accounting Review*, Vol. 67, pp. 77 – 95.

[35] Chen, R. and Sivarama, K., 2010, On the Use of Accounting Vs, Real Earnings Management to Meet Earnings Expectations – A Market Analysis [D] . *University of Colorado Working Paper*, p. 176.

[36] Chen, D., Jian, M. and Xu, M., 2009, "Dividends for tunneling in a regulated economy: The case of China" [J] . *Pacific – Ba-*

sin Finance Journal, Vol. 17 (2), pp. 209 – 223.

[37] Chevalier, J. A. and Scharfstein, D. S. , 1996, "Capital – market Imperfections and Countercyclical Markups: Theory and Evidence" [J] . *American Economic Review*, 86 (4), pp. 703 – 725.

[38] Christopher, S. A. , David, F. L. and Gaizka, O. et al. , 2013, "The Relation between Equity Incentives and Misreporting: The Role of Risk – taking Incentives" [J] . *Journal of Financial Economics*, Vol. 12, pp. 189 – 196.

[39] Clarkson, P. , Dontoh, A. and Richardson, G. et al. , 1992, "The Voluntary Inclusion of Earnings Forecasts in IPO Prospectuses" [J] . *Contemporary Accounting Research*, Vol. 5, pp. 601 – 626.

[40] Christophe, H. , Julien, F. and Isabelle, R. , 2008, "The Felds tein – Horioka Puzzle: A Panel Smooth Transition Regression Approach" [J] . *Economic Modeling*, Vol. 25 (2), pp. 284 – 299.

[41] Dechow, P. M. , Kothari, S. P. and Watts, R. L. , 1998, "The Relation between Earnings and Cash Flows" [J] . *Journal of Accounting & Economics*, 25 (2), pp. 133 – 168.

[42] Dechow, P. M. , Sloan, R. G. and Sweeney, A. P. , 1995, Detecting Earnings" [J] . *The Accounting & Economics*, 70 (2), pp. 192 – 225.

[43] Dechow, P. and Sloan, R. , 1991, "Executive Incentives and the Horizon Problem: An Empirical Investigation" [J] . *Journal of Accounting and Economics*, 14 (1), pp. 51 – 89.

[44] Defond, M. L. and Jiambalvo, J. , 1994, "Debt Covenant Violation and Manipulation of Accruals" [J] . *Journal of Accounting and Economics*, 17, pp. 145 – 176.

[45] Duong, C. M. , "Highly Valued Equity and Real Operation Management: Long – term Detoxification" [D] . *Working Paper*, Canter, Bury Christ Church University, 2012.

[46] DeZoort, T. and Lord, A. , 1997, "A Review and Synthesis of

Pressure Effects Research in Accounting" [J]. *Journal of Accounting Literature*, 16, pp. 28 – 85.

[47] Doyle, J. T. and Magilke, M. J., 2013, "Decision Usefulness and Accelerated Filing Deadlines" [J]. *Journal of Accounting Research*, 51 (3), pp. 549 – 581.

[48] Dechow, P., Sloan, R. and Sweeney, A., 1996, "Causes And Consequences of Earnings Manipulation: An Analysis of Firms Subject To Enforcement Actions By The SEC" [J]. *Contemporary Accounting Research*, Vol. 13, pp. 1 – 36.

[49] DeAngelo, L. E., 1988, "Managerial Competition, Information Costs, and Corporate Governance: The Use of Accounting Performance Measures in Proxy Contests" [J]. *Journal of Accounting and Economics*, Vol. 10, pp. 3 – 36.

[50] Dewenter, K. L. and Warther, V. A., 1998, "Dividends, Asymmetric Information, and Agency Conflicts: Evidence from a Comparison of the Dividend Policies of Japanese and U. S. Firms" [J]. *Journal of Finance*, Vol. 53, pp. 879 – 904.

[51] DuCharme, L., Malatesta, P. and Sefcik, S., 2004, "Earnings Management, Stock Issuance, and Shareholder Lawsuits" [J]. *Journal of Financial Economics*, Vol. 71, pp. 27 – 49.

[52] Efendi, J., Srivastava, A. and Swanson, E., 2007, "Why do Corporate Managers Misstate Financial Statements ? The Role of in the Money Options and Other Incentives" [J]. *Journal of Financial Economics*, Vol. 85 (3), pp. 667 – 708.

[53] Fama, E. F. and Jensen, M. C., 2002, "Separation of Ownership and Control" [J]. *Journal of Business*.

[54] Fouquau, J., Hurlin, C. and Rabaud, I., 2008, "The Feldstein – Horioka Puzzle: A Panel Smooth Transition Regression Approach" [J]. *Economic Modeling*, 25 (2), pp. 284 – 299.

[55] Fan, W., 1998, "The Characteristics and Valuation of Loss Re-

serves of Property Casualty Insurers" [J] . *Review of Accounting Studies*, Vol. (3), pp. 73 – 95.

[56] Fama, E. , Babiak, H. , 1968, "Dividend policy: An empirical analysis" [J] . *Journal of the American Statistical Association*, Vol. 63, pp. 1132 – 1161.

[57] Fischer, E. , Heinkel, R. and Zeehner, J. , 1989, "Dynamic Capital Structure Choice theory and Tests" [J] . *Journal of Finance*, Vol. 44, pp. 19 – 40.

[58] Gaver, J. and Paterson, J. , 1999, "Managing Insurance Company Financial Statements to Meet Regulatory and Tax Reporting Goals" [J] . *Contemporary Accounting Research*, 16 (2), pp. 207 – 241.

[59] González, A. , Teräsvirta, T. and Van Dijk, D. , 2005, "Panel Smooth Transition Regression Models" [D] . *University of Technology Sydney Working Paper*, No. 165.

[60] Graham, J. , Harvey, C. and Rajgopal, S. , 2005, "The Economic Implications of Corporate Financial Reporting" [J] . *Journal of Accounting and Economics*, 40 (1 – 3), pp. 3 – 73.

[61] Goffe, W. L. , Ferrier, G. D. and Rogers, J. , 1994, "Global Optimization of Statistical Function with Simulated Annealing" [J] . *Journal of Econometrics*, 60 (1 – 2), pp. 65 – 99.

[62] Granger, C. W. J. and Teräsvirta, T. , 1993, *Modelling Nonlinear Economic Relationships*, Oxford: Oxford University Press, 1.

[63] Gabrielsen, G. and Gramlich, J. D. , 2002, "Managerial Ownership Information Content of Earnings of Earnings and Discretionary Accruals in Nonus Setting" [J] . *Journal of Business Finance and Accounting*.

[64] Glaeser, E. , Sacerdote, B. and Scheinkman, J. , 1996, "Crime and Social Interactions" [J] . *Quarterly Journal of Economics*, 111 (2), pp. 507 – 548.

[65] Graham, J. R. and Harvery, C. R. , 2001, "The Theory and Prac-

tice of Corporate Finance: Evidence from the Field" [J]. *Journal of Financial Economics*, Vol. 60 (1), pp. 187 – 243

[66] Grant, J., Markarian, G. and Parbonetti, A., 2009, "CEO Risk – related Incentives and Income Smoothing" [J]. *Contemporary Accounting Research*, Vol. 4, pp. 1029 – 1065.

[67] Gunny, K., 2005, What Are the Consequence of Real Earnings Management [D]. *University of Colorado at Boulder Working Paper*, p. 39.

[68] Gunny, K., 2010, "The Relation between Earnings Management Using Real Activities Manipulation and Future Performance" [J]. *Contemporary Accounting Research*, Vol. 27 (3), pp. 855 – 888.

[69] Guenther, D. A., 1994, "Earnings Management in Response to Corporate Tax Rate Changes: Evidence from the 1986 Tax Reform Act" [J]. *The Accounting Review*, Vol. 1, pp. 230 – 243.

[70] Guttman, I., Kadan, O. and Kandel, E., 2010, "Dividend Stickiness and Strategic Pooling" [J]. *Review of Financial Studies*, Vol. 23, pp. 4455 – 4495.

[71] Healy, P. M. and Wahlen, J., 1999, "A Review of the Earnings Management Literature and its Implications for Standard Setting" [J]. *Accounting Horizons*, 13 (4), pp. 365 – 383.

[72] Hunt, A., Moyer, S. and Shevlin, T., 1996, "Managing Interacting Accounting Measures to Meet Multiple Objectives: A Study of LIFO Firms" [J]. *Journal of Accounting and Economics*, 21 (3), pp. 339 – 374.

[73] Houmes, R. and Skantz, R., 2010, Highly Valued Equity and Discretionary Accruals [J]. *Journal of Business Finance & Accounting*, 37 (1/2), pp. 60 – 92.

[74] Hansen, B. E., 1996, "Inference When a Nuisance Parameter is Not Identified under the Null Hypothesis" [J]. *Econometrica*, 64, pp. 413 – 430.

［75］ Hansen, B. E. , 1999, "Threshold Effects in Non - dynamic Panels: Estimation, Testing and Inference" ［J］. *Journal of Econometrics* , 93, pp. 345 - 368.

［76］ Hu, N. , Li, X. , Liu, L. , Qi, B. L. and Tian, G. L. , 2012, "Can Government Policies Induce Earning Management Behavior? — Evidence from Chinese Public Listed Firms" ［J］. *Journal of International Financial Management and Accounting*, 23 (3), pp. 187 - 207.

［77］ Haunschild, P. R. , 1993, "Interorganizational Imitation: The Impact of Interlocks on Corporate Acquisition Activity" ［J］. *Administrative Science Quarterly*, 38 (4), pp. 564 - 592.

［78］ Haunschild, P. R. , 1994, "How MuchIsthat Company Worth? Interorganizational Relationships, Uncertainty, and Acquisition Premiums" ［J］. *Administrative Science Quarterly*, 39 (3), pp. 391 - 411.

［79］ Hribar, P. , Jenkins, N. and Johnson, W. , 2006, "Stock Repurchases as an Earnings Management Device" ［J］. *Journal of Accounting and Economics*, Vol. 41, pp. 3 - 27.

［80］ Healy, P. M. , 1985, "The Effect of Bonus Schemes on Accounting Decisions" ［J］. *Journal of Accounting and Economics*, Vol. 7, pp. 85 - 107.

［81］ Impink, J. , Lubberink, M. , Praag, B. and Veenman, D. , 2011, "Did Accelerated Filing Requirements and SOX Section 404 Affect the Timeliness of 10 - K Filings? " ［J］. *Review of Accounting Studies*, 17, pp. 227 - 253.

［82］ Jones, J. , 1991, "Earnings Management during Import Relief Investigations" ［J］. *Journal of Accounting Research*, 29 (2), pp. 193 - 228.

［83］ Jensen, M. , "Agency Costs of Overvalued Equity" ［J］. *Financial Management*, 2005, 34 (1), pp. 5 - 19.

［84］ Jensen, M. C. , 1986, "Agency Costs of Free Cash Flow, Corporate Finance, and Takeovers" [J]. *American Economics Review*, Vol. 76 (2), pp. 323 – 329.

[85] John, K., Litov, L. and Yeung, B., 2008, "Corporate Governance and Risk Taking"[J]. *The Journal of Finance*, Vol. 4, pp. 1679 – 1727.

[86] Johnson, N., 1999, "The Problem of Earnings Management Insights" [J]. *The Corporate and Securities Law Advisor*, Vol. 1, pp. 1 – 10.

[87] Jun, K., 2002, "Political Cost Incentives for Earnings Management in the Cable Television Industry" [J]. *Journal of Accounting and Economics*, Vol. 5, pp. 59 – 65.

[88] Krishnan, J. and Yang, J. S., 2009, "Recent Trends in Audit Report and Earnings Announcement Lags" [J]. *Accounting Horizons*, 23 (3), pp. 265 – 288.

[89] Kothari, S. P., 2006, "Loutskina, Elena and Nikolaev, Valeri, Agency Theory of Overvalued Equity as an Explanation for the Accrual Anomaly". Available at SSRN: http://ssrn.com/abstract = 871750.

[90] Kim, M. K. and Wu, Chunchi, 1988, "Effects of Inflation on Capital Structure" [J]. *The Financial Review*, Vol. 23 (2), pp. 183 – 200.

[91] Kim, B., Lisic, L. and Pevzner, M., 2010, "Debt Covenant Slacks and Real Earnings Management" [D]. *George Mason University Working Paper*, p. 165.

[92] Klaus Gugler and Yurtoglu, B. Burcin, 2003, "Corporate Governance and Dividend Pay – out Policy in Germany" [J]. *European Economic Review*, Vol. 47 (4), pp. 731 – 758.

[93] Kumar, P., 1988, "Shareholder – manager Conflict and the Information Content of Dividends" [J]. *Review of Financial Studies*, Vol. (1), pp. 111 – 136.

[94] Lambert, T. A., Jones, K. J. and Brazel, J. F., 2014, "Audit

Time Pressure and Earnings Quality: An Examination of Accelerated Filings" [D] . *Working Paper*.

[95] Lee, H. Y. and Son, M., 2009, "Earnings Announcement Timing and Earnings Management" [J] . *Applied Financial Economics*, 19, pp. 319 – 326.

[96] Luukkonen, Saikkonen, Terasvirta, "Linearity Against Smooth Transition Autoregressive Models" [J] . *Biometrika*, 1988, 753, pp. 491 – 499.

[97] Laeven, L. and Levine, R., 2009, "Bank Governance, Regulation and Risk Taking" [J] . *Journal of Finance and Economics*, Vol. 93, pp. 259 – 275.

[98] La Porta, R. F., 1998, "Corporate Ownership around the World" [J] . *Journal of Finance*, Vol. (4), pp. 14 – 28.

[99] La Porta, R. F. and Shleifer, A., 1999, "Corporate Ownership around the World" [J] . *Journal of Finance*, Vol. 54 (2), pp. 471 – 517.

[100] Larry, H. P. Lang and Litzenberger, R., 1989, "Dividend Announcements: Cash Flow Signalling vs Free Cash Flow Hypotheses" [J] . *Journal of Financial Economics*, Vol. (24), pp. 181 – 191.

[101] Leary, M. T. and Roberts, M. R., 2014, "Do Peer Firms Affect Corporate Financial Policy?" [J]. *The Journal of Finance*, 69 (1), pp. 139 – 178.

[102] Levy, A. and Hennessy, C., 2007, "Why Does Capital Structure Choice Vary with Macroeconomic Conditions?" [J] . *Journal of Monetary Economics*, Vol. 54 (6), pp. 1545 – 1564.

[103] Leuz, D. and Nanda, P., 2003, "Earnings Management and Investor Protection: An International Comparison" [J] . *Journal of Financial Economics*, Vol. 69: pp. 505 – 527.

[104] Li, J. and Yao, F. K., 2010, "The Role of Reference Groups in International Investment Decisions by Firms from Emerging Economics" [J] . *Journal of International Management*, 16 (2), pp. 143 – 153.

[105] Lieberman, M. B. and Asaba, S. , 2006, "Why Do Firms Imitate Each Other?" [J] . *Academy of Management Review*, 31 (2), pp. 366 – 385.

[106] Lintner, J. , 1956, "Distribution of Incomes of Corporations among Dividends, Retained Earnings, and Taxes" [J] . *Journal of Financial Economics*, Vol. 46, pp. 92 – 113.

[107] Liu, Q. and Lu, J. Z. , 2002, "Earnings Management to Tunnel: Evidence from China's Listed Companies" [D] . *CCFR University of Hong Kong Working Paper*.

[108] Louis, H. and Robinson, D. , 2005, "Do Managers Credibly Use Accruals to Signal Private Information? Evidence from the Pricing of Discretionary Accruals Around Stock Splits" [J] . *Journal of Accounting and Economics*, Vol. 39, pp. 361 – 380.

[109] McDaniel, L. S. , 1990, "The Effects of Time Pressure and Audit Program Structure on Audit Performance" [J] . *Journal of Accounting Research*, 28 (2), pp. 267 – 285.

[110] Mcnichols, M. F. , 2000, "Research Design Issues in Earnings Management Studies" [J] . *Journal of Accounting and Public Policy*, Vol. 19, pp. 313 – 345.

[111] Minton, B. A. , Taillard, J. , Williamson, R. , 2010, "Do Independence and Financial Expertise of the Board Matter for Risk Taking and Performance" [D] . *Charles A. Dice Center Working Paper*, p. 142.

[112] Maury, B. C. and Pajuste, A. , 2002, "Controlling Shareholders, Agency Problems, and Dividend Policy in Finland", *Liiketaloudellinen Aikakauskirja*, Vol. (1), pp. 15 – 45.

[113] Michael, C. J. and William, H. M. , 1976, "Theory of the Firm: Managerial Behavior, Agency Costs and Ownership Structure" [J] . *Journal of Financial Economics*, Vol. 3 (4), pp. 305 – 360.

[114] Myers, S. C. , 1977, "Determinants of Corporate Borrowing" [J].

Journal of Financial Economics, Vol. 5 (2), pp. 147 – 145.

[115] Myers, S. C., 1984, "The Capital Structure Puzzle" [J]. *Journal of Finance*, Vol. 39 (3), pp. 575 – 592.

[116] Neffati, A. I., Ben, F. and Christophe, S., 2011, "Earnings Management, Risk and Corporate Governance in US Companies" [J]. *Corporate Ownership and Control*, Vol. (8), pp. 278 – 280.

[117] Nguyen, P., 2010, "Corporate Governance and Risk – taking: Evidence from Japanese Firms" [J]. *Pacific – Basin Finance Journal*, Vol. 12, pp. 278 – 297.

[118] Otley, D. and Pierce, B., 1996, "The Operation of Control Systems in Large Audit Firms" [J]. *Auditing: A Journal of Practice and Theory*, 15 (2), pp. 65 – 84.

[119] Pincus, M. and Rajgopal, S., 2002, "The Interaction between Accrual Management and Hedging: Evidence from Oil and Gas Firms" [J]. *The Accounting Review*, 77 (1), pp. 127 – 160.

[120] Polk, C. and Sapienza, P., "The Real Effects of Investor Sentiment" [D]. *Working Paper*, London School of Economics, 2004.

[121] Povel, P., Singh, R. and Winton, A., "Booms, Busts, Fraud" [J]. *Review of Financial Studies*, 2007, 20 (4), pp. 1219 – 1254.

[122] Paligorova, T., 2010, "Corporate Risk Taking and Ownership Structure" [D]. *Bank of Canada Working Paper*, p. 98.

[123] Parsons, C. A., Johan, S. and Titman, S., 2014, "The Geography of Financial Misconduct" [J]. *National Bureau of Economic Research*, No. w20347.

[124] Pettit R. Richardson, 1972, "Dividend Announcements, Security Performance, and Capital Market Efficiency" [J]. *Journal of Finance*, Vol. 27 (5), pp. 993 – 1007.

[125] Roychowdhury, S., 2006, "Earnings Management Through Real Activities Manipulation" [J]. *Journal of Accounting and Economics*, 50 (1), pp. 101 – 122.

［126］ Rhodes – Kropf, M., Robinson, D., and Viswanathan S. Valuation, "Waves and Merger Activity: The Empirical Evidence" ［J］. *Journal of Financial Economics*, 2005, 77（3）, pp. 561 – 603.

［127］ Rajgopal, S. and Shevlin, T., 2002, "Empirical Evidence on the Relation between Stock Option Compensation and Risk – taking" ［J］. *Journal of Accounting and Economics*, Vol. 33, pp. 145 – 171.

［128］ Ross, 1977, "Compensation Management: Rewarding Performance in the Modern Organization" ［J］. *Journal of Business*, Vol. 50（3）, pp. 393 – 395.

［129］ Schipper, K., 1989, "Commentary on Earnings Management" ［J］. *Accounting Horizons*, 3, pp. 91 – 102.

［130］ Shleifer, A., Vishny, R., 2003, "Stock, Market Driven Acquisitions" ［J］. *Journal of Financial Economics*, 70（3）, pp. 295 – 311.

［131］ Sawick, J. and Shrestha, K., "Misvaluation and Managerial Trading Incentives for Real and Accrual – based Earnings Management" ［D］. *Working Paper*, Dalhousie University and Nanyang Business School, 2010.

［132］ Skinner, D. and Sloan, R., "Earnings Surprises, Growth Expectations, and Stock Returns or Don't Let an Earnings Torpedo Sink Your Portfolio" ［J］. *Review of Accounting Studies*, 2002（7）: 289 – 312.

［133］ Salterio, S. and Legresley, P., 2011, "Developing a Culture of Reporting Transparency and Accountability: The Lessons Learned from the Voluntary Sector Reporting Awards for Excellence in Financial Reporting Transparency" ［J］. *The Philanthropist*, 23（4）, pp. 555 – 573.

［134］ Securities and Exchange Commission（SEC）, 2002, "Release No. 33 – 8128 Acceleration of Periodic Report Filing Dates and Disclosure Concerning Website Access to Reports", Washington

D. C. : SEC.

[135] Sacerdote, B. , 2001, "Peer Effects with Random Assignment: Results for Dartmouth Roommates" [J] . *Quarterly Journal of Economics*, 116 (2), pp. 681 – 704.

[136] Sana, M. and Isaac, O. , 2014, "Risk Taking Behavior of Privatized Banks" [J] . *Journal of Corporate Finance*, Vol. (29), pp. 122 – 142.

[137] Schipper, K. , 1989, "Commentary on Earning Management" [J] . *Accounting Horizons*, Vol. 3, pp. 91 – 102.

[138] Scott, W. , 1997, "The Importance of Engagement Letters" [J] . *National Public Accountant*, Vol. 42 (4), pp. 31 – 33.

[139] Shleifer, A. and Vishny, R. , 1997, "A survey of Corporate Governance" [J] . *Journal of Finance*, Vol. 52, pp. 737 – 783.

[140] Shleifer, A. and Vishny, R. , 1986, "Large Shareholders and Corporate Control" [J] . *Journal of Political Economy*, Vol. 94 (3), pp. 461 – 488.

[141] Shleifer, V. , 1999, "Earnings Management and Capital Market Misallocation" [D] . *Working Paper*, University of Illinois at Urbana – Champaign.

[142] Subramanyam, K. , 1996, "The Pricing of Discretionary Accruals" [J] . *Journal of Accounting and Economics*, Vol. 22, pp. 249 – 281.

[143] Soku, B. , 2008, "How and When Do Firms Adjust Their Capital Structures toward Targets" [J] . *The Journal of Finance*, No. 6.

[144] Taylor, G. K. and Xu, Z. R. , 2010, "Consequences of Real Earnings Man – operating Performance" [J] . *Research in Accounting Regulation*, Vol. 22 (2), pp. 128 – 132.

[145] Teoh, S. H. and Welchl, W. , 1998, "Earnings Management and the Underperformance of Seasoned Equity" [J] . *Journal of Financial Economics*, Vol. (3), pp. 63 – 99.

［146］ Warfield, T. D. , Wild, J. J. and Wild, K. L. , 1995, "Managerial Ownership, Accounting Choices and Informativeness of Seasoned Equity Offerings" ［J］. *Journal of Accounting and Economics*, Vol. （20）, pp. 61 – 91.

［147］ Titman, S. and Wessels, R. , 1988, "The Determinants of Capital Structure Choice" ［J］. *Journal of Finance*, Vol. 43 （1）, pp. 1 – 19.

［148］ Van Dijk, D. , Tersvirta, T. and Franses, P. H. , 2002, "Smooth Transition Autoregressive Models—A Survey of Recent Developments" ［J］. *Econometric Reviews*, 21 （1）, pp. 1 – 47.

［149］ Willett, C. and Page, M. , 1996, "A Survey of Time Budget Pressure and Irregular Auditing Practices amongst Newly Qualified UK Chartered Accountants" ［J］. *British Accounting Review*, 28 （2）, pp. 101 – 120.

［150］ Weisbach, M. , "Outside Directors and CEO Turnover" ［J］. *Journal of Financial Economics*, 1988, 20：431 – 460.

［151］ Wang, Hui, Du, W. , "Overvaluation, Financial Opacity and Crash Risk" ［D］. *Working Paper*, Louisiana State University, 2012.

［152］ Watts, R. and Zimmerman, J. , 1990, "Positive Accounting Theory：A Ten Year Perspective" ［J］. *The Accounting Review*, Vol. 65, pp. 131 – 156.

［153］ Westphal, J. D. and Shortell, S. M. , 1997, "Customization or Conformity：An Institutional Perspective on the Content and Consequences of TQM Adoption" ［J］. *Administrative Science Quarterly*, 42 （2）：366 – 394.

［154］ Zang, A. Y. , 2012, "Evidence on the Trade – off between Real Activities Manipulation and Accrual Based Earnings Management" ［J］. *The Accounting Review*, 87 （2）, pp. 675 – 703.

［155］ 毕铭悦：《机会主义动机、盈余管理方式与审计治理——来自我国 A 股市场审计师变更的证据》，《投资研究》2014 年第

11 期。

[156] 蔡春、朱荣、谢柳芳：《真实盈余管理研究述评》，《经济学动态》2011 年第 12 期。

[157] 蔡春、李明、和辉：《约束条件、IPO 盈余管理方式与公司业绩：基于应计盈余管理与真实盈余管理的研究》，《会计研究》2013 年第 10 期。

[158] 陈倩雯：《我国上市公司股利政策与盈余管理的关系研究》，华侨大学，2014 年。

[159] 陈小悦、肖星：《配股权与上市公司利润操纵》，《经济研究》2000 年第 1 期。

[160] 陈武朝：《经济周期、行业景气度与盈余管理》，《审计研究》2013 年第 5 期。

[161] 陈武朝、张泓：《盈余管理审计师变更与审计师独立性》，《会计研究》2004 年第 8 期。

[162] 陈文浩、刘松江、陈晓蕊：《管制放松背景下的利率变动与公司资本结构动态调整——基于制造业的经验分析》，《财经研究》2012 年第 12 期。

[163] 程书强：《机构投资者持股与上市公司会计盈余信息关系实证研究》，《管理世界》2006 年第 2 期。

[164] 丁培嵘、郭鹏飞：《基于行业均值的公司资本结构动态调整》，《系统工程理论方法应用》2005 年第 5 期。

[165] 杜兴强、温日光：《公司治理与会计信息质量的经验研究》，《财经研究》2001 年第 1 期。

[166] 范经华、张雅曼、刘启亮：《内部控制、审计师行业专长、应计与真实盈余管理》，《会计研究》2013 年第 4 期。

[167] 高大为、魏巍：《盈余管理对资本结构的影响》2004 年第 7 期。

[168] 顾乃康、宁宇：《公司的多样化战略与资本结构关系的实证研究》，《南开管理评论》2004 年第 6 期。

[169] 顾兆峰：《论盈余管理》，《财经研究》2000 年第 3 期。

［170］顾振伟、欧阳令男：《我国上市公司盈余管理动机及实证研究》，《东北大学学报》2008 年第 2 期。

［171］和辉：《IPO 盈余管理方式选择与经济后果》，西南财经大学，2012 年。

［172］黄梅、夏新平：《操纵性应计利润模型检测盈余管理能力的实证分析》，《南开管理评论》2009 年第 5 期。

［173］黄新建、张宗益：《中国上市公司配股中的盈余管理实证研究》，《商业研究》2004 年第 16 期。

［174］洪锡熙、沈艺峰：《我国上市公司资本结构影响因素的实证分析》，《厦门大学报》（哲学社会科学版）2000 年第 3 期。

［175］霍颖：《上市公司治理结构对盈余管理影响的实证研究》，石家庄铁道大学，2016 年。

［176］何威风、刘启亮、刘永丽：《管理者过度自信与企业盈余管理行为研究》，《投资研究》2011 年第 1 期。

［177］焦璨、吴换杰、黄玥娜、黄菲菲、张敏强：《网络自相关模型在心理学研究中的应用——以同群效应、学习动机对青少年学业表现的影响为例》，《心理学报》2014 年第 12 期。

［178］姜付秀、屈耀辉、陆正飞等：《产品市场竞争与资本结构动态调整》，《经济研究》2008 年第 4 期。

［179］靳明：《上市公司利用证券市场的主要功能误区分析》，《财经论丛》（浙江财经学院学报）2001 年第 9 期。

［180］柳茜：《中国上市公司股权再融资对盈余管理的影响》，《投资研究》2013 年第 9 期。

［181］李增福、董志强、连玉君：《应计项目盈余管理还是真实活动盈余管理？——基于我国 2007 年所得税改革的研究》，《管理世界》2011 年第 1 期。

［182］刘启亮、何威风、罗乐：《IFRS 的强制采用、新法律实施及应计与真实盈余管理》，《中国会计与财务研究》2011 年第 1 期。

［183］劳敬礼：《经济增长对商业银行利润影响的实证研究》，博士学位论文，东北财经大学，2014 年。

［184］李海霞：《CEO 权力、风险承担与公司成长性》，博士学位论文，东北财经大学，2016 年。

［185］梁冠球：《高管薪酬、公司绩效与风险承担——基于中国农业上市公司的实证分析》，博士学位论文，华南农业大学，2016 年。

［186］刘萍：《我国损上市公司风险警不敏感期盈余管理研究》，东华大学，2014 年。

［187］刘行健、刘昭：《内部控制对公允价值与盈余管理的影响研究》，《审计研究》2014 年第 2 期。

［188］陆宇建：《上市公司盈余管理行为对配股政策反应的实证研究》，《中国软科学》2003 年第 6 期。

［189］陆正飞、魏涛：《配股后业绩下降：盈余管理后果与真实业绩滑坡》，《会计研究》2006 年第 8 期。

［190］李国重：《中国上市公司资本结构的动态目标调整：制度特征导向》，《会计研究》2006 年第 12 期。

［191］林大庞：《控制人性质、资本结构和盈余管理》，《会计之友》2010 年第 8 期。

［192］林舒、魏明海：《中国 A 股发行公司首次公开募股过程中的盈利管理》，《中国会计与财务研究》2000 年第 2 期。

［193］刘立国、杜莹：《公司治理与会计信息质量关系的实证研究》，《会计研究》2003 年第 6 期。

［194］刘凤委、汪辉、孙铮：《股权性质与公司业绩——基于盈余管理基础上的经验分析》，《财经研究》2005 年第 6 期。

［195］陆建桥：《中国亏损上市公司盈余管理实证研究》，《会计研究》1999 年第 9 期。

［196］刘峰、魏明海、贺建刚：《控制权、业绩与利益输送——基于五粮液的案例研究》，《管理世界》2004 年第 9 期。

［197］兰寒：《上市公司现金股利政策与盈余管理：利益输送的视角》，博士学位论文，西南财经大学，2009 年。

［198］李洪琴：《上市公司股利政策对盈余管理的影响及相应的市场

反应》，博士学位论文，东北财经大学，2012 年。

[199] 李映照、李亚培：《股权分置改革后大股东利用现金股利进行利益输送的实证分析》，《财会月刊》2010 年第 35 期。

[200] 李增泉、余谦、王晓坤：《掏空、支持与并购重组》，《经济研究》2005 年第 1 期。

[201] 李志文、宋衍蘅：《影响中国上市公司配股决策的因素分析》，《经济科学》2003 年第 3 期。

[202] 李翔、劳敬礼：《商业银行利润主要来源于实体经济吗？——基于 PSTR 模型的非线性检验》，《投资研究》2014 年第 4 期。

[203] 刘睿智、丁远丙：《上市公司高管薪酬的"锚定"效应》，《财会通讯》2009 年第 6 期。

[204] 刘睿智、丁远丙：《价值被高估的上市公司操纵盈余吗——来自沪深证券市场的经验证据》，《管理评论》2009 年第 11 期。

[205] 陆铭、张爽：《"人以群分"：非市场互动和群分效应的文献评论》，《经济学》（季刊）2007 年第 3 期。

[206] 马曙光、黄志忠、薛云奎：《股权分置、资金侵占与上市公司现金股利政策》，《会计研究》2005 年第 9 期。

[207] 欧敏洁：《基于动因视角的盈余管理文献综述》，《湖北经济学院学报》2013 年第 7 期。

[208] 潘亚晶：《契约理论视角下上市公司盈余管理探讨》，《财会通讯》2010 年第 23 期。

[209] 盛明泉、伍岳：《高管年龄、风险承担与企业绩效》，《重庆科技学院学报》2015 年第 5 期。

[210] 孙璐：《高管薪酬、风险承担与公司绩效：基于我国上市公司的实证研究》，厦门大学，2014 年。

[211] 苏坤：《管理者股权激励、风险承担与资本配置效率》，《管理科学》2015 年第 3 期。

[212] 沈烈：《会计准则与上市公司盈余管理研究》，北京经济科学出版社 2010 年版。

[213] 孙铮、王跃堂：《资源配置与盈余操纵之实证研究》，《财经研

究》1999 年第 4 期。

[214] 上官鸣、王瑞丽：《盈余管理"度"的分析》，《财会通讯》2011 年第 26 期。

[215] 孙健、王百强、曹丰、刘向强：《公司战略影响盈余管理吗?》，《管理世界》2016 年第 3 期。

[216] 田银华、龙翠红：《中国上市公司股利政策探讨——从代理成本理论的角度视之》，《湘潭大学学报》2005 年第 2 期。

[217] 涂云友：《我国上市公司盈余管理研究文献综述》，《成都航空职业技术学院学报》2006 年第 6 期。

[218] 童勇：《资本结构的动态调整和影响因素》，《财经研究》2004 年第 10 期。

[219] 王阳、郑春艳：《上市公司风险承担对股价波动的影响研究》，《价格理论与实践》2012 年第 3 期。

[220] 王福胜、吉姗姗、程富：《盈余管理对上市公司未来经营业绩的影响研究：基于应计盈余管理与真实盈余管理比较视角》，《南开管理评论》2014 年第 2 期。

[221] 王丽婷：《管理者风险承担对资本结构的影响研究》，《国际商务财会》2017 年第 5 期。

[222] 王皓、赵俊：《资本结构动态调整模型——沪深股市的实证分析》，《经济科学》2004 年第 3 期。

[223] 王志伟：《"掏空"与所有权安排——来自我国上市公司大股东资金占用的经验数据》，《会计研究》2002 年第 12 期。

[224] 王化成、佟岩：《控股股东与盈余质量——基于盈余反应系数的考察》，《会计研究》2006 年第 2 期。

[225] 王馄、肖星：《机构投资者持股与关联方占用的实证研究》，《南开管理评论》2005 年第 2 期。

[226] 王春峰、李吉栋：《IPO 企业盈余管理的实证检验》，《天津大学学报》（社会科学版）2003 年第 5 期。

[227] 王跃堂、王亮亮、贡彩萍：《所得税改革、盈余管理及其经济后果》，《经济研究》2009 年第 3 期。

［228］魏刚：《非对称信息下的股利政策》，《经济科学》2000 年第
2 期。

［229］吴联生、薄仙慧、王亚平：《避免亏损的盈余管理程度：上市
公司与非上市公司的比较》，《会计研究》2007 年第 2 期。

［230］吴克平、于富生、黎来芳：《新会计准则影响中国上市公司的
盈余管理吗》，《上海经济研究》2013 年第 8 期。

［231］王俊秋、毕经纬：《客户集中度、现金持有与公司竞争优势》，
《审计与经济研究》2016 年第 4 期。

［232］吴国鼎、张会丽：《多元化经营是否降低了企业的财务风
险？——来自中国上市公司的经验证据》，《中央财经大学学
报》2015 年第 8 期。

［233］王勇、刘志远、郑海东：《多元化经营与现金持有"竞争效
应"——基于中国制造业上市公司的实证分析》，《管理评论》
2015 年第 1 期。

［234］魏锋：《公司治理视角下的多元化经营与公司绩效》，《管理科
学》2007 年第 6 期。

［235］王伟、许敏：《盈余管理与公司治理》，《经济师》2005 年第
4 期。

［236］良勇、胡璟：《网络位置、独立董事治理与公司并购——来自
中国上市公司的经验证据》，《南开管理评论》2014 年第 2 期。

［237］万良勇、梁婵娟、饶静：《上市公司并购决策的行业同群效应
研究》，《南开管理评论》2016 年第 3 期。

［238］伍琼、方军雄、褚剑：《客户集中度与上市公司股价信息含
量——基于股价同步性的证据》，《投资研究》2016 年第 11 期。

［239］谢柳芳、朱荣、何苦：《退市制度对创业板上市公司盈余管理
行为的影响——基于应计与真实盈余管理的分析》，《审计研
究》2013 年第 1 期。

［240］胥朝阳、刘睿智：《提高会计信息可比性能抑制盈余管理吗》，
《会计研究》2014 年第 7 期。

［241］许波：《公司治理结构与盈余管理模型的互动分析》，《中央财

经大学学报》2005 年第 1 期。

[242] 肖作平：《资本结构影响因素和双向效应动态模型——来自中国
上市公司面板数据的证据》，《会计研究》2004 年第 2 期。

[243] 肖泽忠、邹宏：《中国上市公司资本结构的影响因素和股权融
资偏好》，《经济研究》2008 年第 6 期。

[244] 谢德仁：《会计准则、资本市场监管规则与盈余管理之遏制：来自
上市公司债务重组的经验证据》，《会计研究》2011 年第 3 期。

[245] 肖珉：《自由现金流量、利益输送与现金股利》，《经济科学》
2005 年第 2 期。

[246] 姚圣、周敏：《客户集中度、产权性质与环境信息披露》，《财
会通讯》2016 年第 24 期。

[247] 叶蓁：《管理者过度自信、企业风险承担与企业价值》，《福建
商学院学报》2017 年第 4 期。

[248] 易颜新、柯大钢、王平心：《我国上市公司股利分配决策的调
查研究分析》，《南开管理评论》2008 年第 1 期。

[249] 严丽：《民营上市公司治理结构对盈余管理影响的实证研究》，
江苏大学，2011 年。

[250] 余明桂、夏新平：《控股股东、代理问题与关联交易：对中国
上市公司的实证研究》，《南开管理评论》2004 年第 6 期。

[251] 于忠泊、田高良、齐保垒：《媒体关注的公司治理机制——基
于盈余管理视角的考察》，《管理世界》2011 年第 9 期。

[252] 原毅军、孙晓华：《宏观经济要素与企业资本结构的动态优
化》，《经济与管理研究》2006 年第 5 期。

[253] 袁振兴、杨淑娥：《现金股利政策：控制权人挖掘利益侵占
"隧道"的工具》，《经济经纬》2006 年第 6 期。

[254] 袁知柱、宝乌云塔娜、王书光：《股权价值高估、投资者保护
与企业应计及真实盈余管理行为选择》，《南开管理评论》
2014 年第 5 期。

[255] 张敏、朱小平：《基于实际活动操控的盈余管理研究》，《经济
与管理研究》2012 年第 2 期。

［256］张祥建、徐晋：《投资者是否被上市公司的盈余管理行为所误导——来自配股融资的证据》，《南方经济》2006年第8期。

［257］周夏飞、周强龙：《产品市场势力、行业竞争与公司盈余管理》，《会计研究》2014年第8期。

［258］张玲、刘启亮：《治理环境、控制人性质与债务契约假说》，《金融研究》2009年第2期。

［259］张春景、马文超：《基于企业经营预期下的资本结构调整——来自我国制造业上市公司的经验证据》，《会计研究》2014年第8期。

［260］周县华、吕长江：《股权分置改革、高股利分配与投资者利益保护——基于驰宏锌锗的案例研究》，《会计研究》2008年第8期。

［261］周中胜、陈俊：《大股东资金占用与盈余管理》，《财贸研究》2006年第3期。

［262］赵颖：《中国上市公司高管薪酬的同群效应分析》，《中国工业经济》2016年第2期。

［263］郑风田、郎晓娟：《同群效应理论研究的若干新进展》，《经济学动态》2007年第2期。

［264］周冬华、王晶：《客户集中度、产品市场竞争与股权融资成本》，《山西财经大学报》2017年第7期。

［265］曾春华、杨兴全：《多元化经营、财务杠杆与过度投资》，《审计与经济研究》2012年第6期。

［266］张芫、张建平：《股权价值高估与真实盈余管理的实证分析》，《财会月刊》2015年第17期。